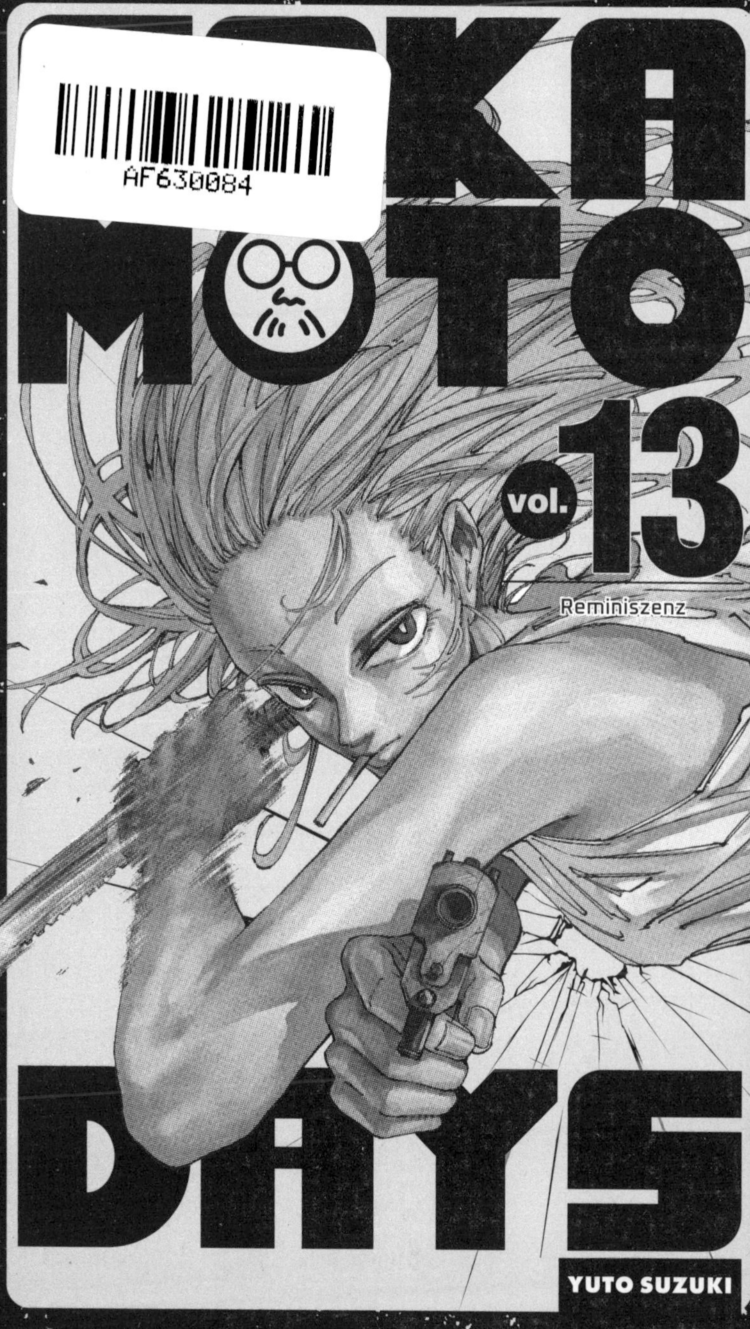
vol. 13
Reminiszenz
YUTO SUZUKI

SAKAMOTO DAYS

VORSTELLUNG DER FIGUREN

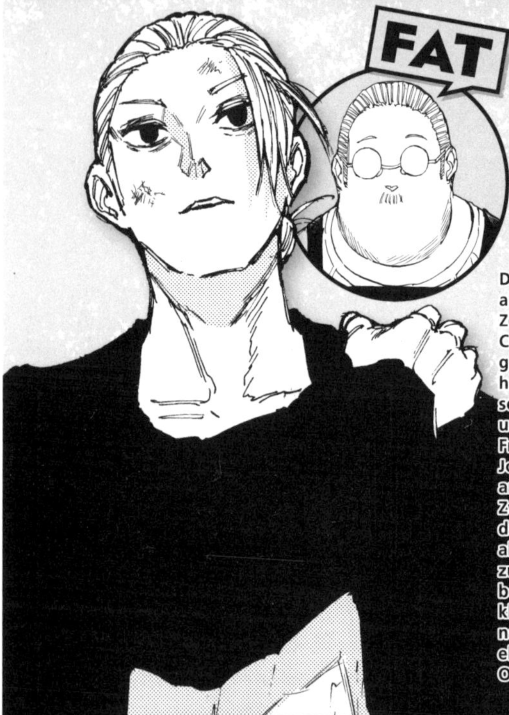

TARO

TARO SAKAMOTO

SAKAMOTO

Der stärkste Auftragskiller aller Zeiten, der sich seit seiner Zeit in der JCC (Japan Clear Creation) einen Namen in der gesamten Branche gemacht hat. In seiner Jugend noch schlank, wurde er immer dicker und runder, nachdem er seine Frau kennengelernt und seinen Job als Profikiller endgültig an den Nagel gehängt hatte. Zwar besitzt er noch heute das nötige Know-how, um als Auftragskiller in Aktion zu treten, doch eigentlich betreibt er inzwischen einen kleinen Tante-Emma-Laden namens »Sakamoto«. Er ist ein ehemaliges Mitglied von ORDER.

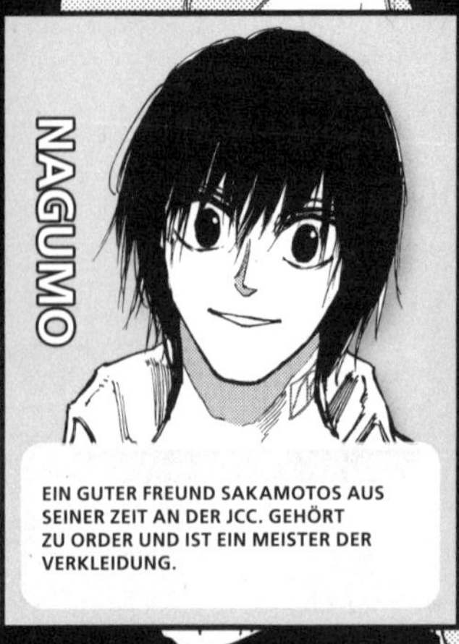

NAGUMO

EIN GUTER FREUND SAKAMOTOS AUS SEINER ZEIT AN DER JCC. GEHÖRT ZU ORDER UND IST EIN MEISTER DER VERKLEIDUNG.

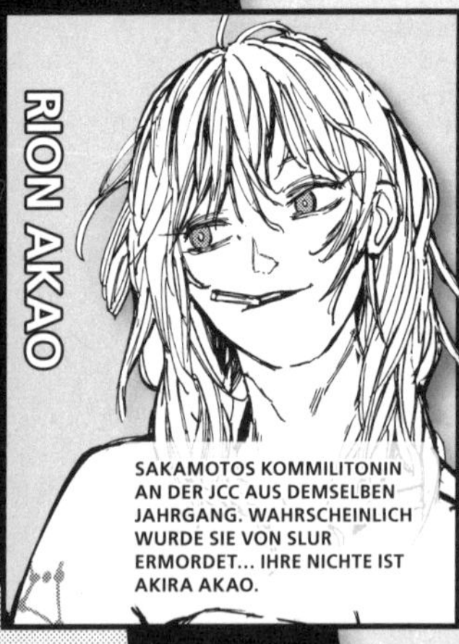

RION AKAO

SAKAMOTOS KOMMILITONIN AN DER JCC AUS DEMSELBEN JAHRGANG. WAHRSCHEINLICH WURDE SIE VON SLUR ERMORDET… IHRE NICHTE IST AKIRA AKAO.

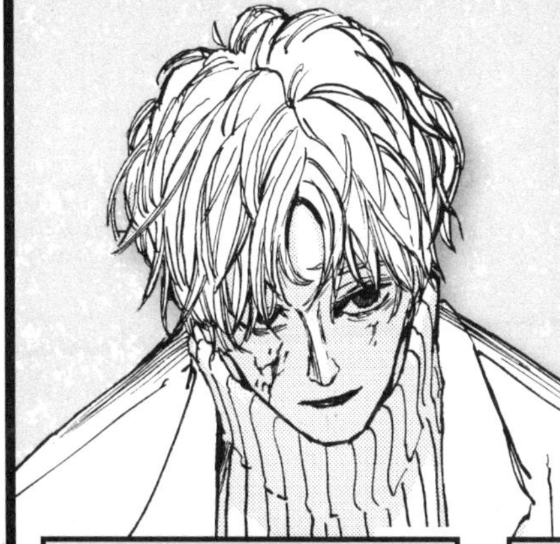

SLUR X (KEI UZUKI)

EBENFALLS EINER VON SAKAMOTOS KOMMILITONEN AN DER JCC, DER EINE GEMEINSAME VERGANGENHEIT MIT IHM ZU HABEN SCHEINT… SLUR IST HEUTE EIN EIGENSINNIGER AUFTRAGSKILLER, DER ES AUF ANDERE MITGLIEDER DES JBA ABGESEHEN HAT. SIE NENNEN IHN NUR »X«, DA ER AN DEN TATORTEN SEINER MORDE STETS EIN BLUTVERSCHMIERTES »X« HINTERLÄSST. SEIT SEINER STUDIENZEIT SCHEINT SEINE PERSÖNLICHKEIT SICH DRASTISCH VERÄNDERT ZU HABEN…

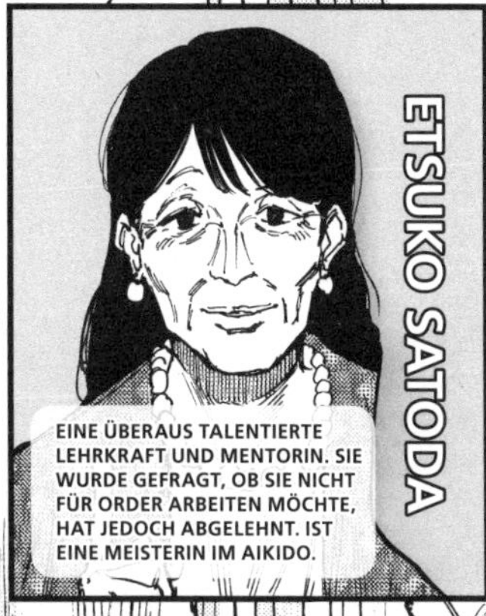

ETSUKO SATODA

EINE ÜBERAUS TALENTIERTE LEHRKRAFT UND MENTORIN. SIE WURDE GEFRAGT, OB SIE NICHT FÜR ORDER ARBEITEN MÖCHTE, HAT JEDOCH ABGELEHNT. IST EINE MEISTERIN IM AIKIDO.

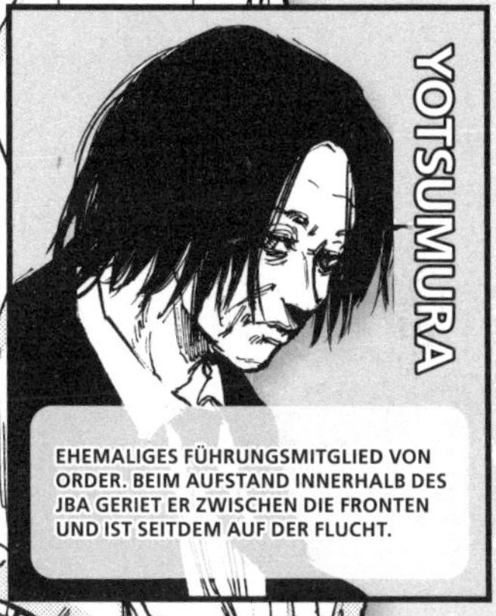

YOTSUMURA

EHEMALIGES FÜHRUNGSMITGLIED VON ORDER. BEIM AUFSTAND INNERHALB DES JBA GERIET ER ZWISCHEN DIE FRONTEN UND IST SEITDEM AUF DER FLUCHT.

STORY

Es war einmal ein legendärer und erstklassiger Profikiller. Sein Name: Taro Sakamoto. Er war der Beste von allen, die Nummer eins unter den Auftragsmördern, von der gesamten Verbrecherwelt gefürchtet und bewundert zugleich. Doch eines Tages… verliebte er sich! Danach folgten Schlag auf Schlag: Ruhestand, Hochzeit, Nachwuchs – und dann… wurde Sakamoto fett! Und zwar so richtig. Mittlerweile betreibt er einen Tante-Emma-Laden, einen kleinen Familienbetrieb namens »Sakamoto« und kaum dass er der Unterwelt den Rücken gekehrt hat, sieht er sich ständig neuen Gefahren ausgesetzt. Sakamoto findet heraus, dass ein Kopfgeld auf ihn ausgesetzt wurde. Dafür verantwortlich zeichnet ein Mann namens »Slur«, der ultimative Auftragskiller. Auf der Suche nach der Wahrheit entwickelte sich die Situation zu einem erbitterten Dreikampf zwischen Sakamoto und seinen Freunden, dem JBA und X alias Slur. Nach einem Angriff von X und seinen Schergen auf die JCC herrscht absolutes Chaos. Denn nicht nur Sakamoto, sondern auch X hat es auf die sogenannte Datenbank abgesehen. Shishiba erledigt indes Yotsumura in Kyoto, während Sakamoto auf dem Campus der JCC Jagd auf Kanaguri macht! Ausgerechnet im letzten Moment mischt sich Akira in die Auseinandersetzung ein und verschwindet daraufhin zusammen mit Kanaguri. Sakamoto will nicht länger warten und beschließt, sich auf eigene Faust ins feindliche Gebiet zu begeben. Shin versucht ihn aufzuhalten und zur Rede zu stellen und Sakamoto realisiert, dass sein Partner sich enorm verbessert hat und nicht mehr länger auf ihn angewiesen ist. Am Ende beginnt Sakamoto von seiner eigenen Vergangenheit und seiner Verbindung zu Uzuki zu erzählen…

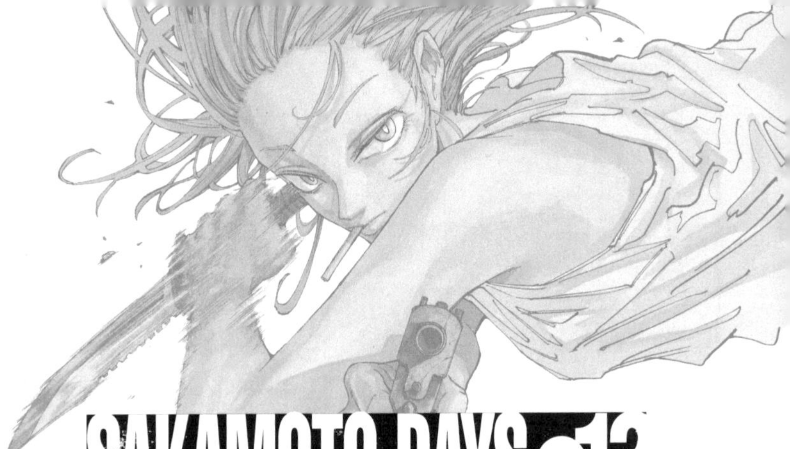

SAKAMOTO DAYS vol. 13

INHALT

DAYS 107 Reminiszenz

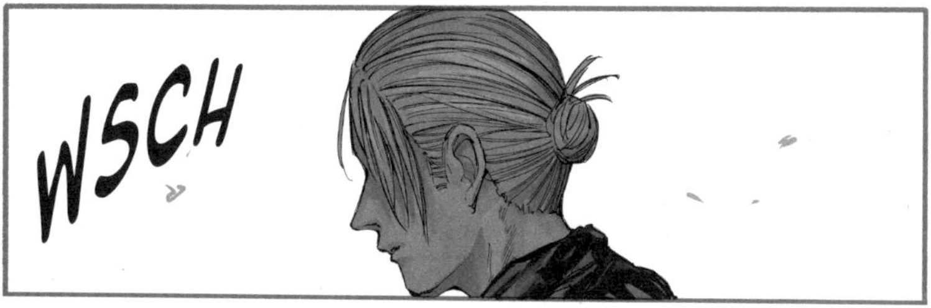

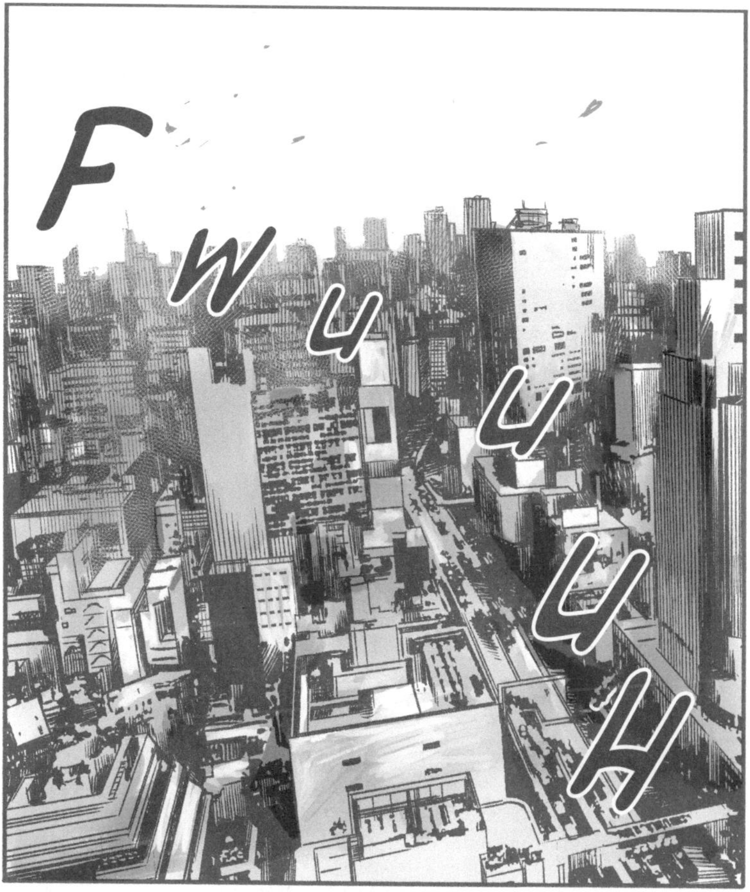

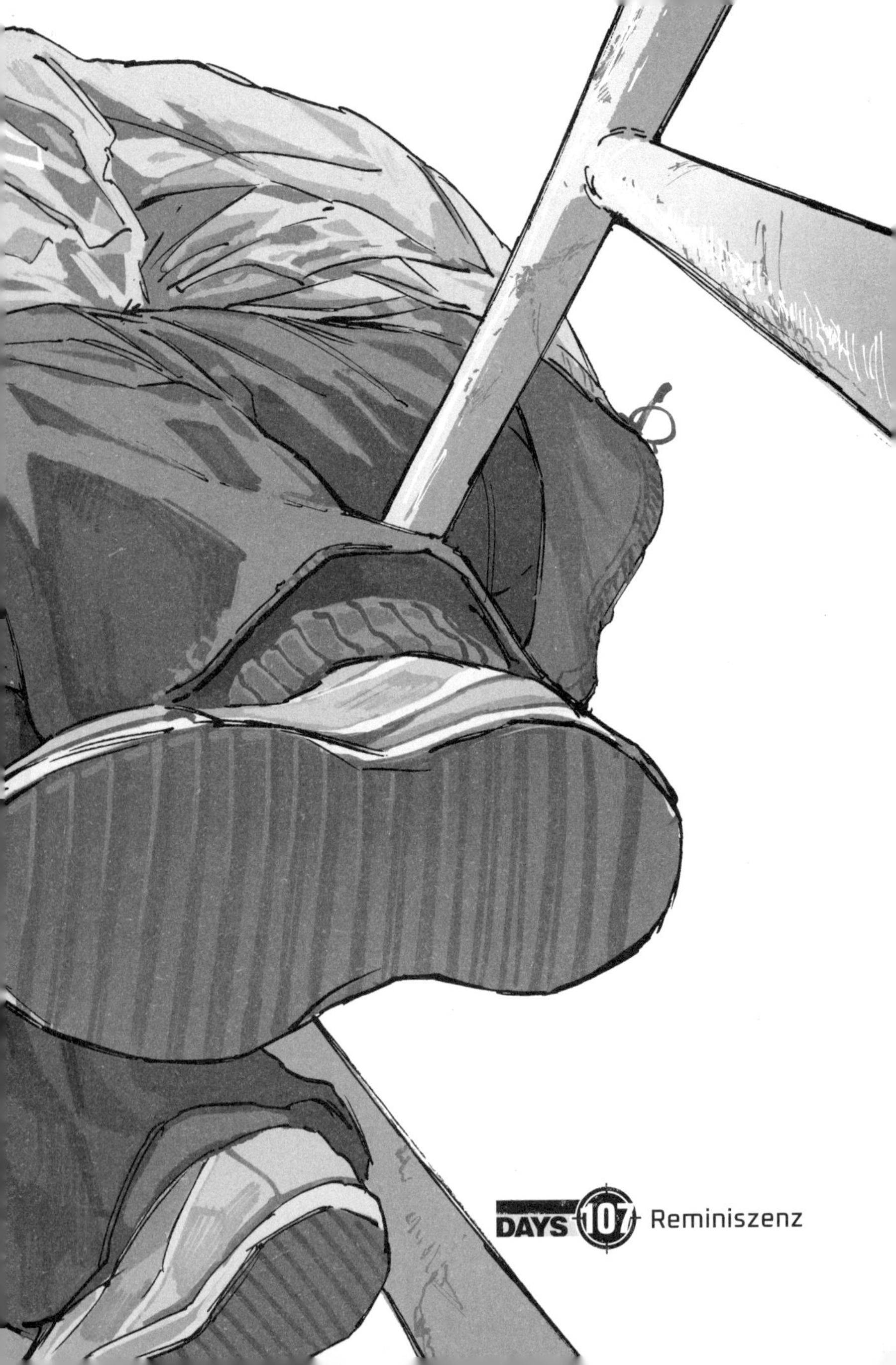

DAYS 107 Reminiszenz

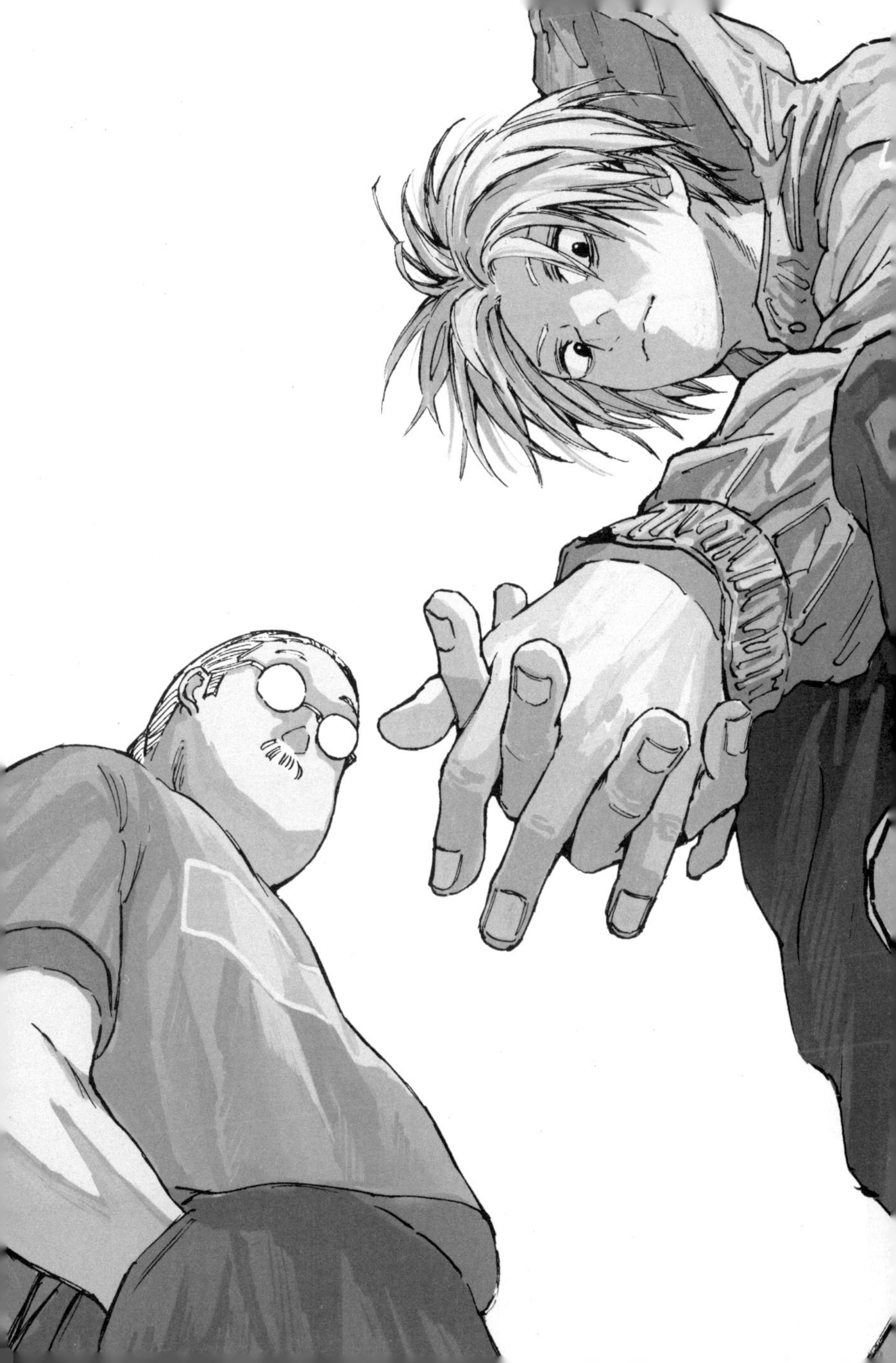

SAKAMOTO DAYS

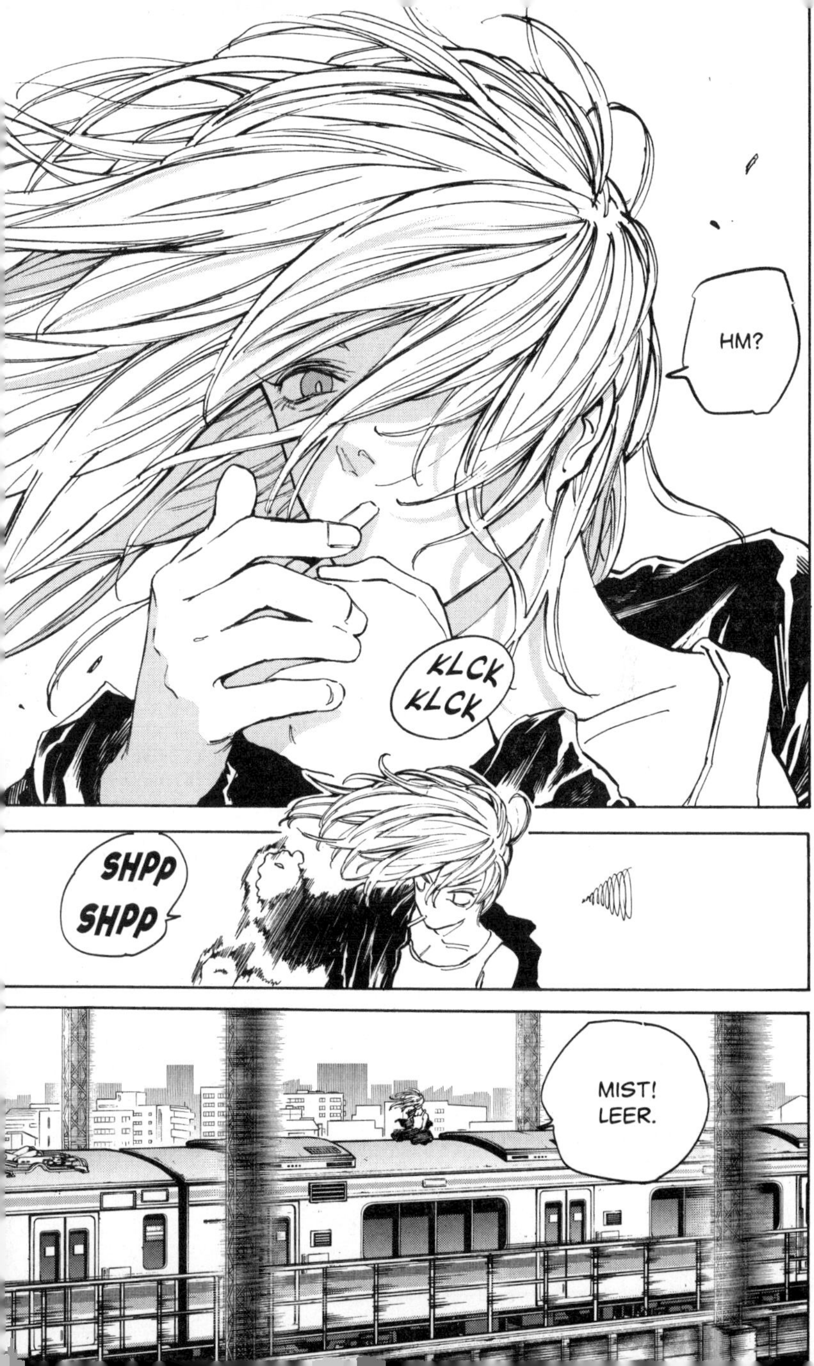
HM?
KLCK KLCK
SHPP SHPP
MIST! LEER.

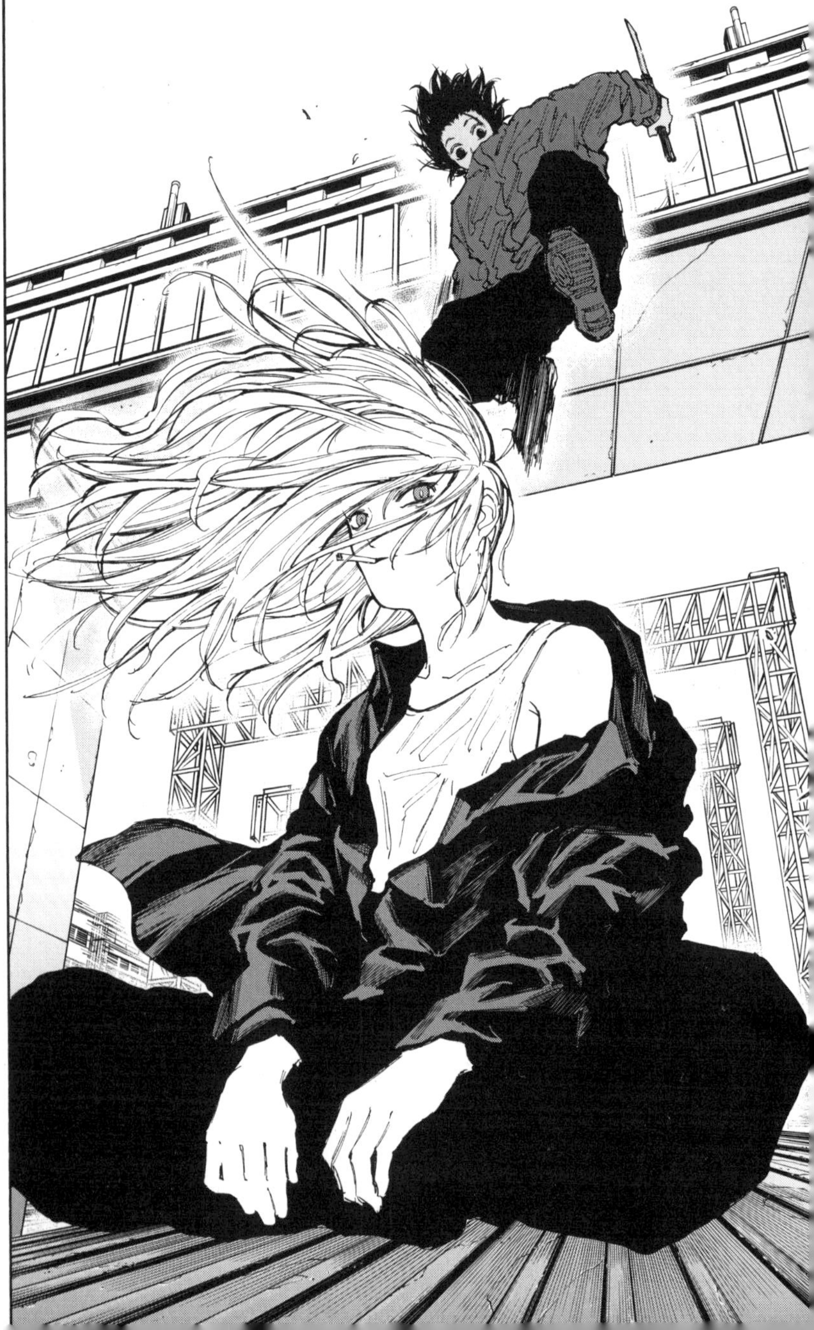

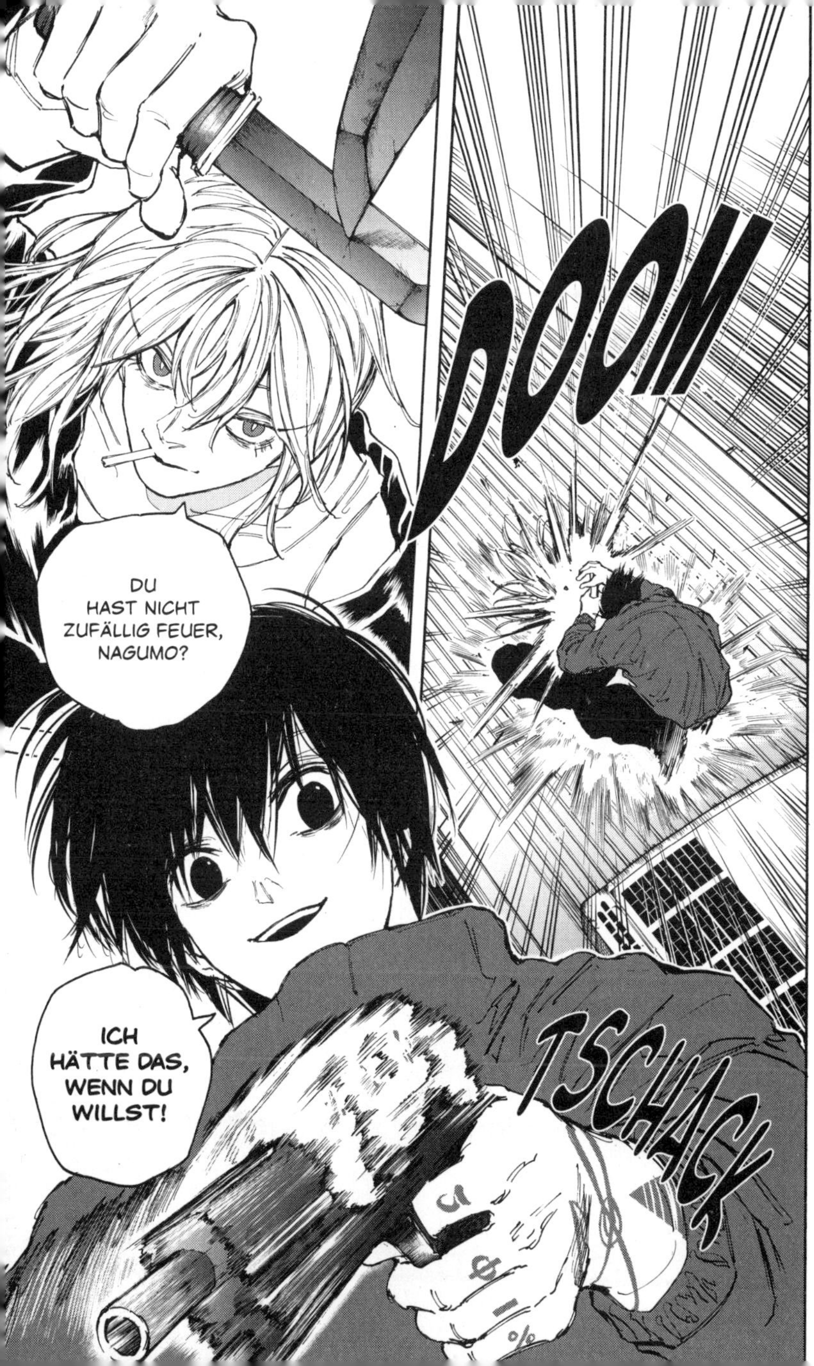
DOOM
DU HAST NICHT ZUFÄLLIG FEUER, NAGUMO?
ICH HÄTTE DAS, WENN DU WILLST!
TSCHACK

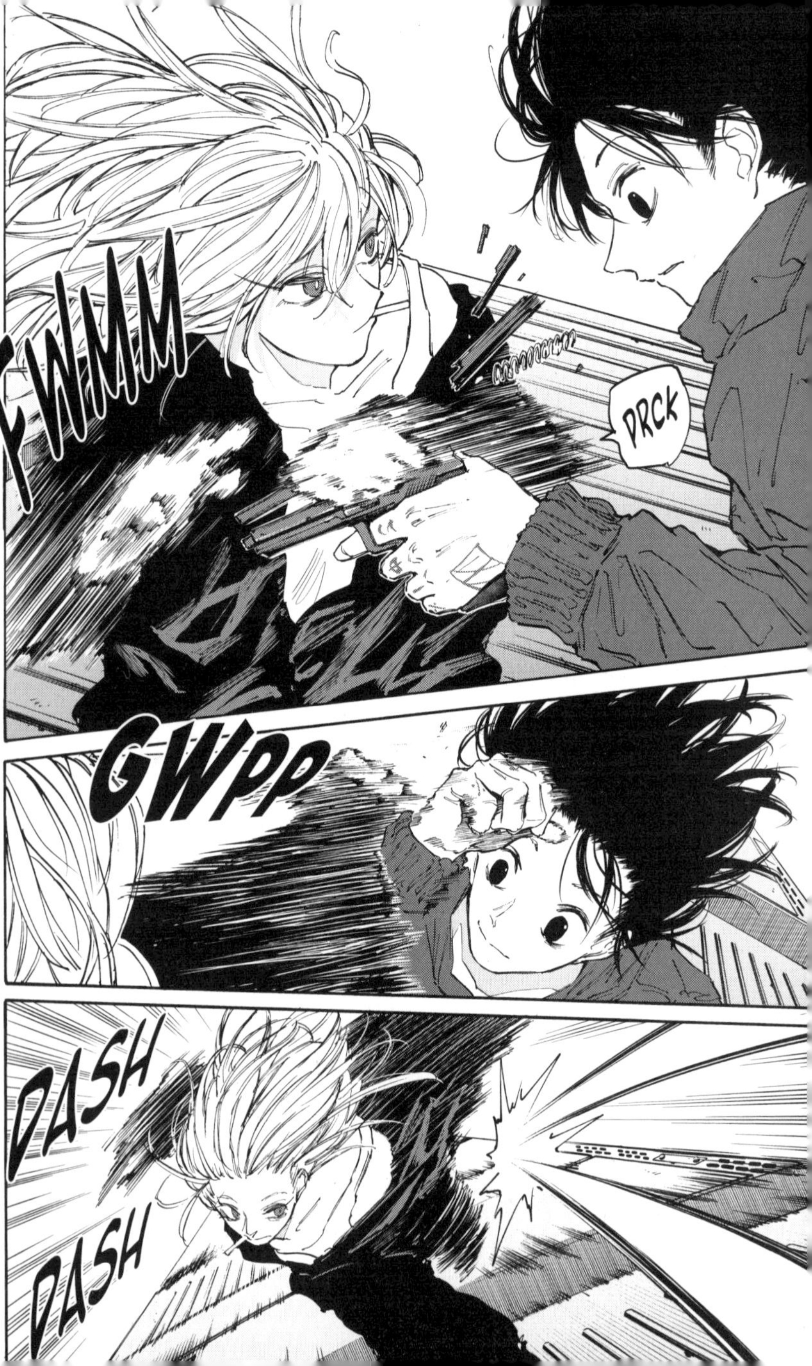
DRCK
FWMM
GWPP
DASH
DASH

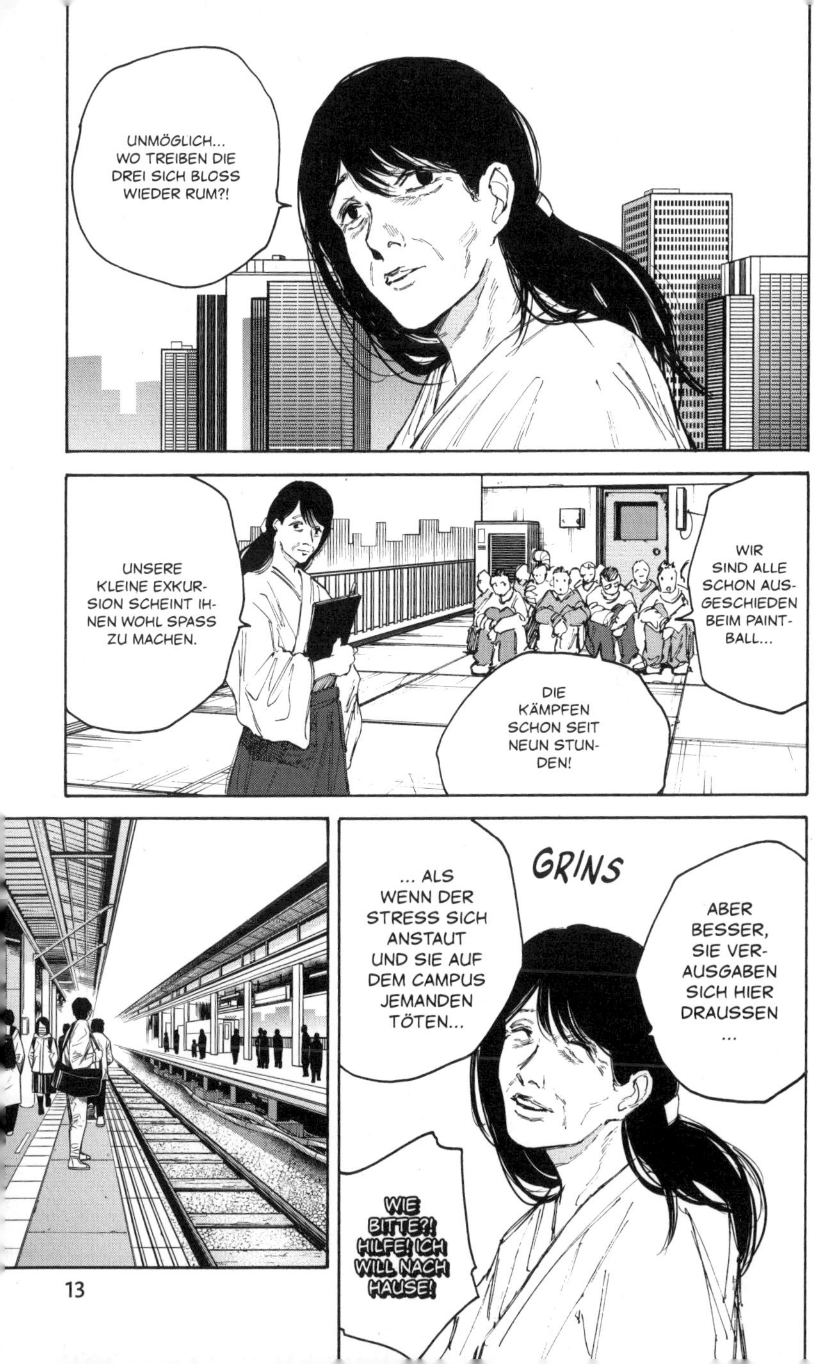
UNMÖGLICH... WO TREIBEN DIE DREI SICH BLOSS WIEDER RUM?!
WIR SIND ALLE SCHON AUSGESCHIEDEN BEIM PAINTBALL...
DIE KÄMPFEN SCHON SEIT NEUN STUNDEN!
UNSERE KLEINE EXKURSION SCHEINT IHNEN WOHL SPASS ZU MACHEN.
ABER BESSER, SIE VERAUSGABEN SICH HIER DRAUSSEN ...
... ALS WENN DER STRESS SICH ANSTAUT UND SIE AUF DEM CAMPUS JEMANDEN TÖTEN...
GRINS
WIE BITTE?! HILFE! ICH WILL NACH HAUSE!

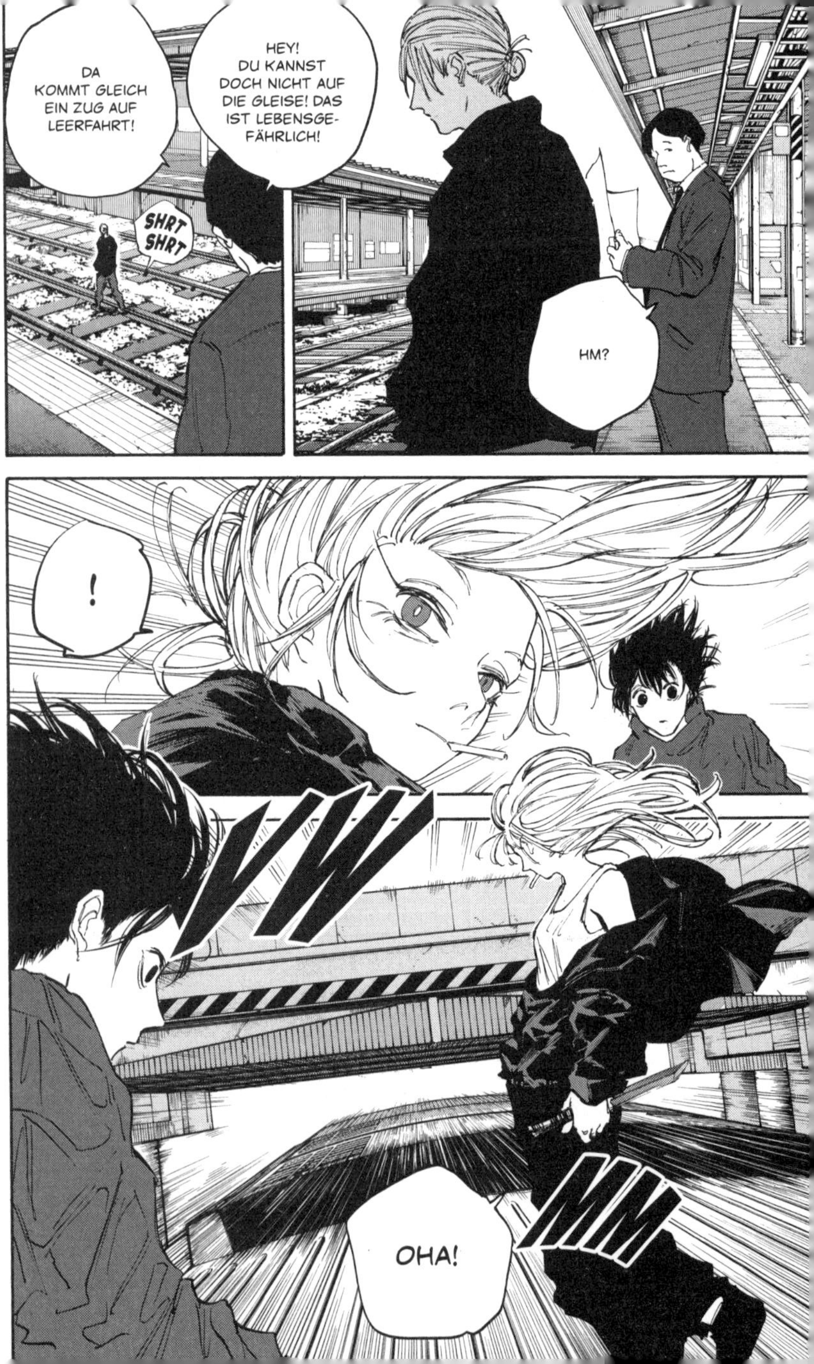
HM?
HEY! DU KANNST DOCH NICHT AUF DIE GLEISE! DAS IST LEBENSGE-FÄHRLICH!
SHRT SHRT
DA KOMMT GLEICH EIN ZUG AUF LEERFAHRT!
!
VW
MM
OHA!

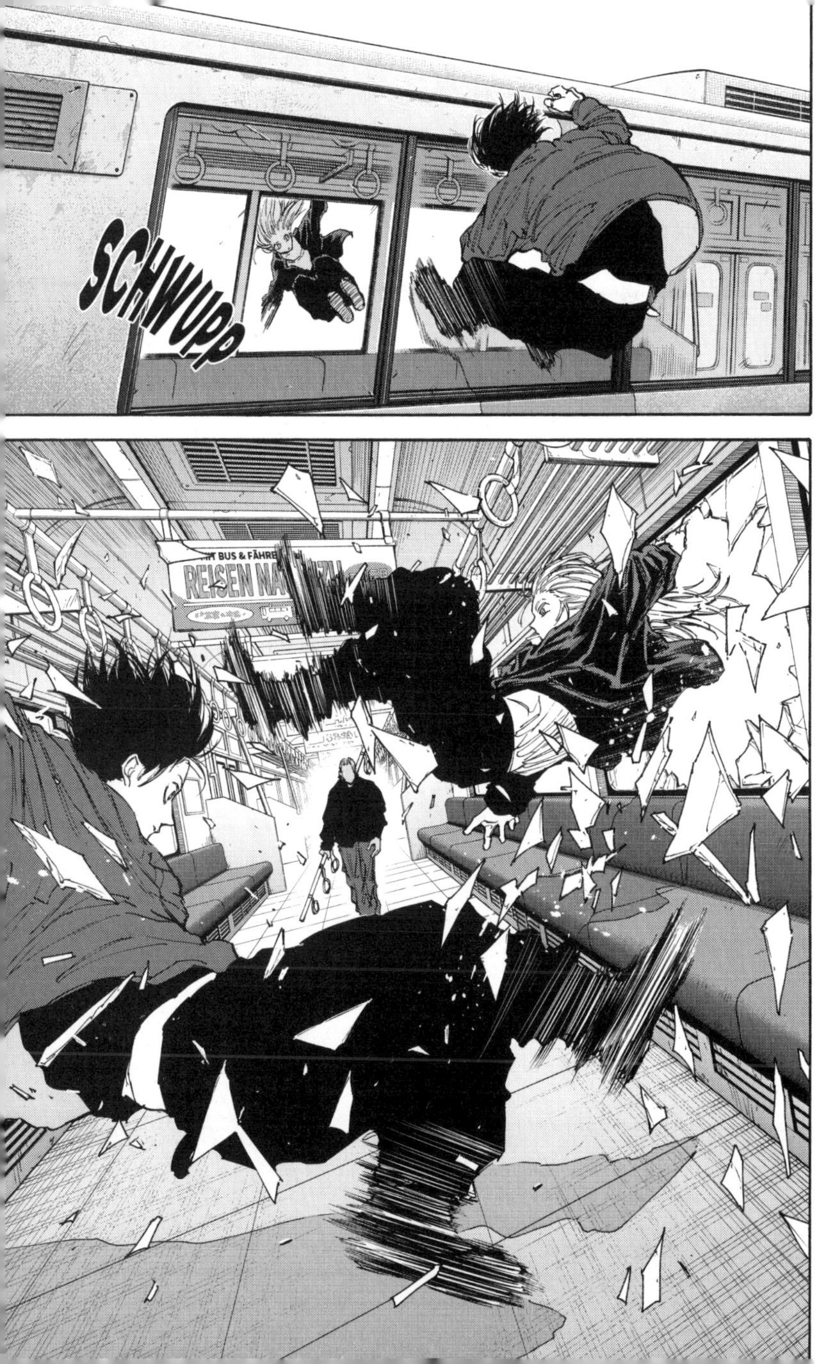
SCHWUPP

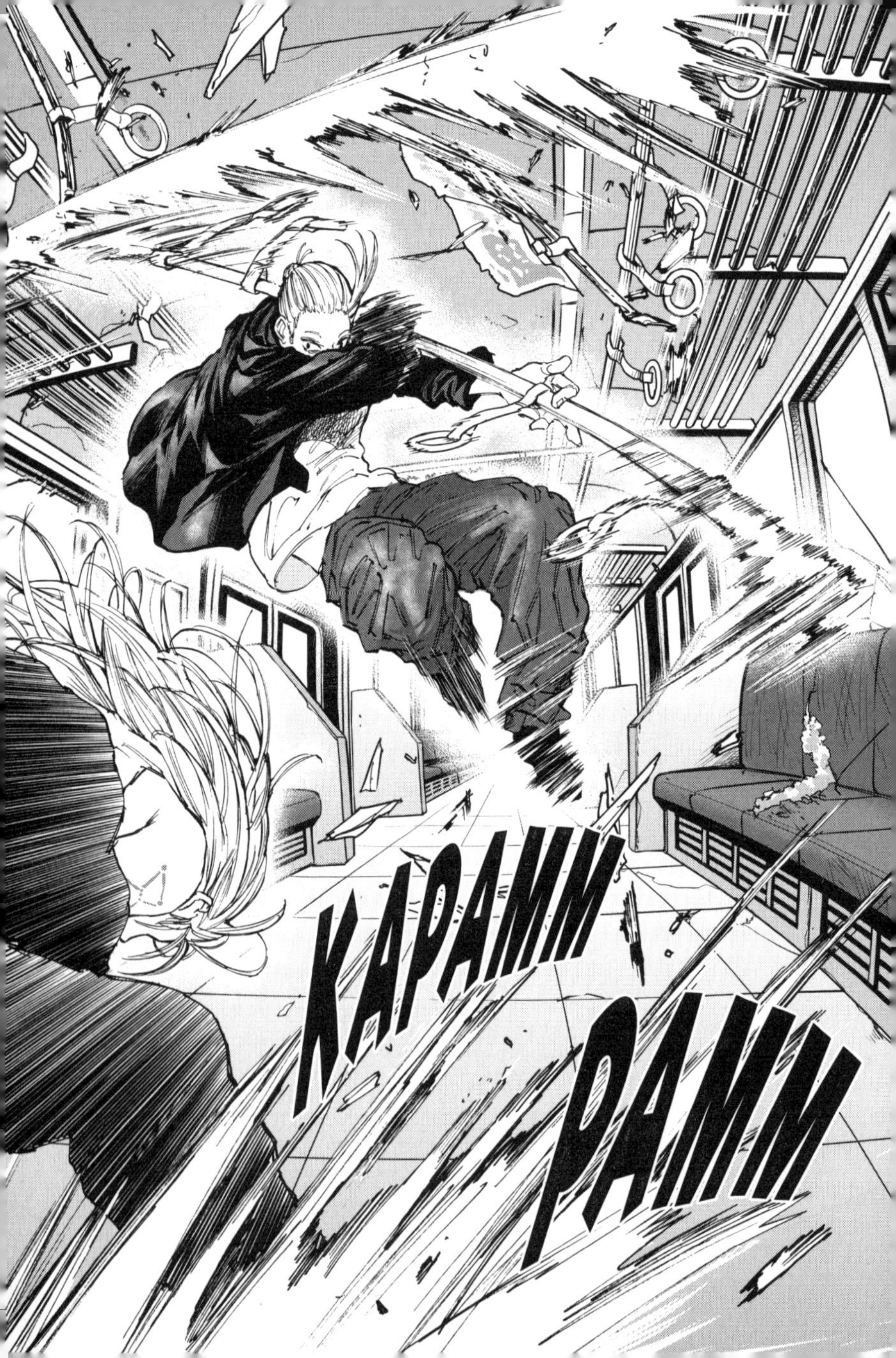
KAPAMM
PAMM

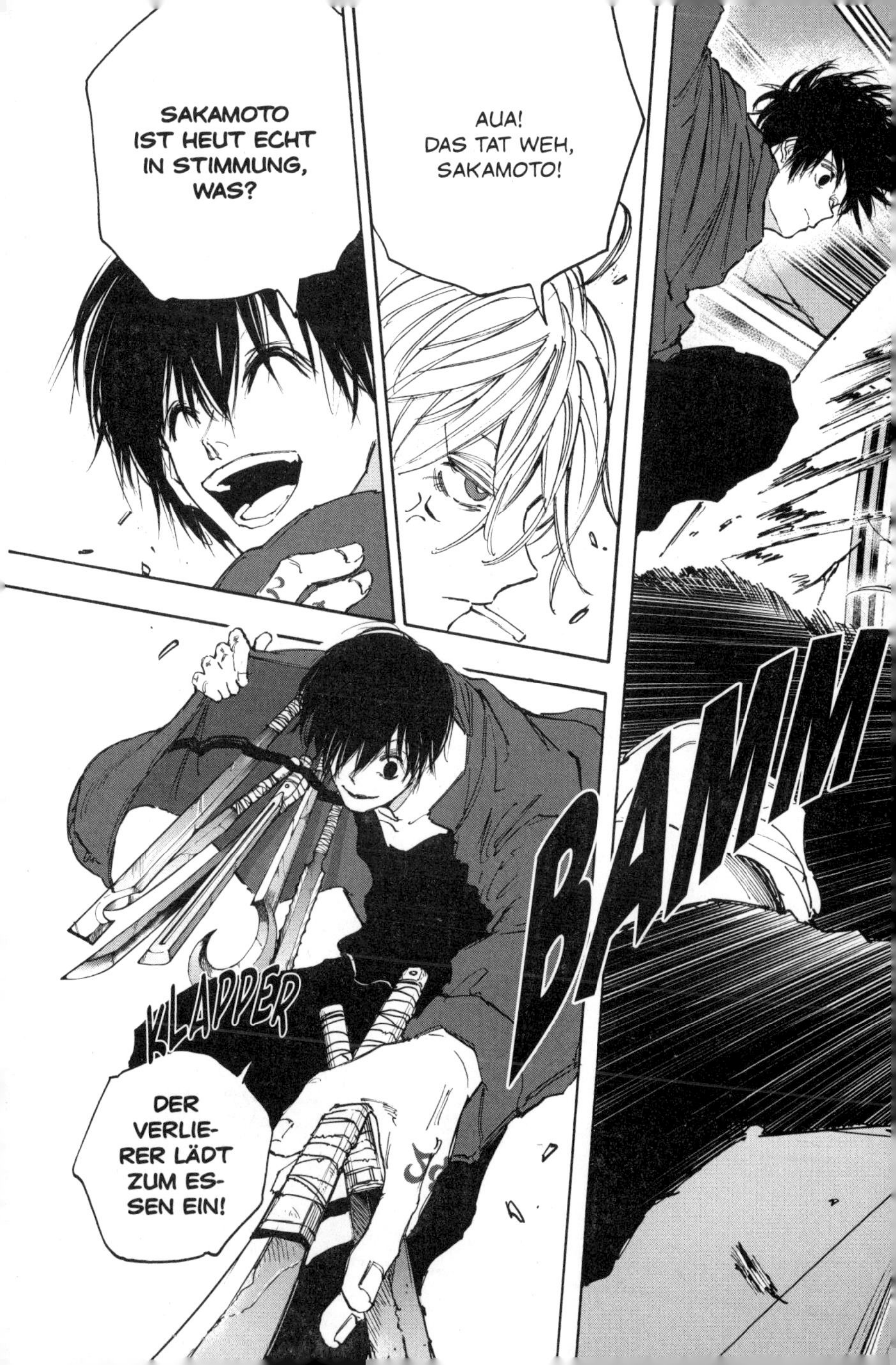
AUA!
DAS TAT WEH, SAKAMOTO!
SAKAMOTO IST HEUT ECHT IN STIMMUNG, WAS?
BAMM
KLAPPER
DER VERLIERER LÄDT ZUM ESSEN EIN!

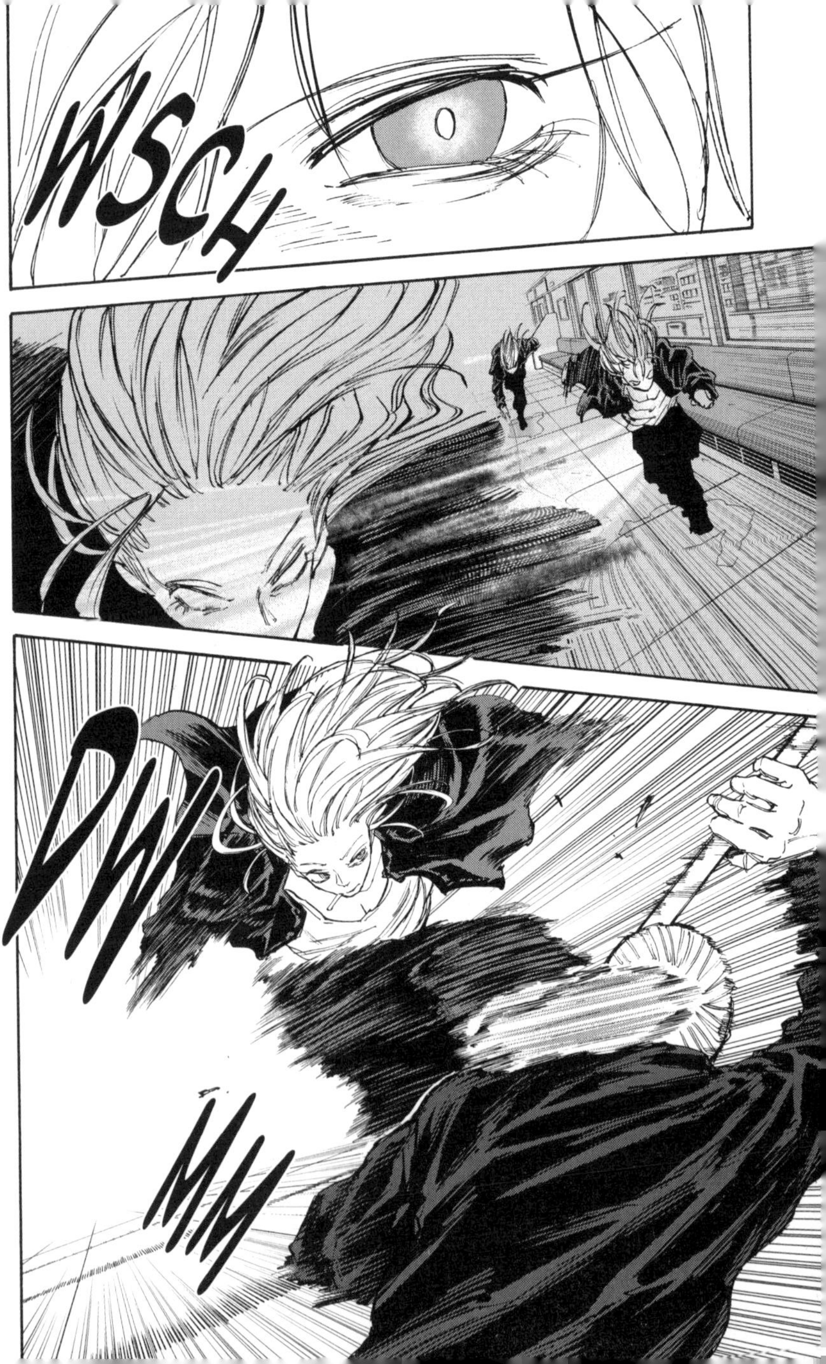
WSCH
DW
MM

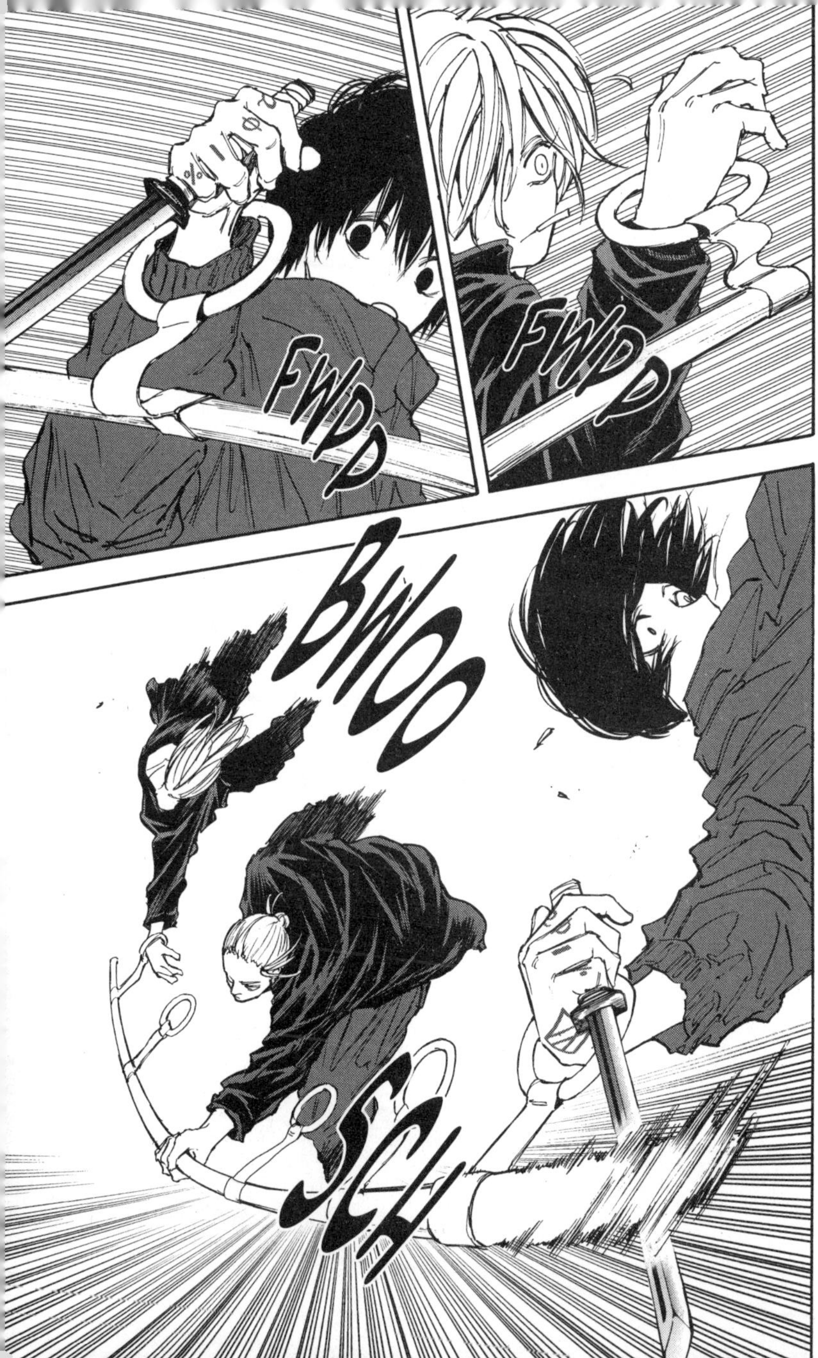
FWPP
FWPP
BWOO
SCH

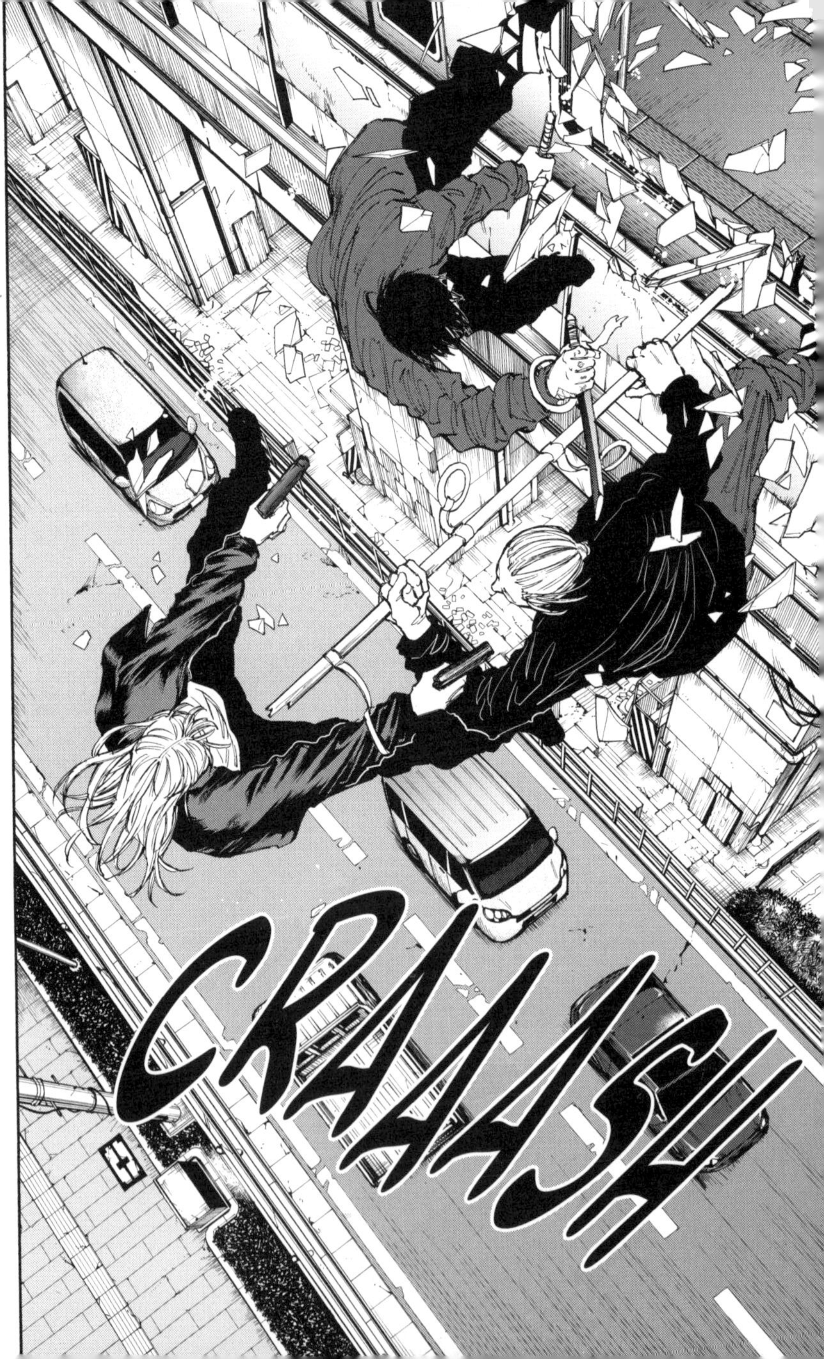
CRAAASH

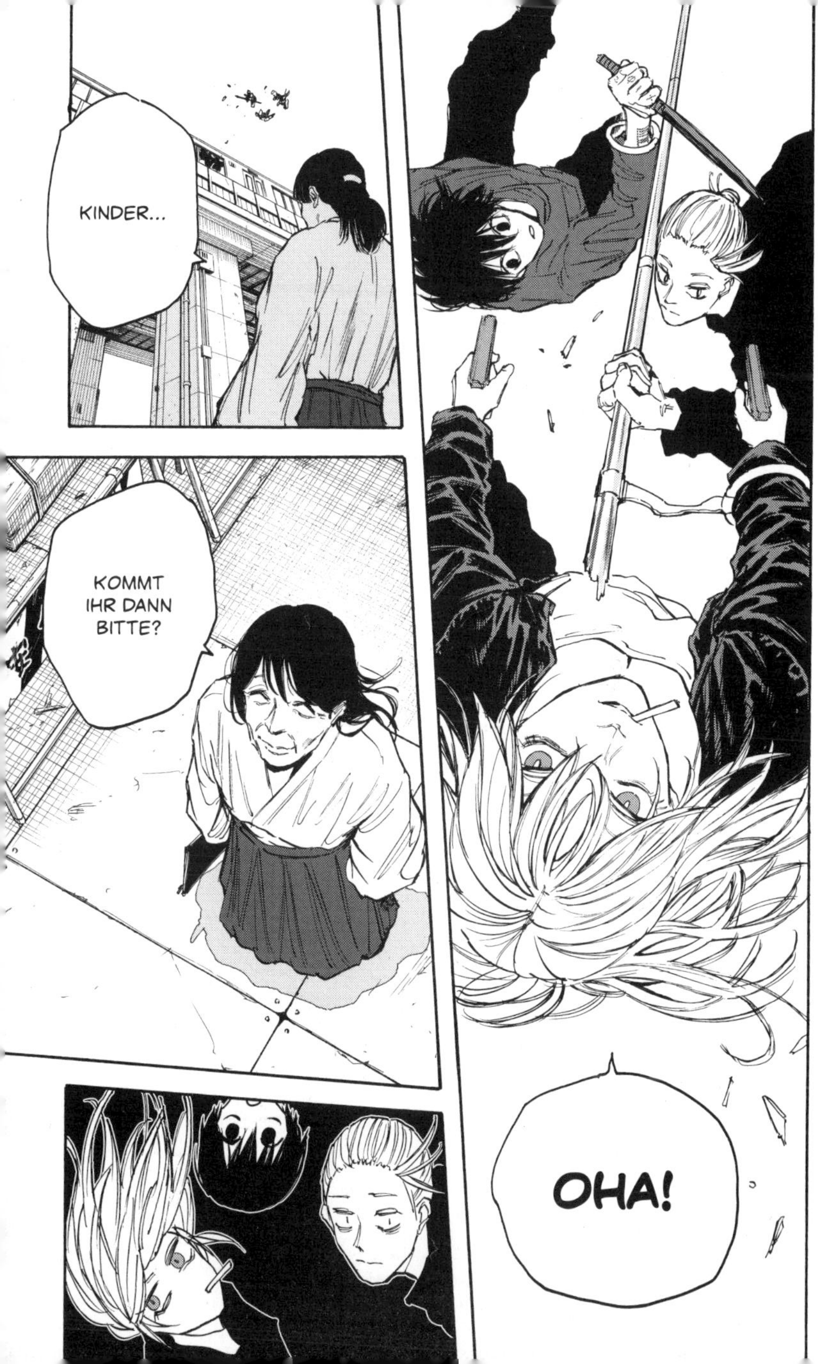
OHA!
KINDER...
KOMMT IHR DANN BITTE?

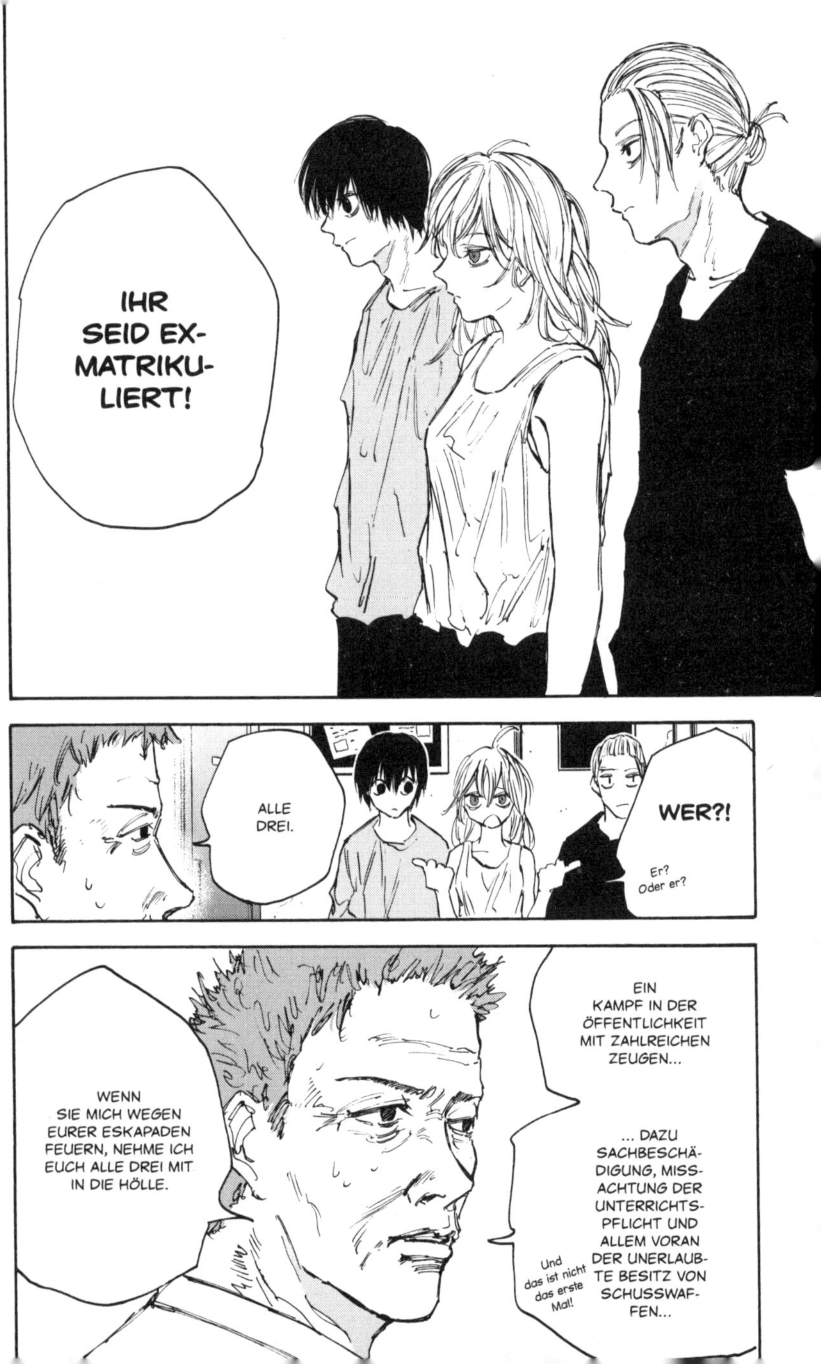
IHR SEID EX-MATRIKU-LIERT!
WER?!
Er? Oder er?
ALLE DREI.
EIN KAMPF IN DER ÖFFENTLICHKEIT MIT ZAHLREICHEN ZEUGEN...
... DAZU SACHBESCHÄ-DIGUNG, MISS-ACHTUNG DER UNTERRICHTS-PFLICHT UND ALLEM VORAN DER UNERLAUB-TE BESITZ VON SCHUSSWAF-FEN...
Und das ist nicht das erste Mal!
WENN SIE MICH WEGEN EURER ESKAPADEN FEUERN, NEHME ICH EUCH ALLE DREI MIT IN DIE HÖLLE.

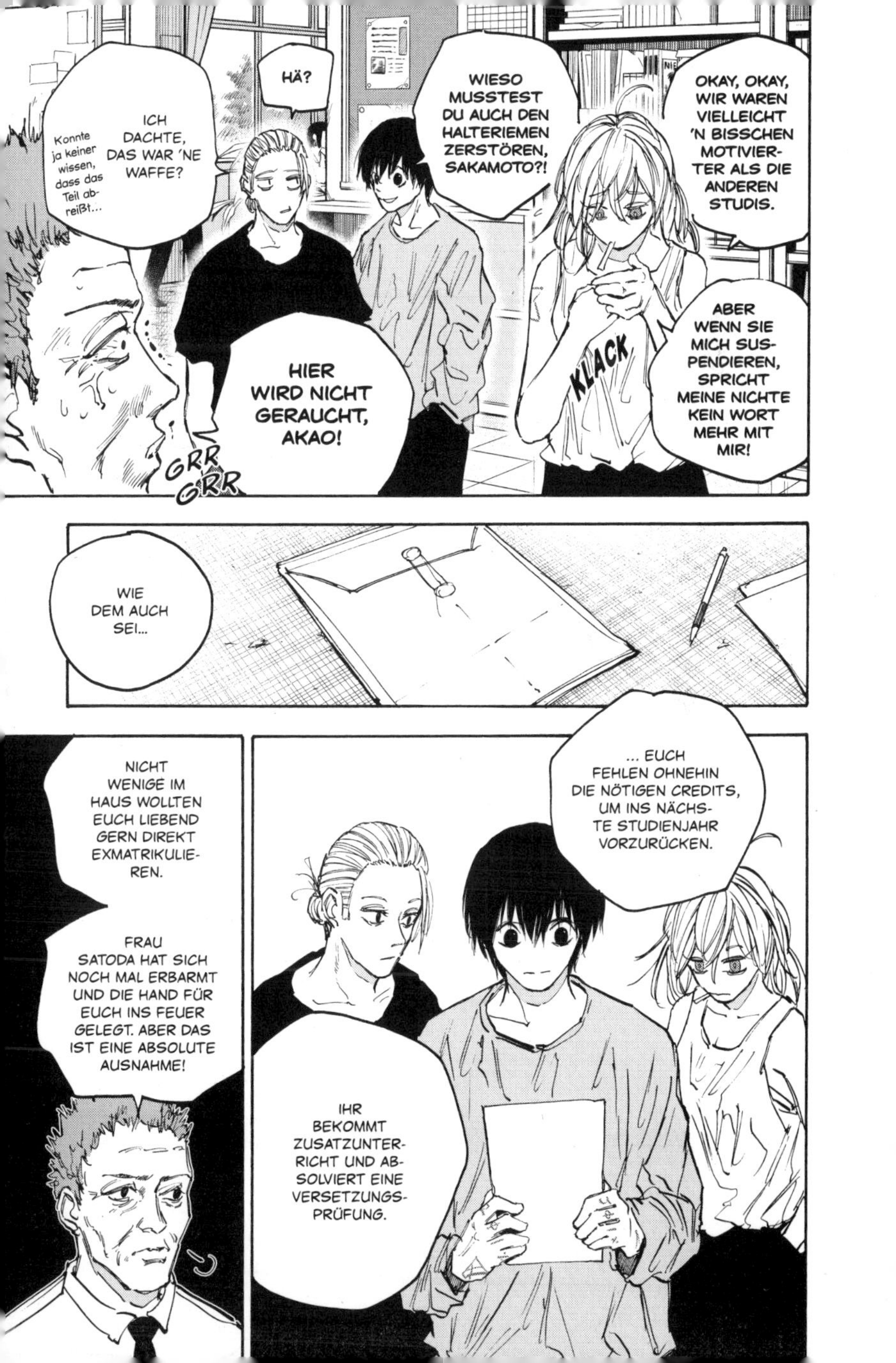
OKAY, OKAY, WIR WAREN VIELLEICHT 'N BISSCHEN MOTIVIERTER ALS DIE ANDEREN STUDIS.
ABER WENN SIE MICH SUSPENDIEREN, SPRICHT MEINE NICHTE KEIN WORT MEHR MIT MIR!
KLACK
WIESO MUSSTEST DU AUCH DEN HALTERIEMEN ZERSTÖREN, SAKAMOTO?!
HÄ?
ICH DACHTE, DAS WAR ´NE WAFFE?
Konnte ja keiner wissen, dass das Teil abreißt…
HIER WIRD NICHT GERAUCHT, AKAO!
GRR GRR
WIE DEM AUCH SEI…
NICHT WENIGE IM HAUS WOLLTEN EUCH LIEBEND GERN DIREKT EXMATRIKULIEREN.
FRAU SATODA HAT SICH NOCH MAL ERBARMT UND DIE HAND FÜR EUCH INS FEUER GELEGT. ABER DAS IST EINE ABSOLUTE AUSNAHME!
… EUCH FEHLEN OHNEHIN DIE NÖTIGEN CREDITS, UM INS NÄCHSTE STUDIENJAHR VORZURÜCKEN.
IHR BEKOMMT ZUSATZUNTERRICHT UND ABSOLVIERT EINE VERSETZUNGSPRÜFUNG.

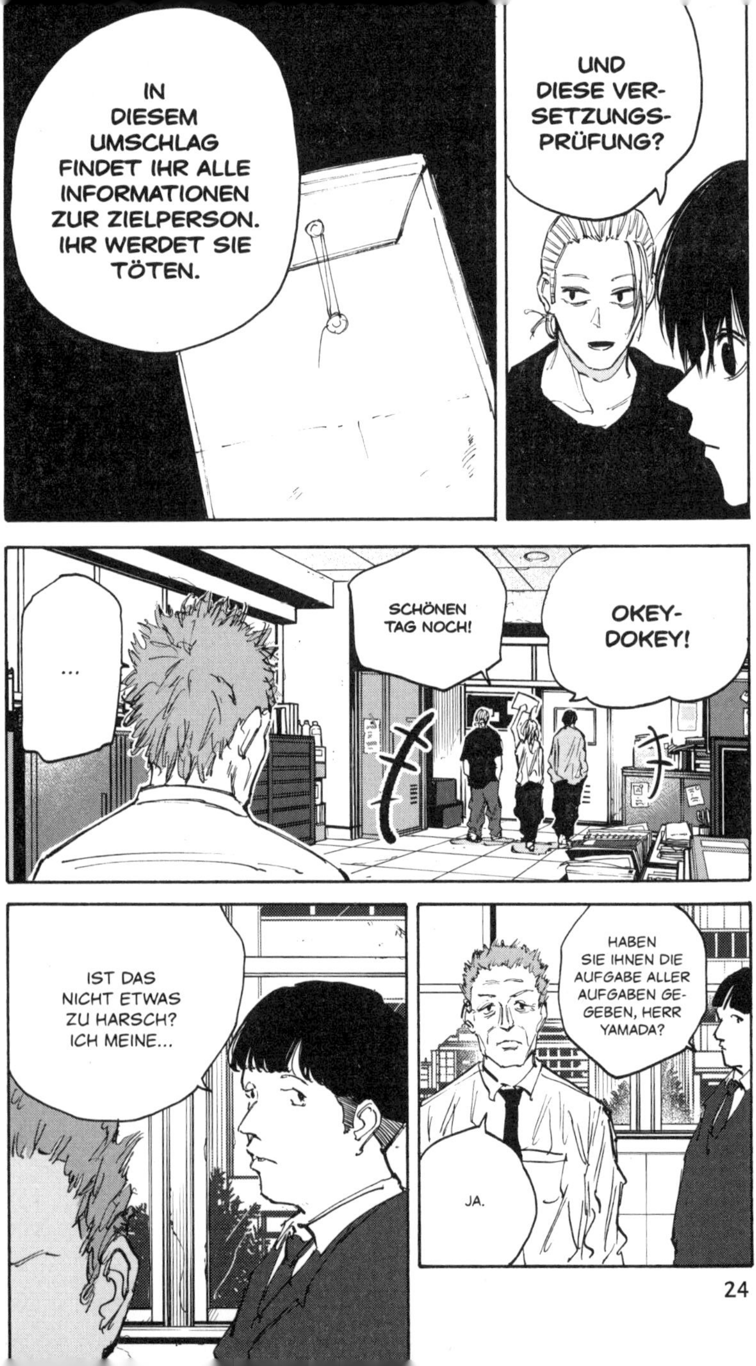
UND DIESE VER-SETZUNGS-PRÜFUNG?
IN DIESEM UMSCHLAG FINDET IHR ALLE INFORMATIONEN ZUR ZIELPERSON. IHR WERDET SIE TÖTEN.
OKEY-DOKEY!
SCHÖNEN TAG NOCH!
...
HABEN SIE IHNEN DIE AUFGABE ALLER AUFGABEN GE-GEBEN, HERR YAMADA?
JA.
IST DAS NICHT ETWAS ZU HARSCH? ICH MEINE...

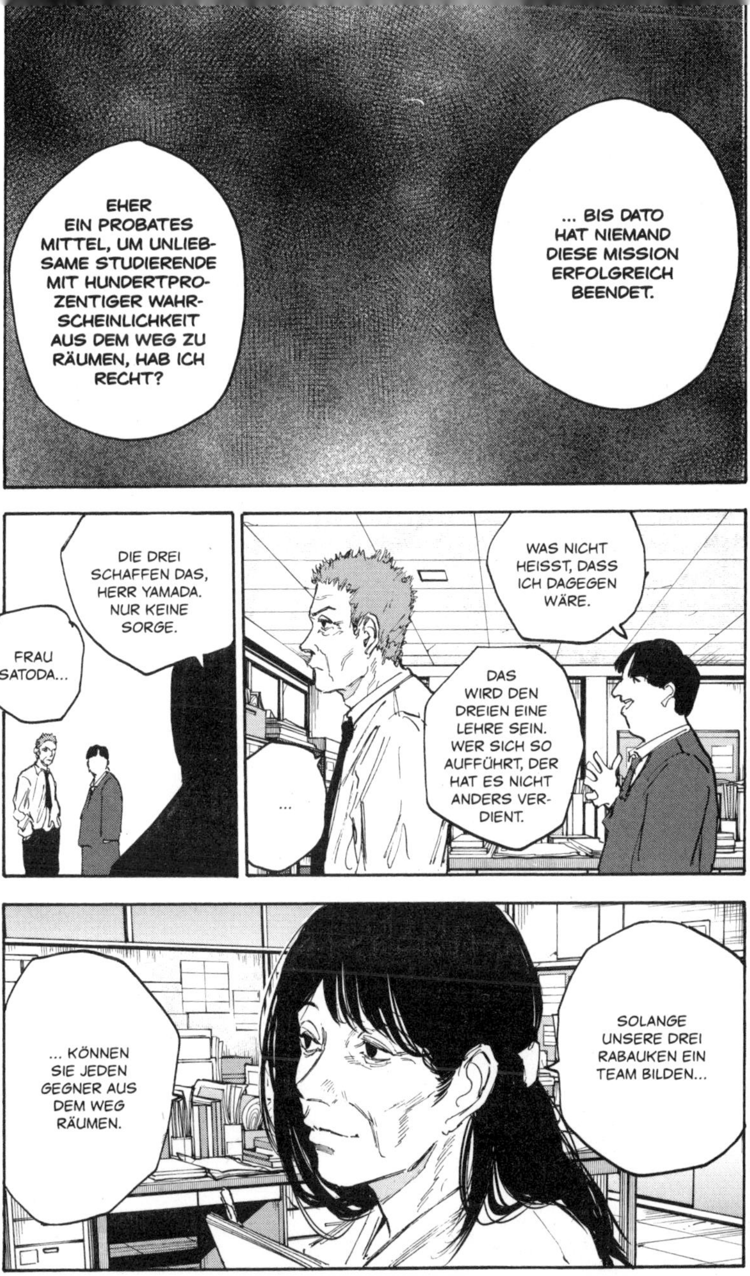
... BIS DATO HAT NIEMAND DIESE MISSION ERFOLGREICH BEENDET.
EHER EIN PROBATES MITTEL, UM UNLIEBSAME STUDIERENDE MIT HUNDERTPROZENTIGER WAHRSCHEINLICHKEIT AUS DEM WEG ZU RÄUMEN, HAB ICH RECHT?
WAS NICHT HEISST, DASS ICH DAGEGEN WÄRE.
DAS WIRD DEN DREIEN EINE LEHRE SEIN. WER SICH SO AUFFÜHRT, DER HAT ES NICHT ANDERS VERDIENT.
...
DIE DREI SCHAFFEN DAS, HERR YAMADA. NUR KEINE SORGE.
FRAU SATODA...
SOLANGE UNSERE DREI RABAUKEN EIN TEAM BILDEN...
... KÖNNEN SIE JEDEN GEGNER AUS DEM WEG RÄUMEN.

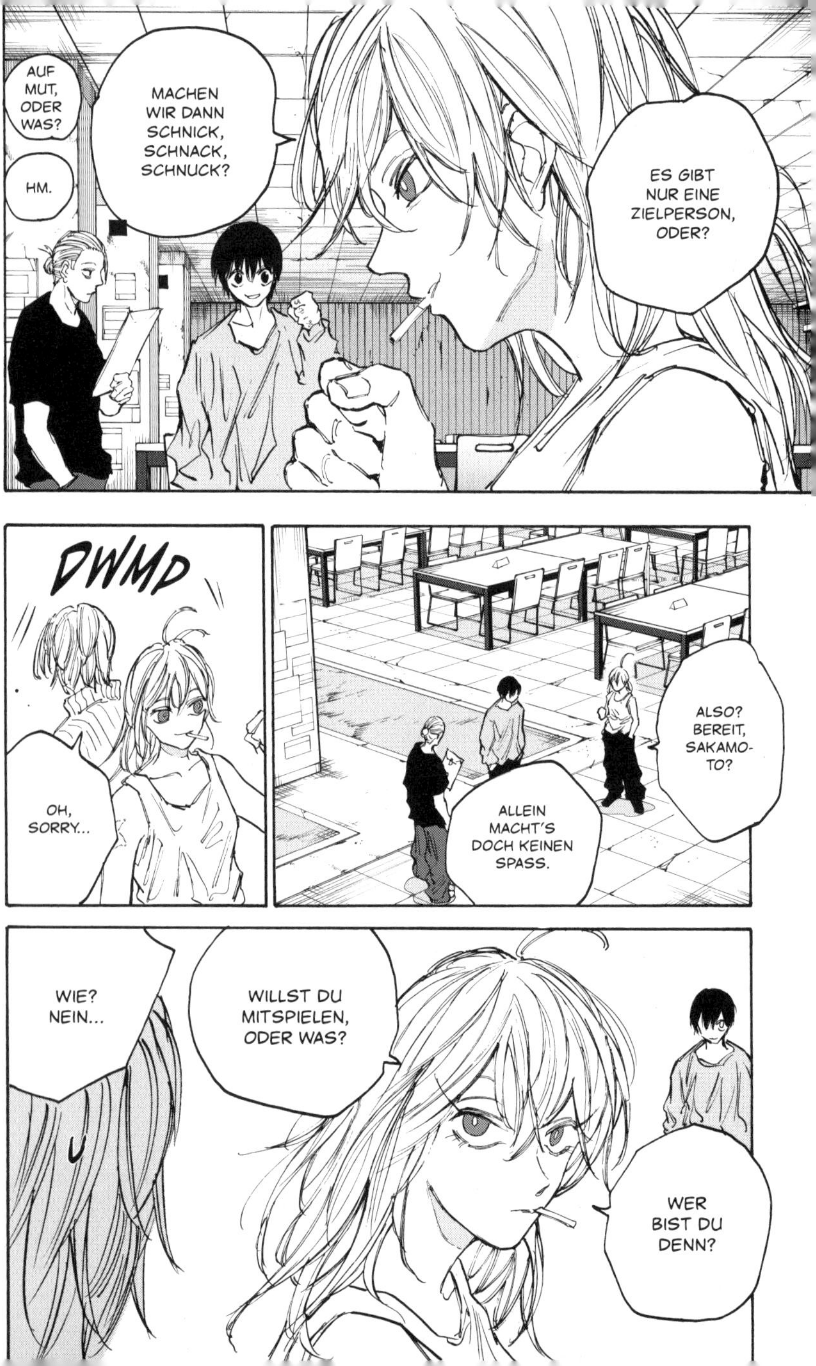
ES GIBT NUR EINE ZIELPERSON, ODER?
MACHEN WIR DANN SCHNICK, SCHNACK, SCHNUCK?
AUF MUT, ODER WAS?
HM.
ALSO? BEREIT, SAKAMOTO?
ALLEIN MACHT'S DOCH KEINEN SPASS.
DWMP
OH, SORRY...
WER BIST DU DENN?
WILLST DU MITSPIELEN, ODER WAS?
WIE? NEIN...

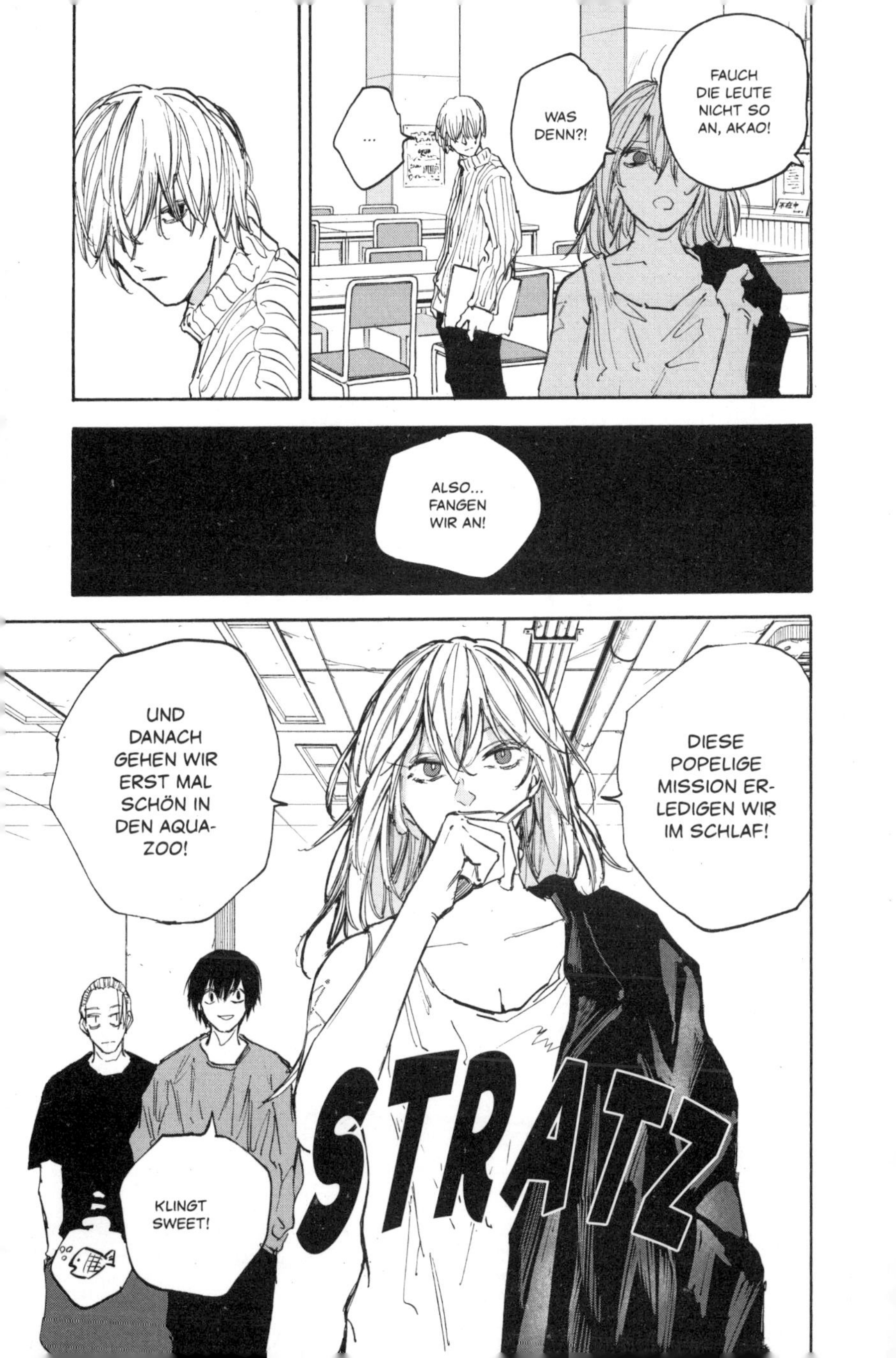
FAUCH DIE LEUTE NICHT SO AN, AKAO!
WAS DENN?!
...
ALSO... FANGEN WIR AN!
DIESE POPELIGE MISSION ERLEDIGEN WIR IM SCHLAF!
UND DANACH GEHEN WIR ERST MAL SCHÖN IN DEN AQUAZOO!
STRATZ
KLINGT SWEET!

ABGELEHNTER COVERENTWURF FÜR BAND 13

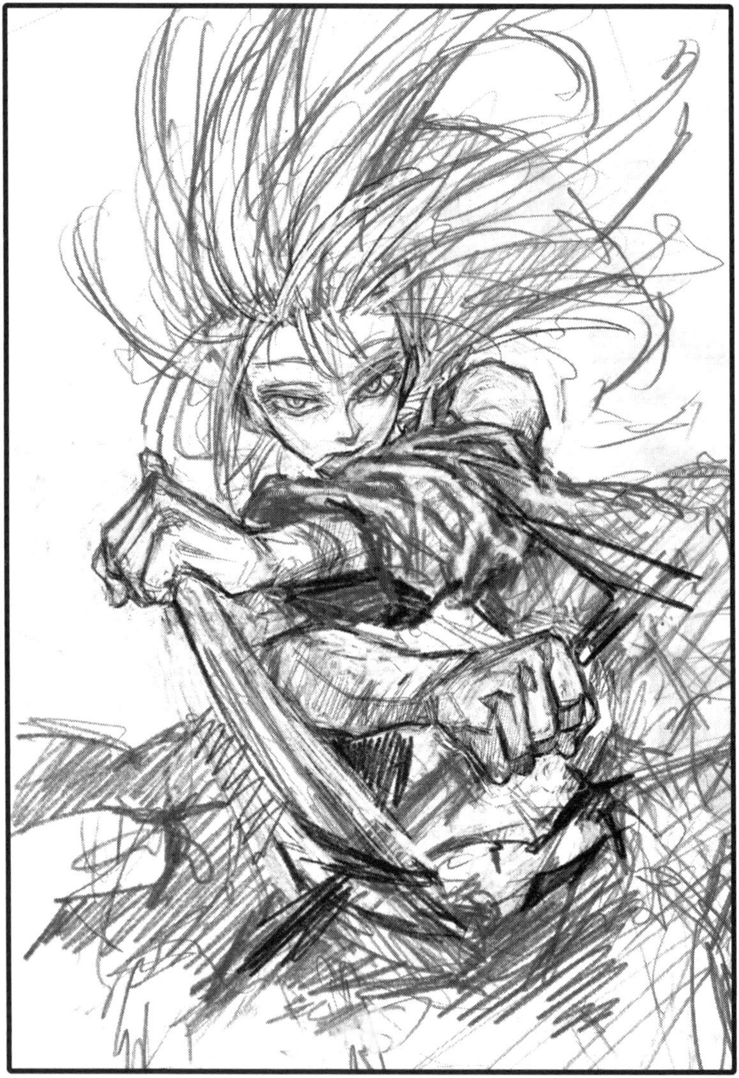

GRUND DAFÜR:
STATT EINER KOMPLIZIERTEN ZEICHNUNG SOLLTE ES EIN ETWAS GEWÖHNLICHERES COVERBILD WERDEN.

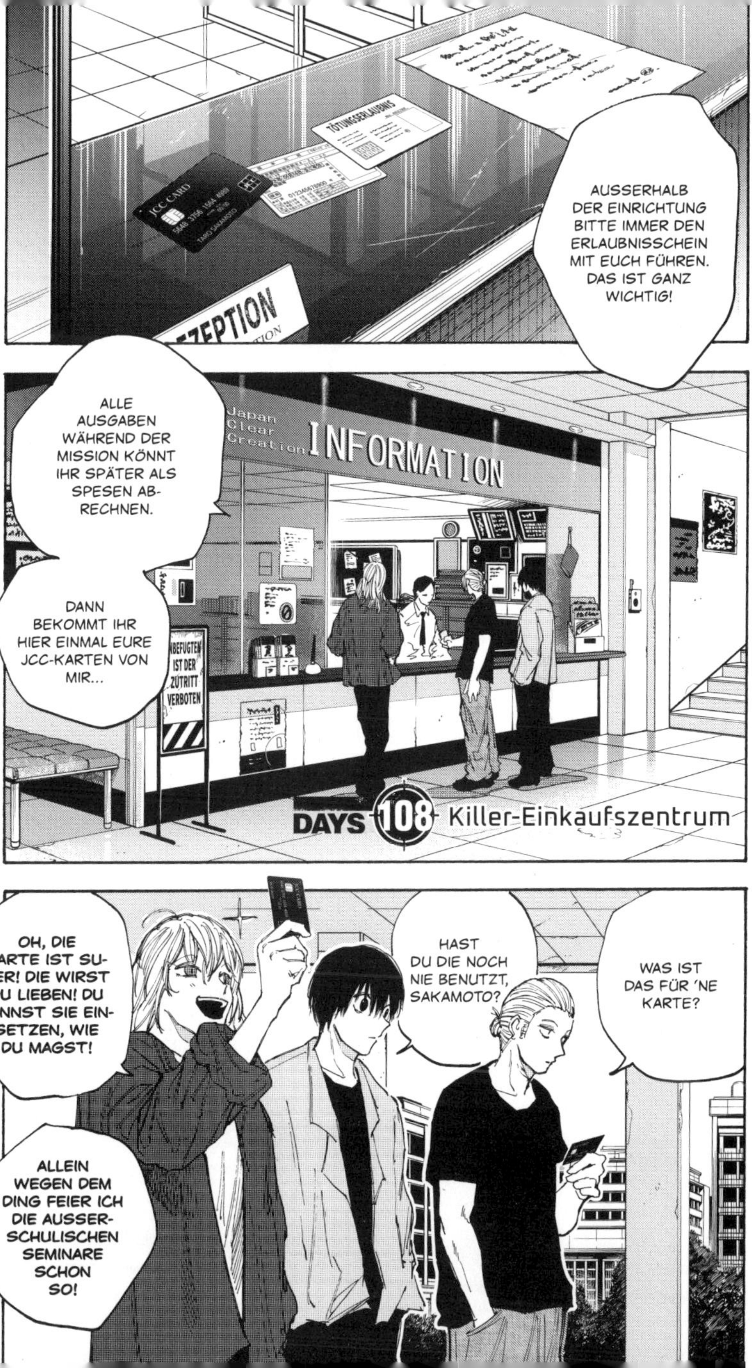
TÖTUNGSERLAUBNIS
JCC CARD
EZEPTION
AUSSERHALB DER EINRICHTUNG BITTE IMMER DEN ERLAUBNISSCHEIN MIT EUCH FÜHREN. DAS IST GANZ WICHTIG!
Japan Clear Creation INFORMATION
ALLE AUSGABEN WÄHREND DER MISSION KÖNNT IHR SPÄTER ALS SPESEN ABRECHNEN.
DANN BEKOMMT IHR HIER EINMAL EURE JCC-KARTEN VON MIR…
NBEFUGTEN IST DER ZUTRITT VERBOTEN
DAYS 108 Killer-Einkaufszentrum
WAS IST DAS FÜR 'NE KARTE?
HAST DU DIE NOCH NIE BENUTZT, SAKAMOTO?
OH, DIE KARTE IST SUPER! DIE WIRST DU LIEBEN! DU KANNST SIE EINSETZEN, WIE DU MAGST!
ALLEIN WEGEN DEM DING FEIER ICH DIE AUSSERSCHULISCHEN SEMINARE SCHON SO!

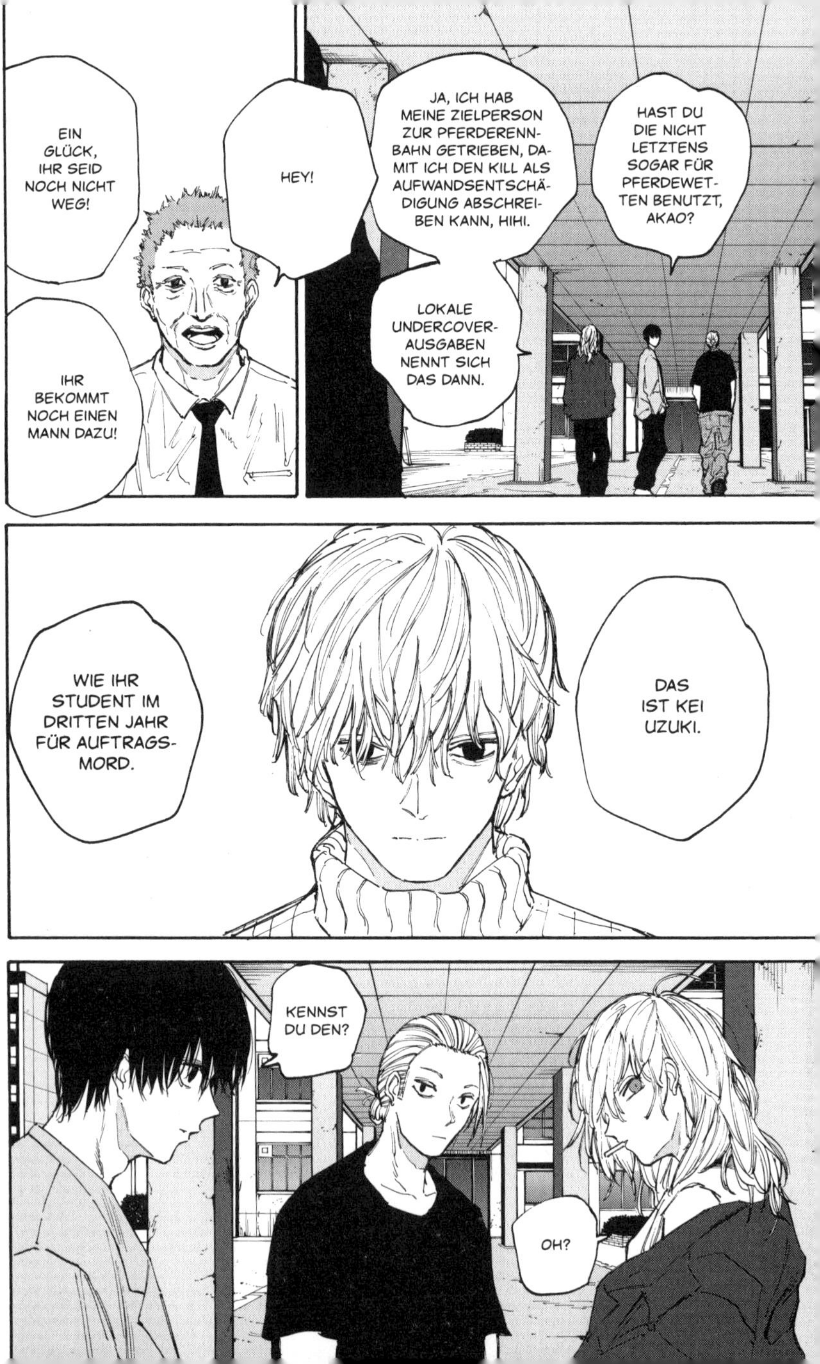
HAST DU DIE NICHT LETZTENS SOGAR FÜR PFERDEWETTEN BENUTZT, AKAO?
JA, ICH HAB MEINE ZIELPERSON ZUR PFERDERENNBAHN GETRIEBEN, DAMIT ICH DEN KILL ALS AUFWANDSENTSCHÄDIGUNG ABSCHREIBEN KANN, HIHI.
LOKALE UNDERCOVER-AUSGABEN NENNT SICH DAS DANN.
HEY!
EIN GLÜCK, IHR SEID NOCH NICHT WEG!
IHR BEKOMMT NOCH EINEN MANN DAZU!
DAS IST KEI UZUKI.
WIE IHR STUDENT IM DRITTEN JAHR FÜR AUFTRAGSMORD.
KENNST DU DEN?
OH?

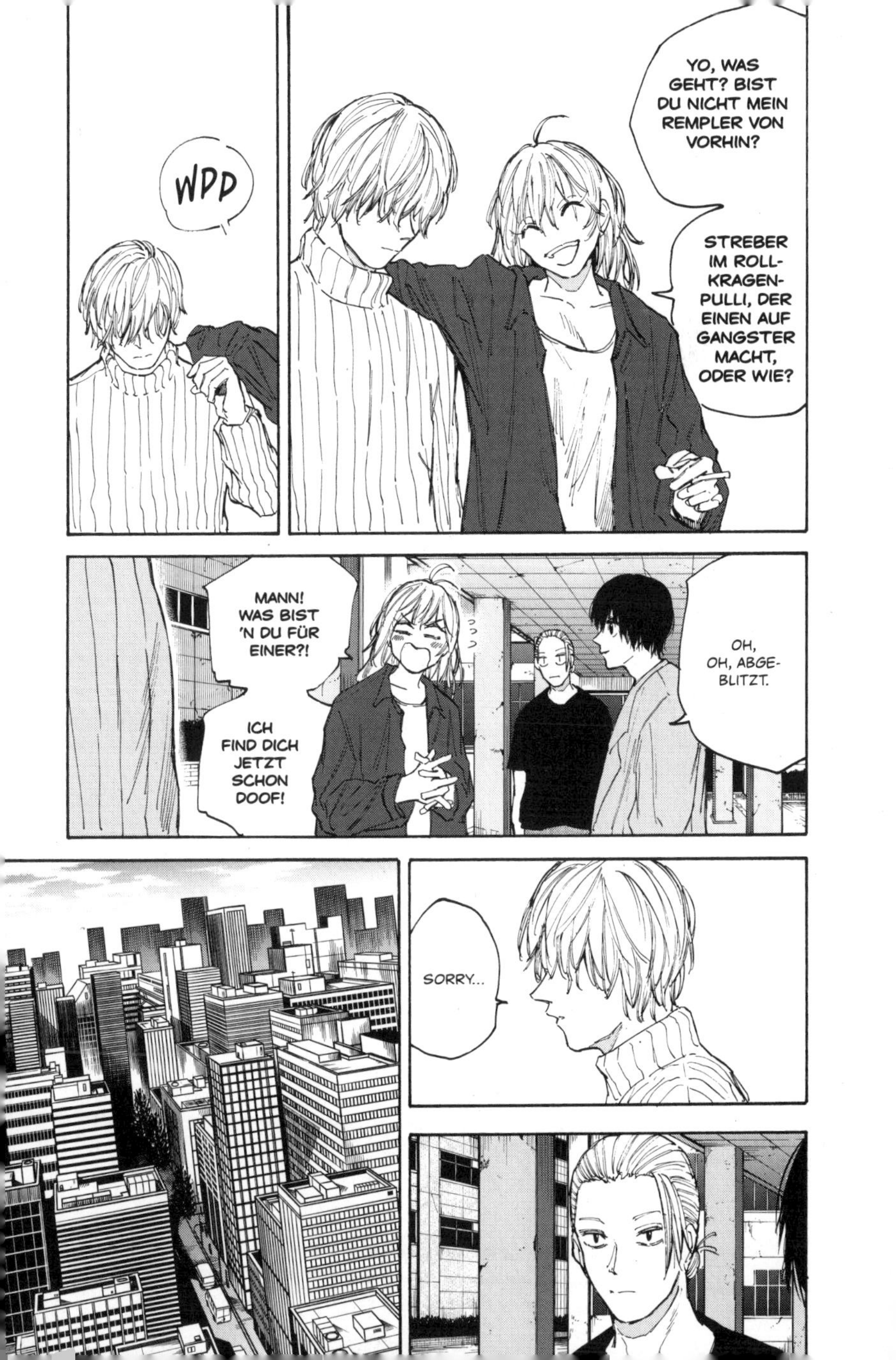
YO, WAS GEHT? BIST DU NICHT MEIN REMPLER VON VORHIN?
STREBER IM ROLLKRAGENPULLI, DER EINEN AUF GANGSTER MACHT, ODER WIE?
WPP
OH, OH, ABGEBLITZT.
MANN! WAS BIST 'N DU FÜR EINER?!
ICH FIND DICH JETZT SCHON DOOF!
SORRY...

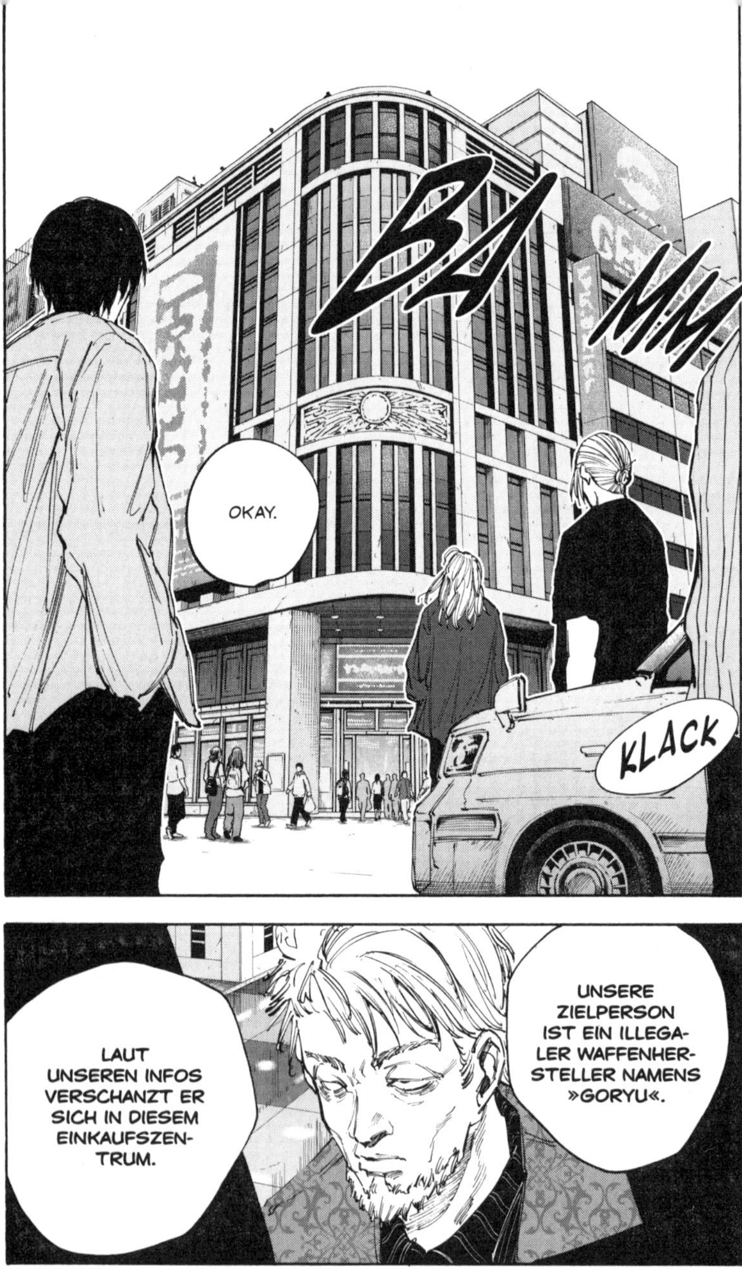
BAMM
KLACK
OKAY.
UNSERE ZIELPERSON IST EIN ILLEGALER WAFFENHERSTELLER NAMENS »GORYU«.
LAUT UNSEREN INFOS VERSCHANZT ER SICH IN DIESEM EINKAUFSZENTRUM.

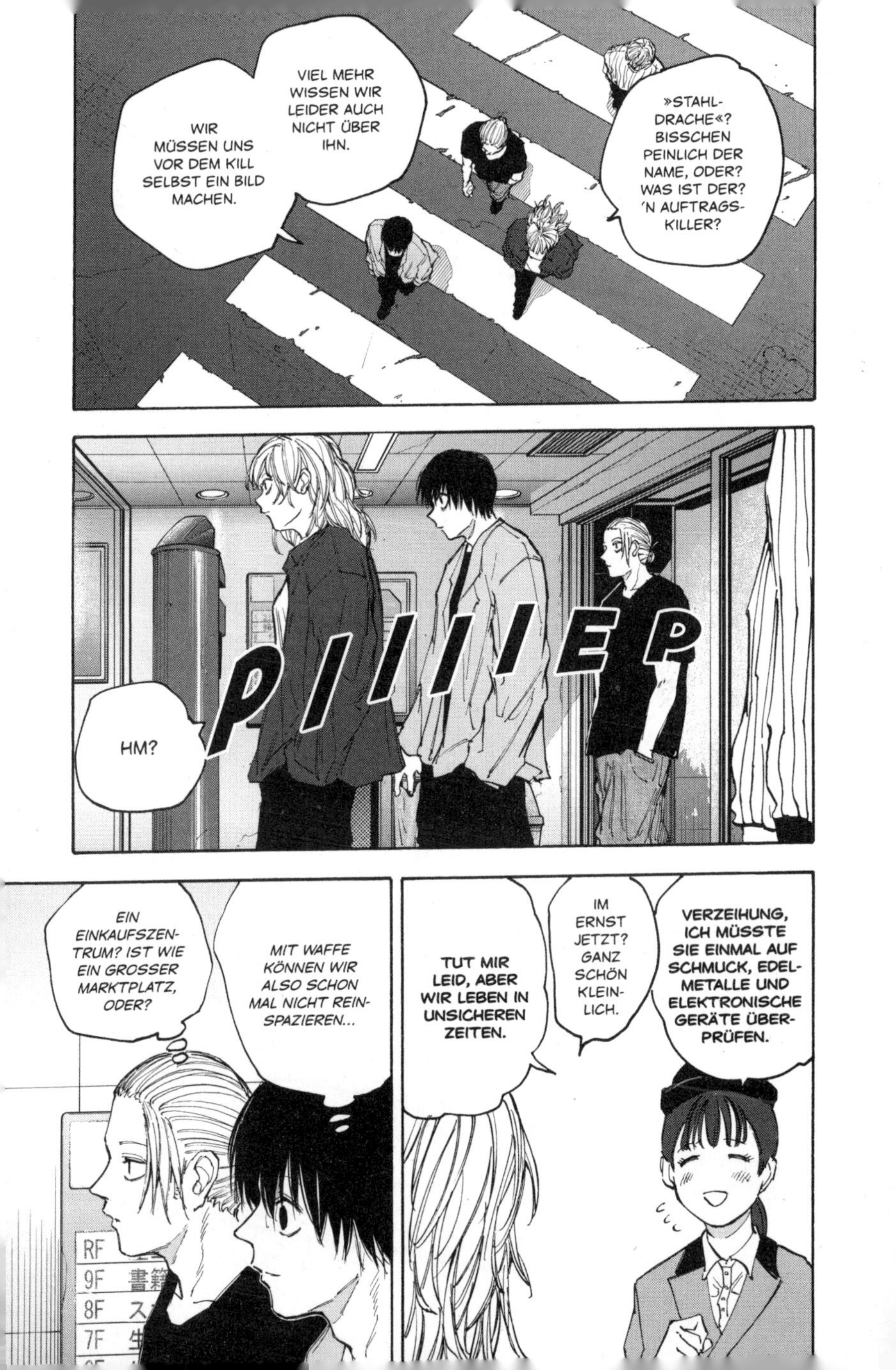
»STAHL-DRACHE«? BISSCHEN PEINLICH DER NAME, ODER? WAS IST DER? 'N AUFTRAGS-KILLER?
VIEL MEHR WISSEN WIR LEIDER AUCH NICHT ÜBER IHN.
WIR MÜSSEN UNS VOR DEM KILL SELBST EIN BILD MACHEN.
PIIIIEP
HM?
VERZEIHUNG, ICH MÜSSTE SIE EINMAL AUF SCHMUCK, EDEL-METALLE UND ELEKTRONISCHE GERÄTE ÜBER-PRÜFEN.
IM ERNST JETZT? GANZ SCHÖN KLEIN-LICH.
TUT MIR LEID, ABER WIR LEBEN IN UNSICHEREN ZEITEN.
MIT WAFFE KÖNNEN WIR ALSO SCHON MAL NICHT REIN-SPAZIEREN...
EIN EINKAUFSZEN-TRUM? IST WIE EIN GROSSER MARKTPLATZ, ODER?
RF
9F 書籍
8F
7F

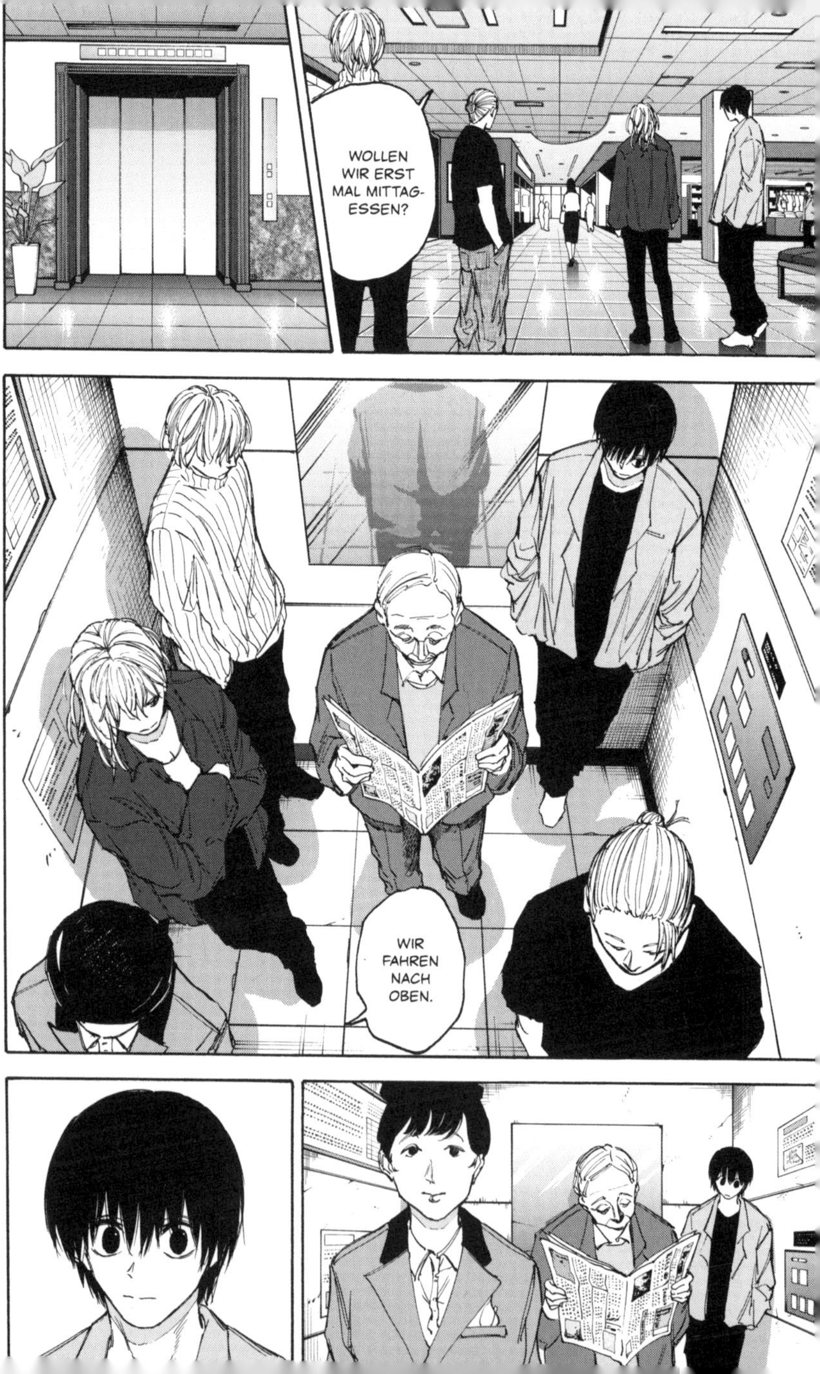
WOLLEN WIR ERST MAL MITTAG-ESSEN?
WIR FAHREN NACH OBEN.

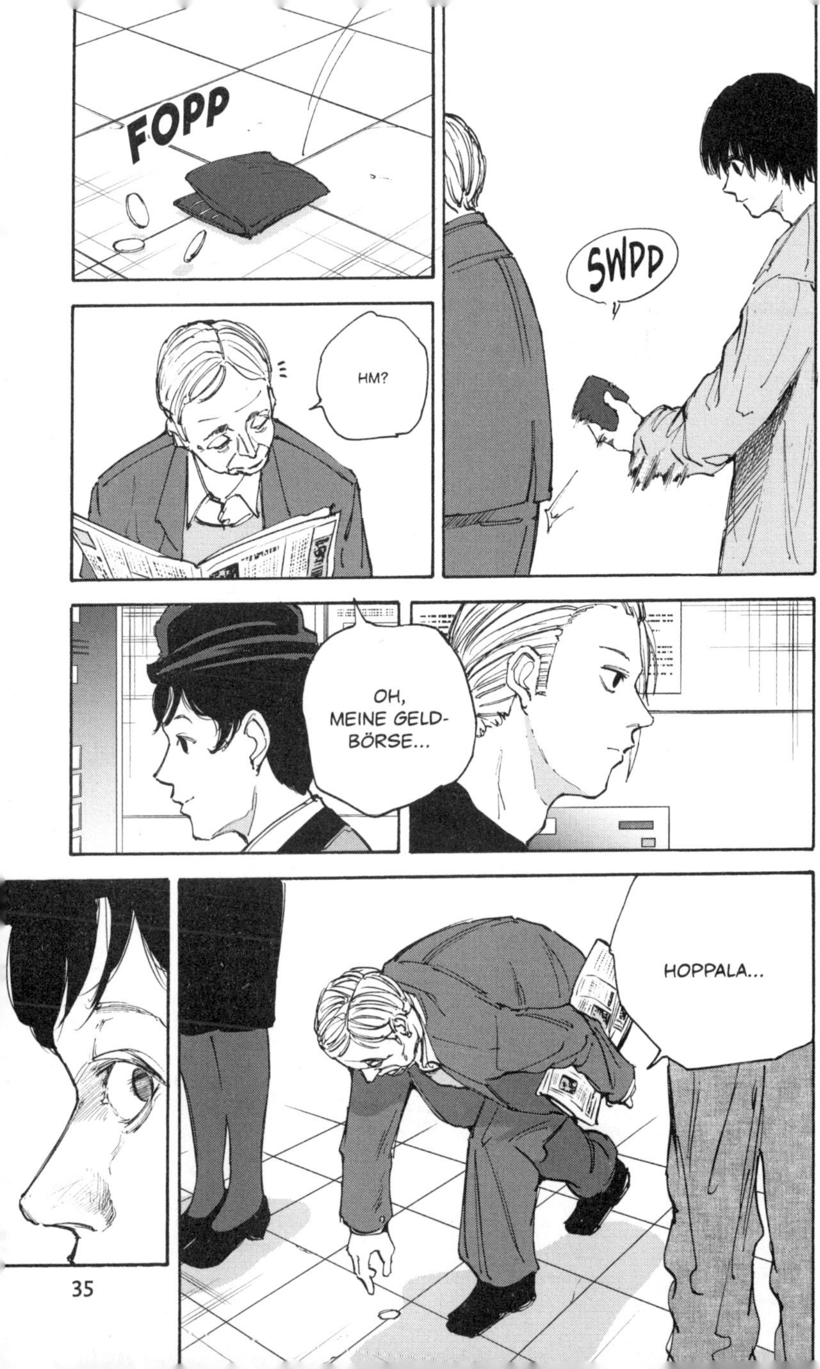
SWPP
FOPP
HM?
OH, MEINE GELD- BÖRSE...
HOPPALA...

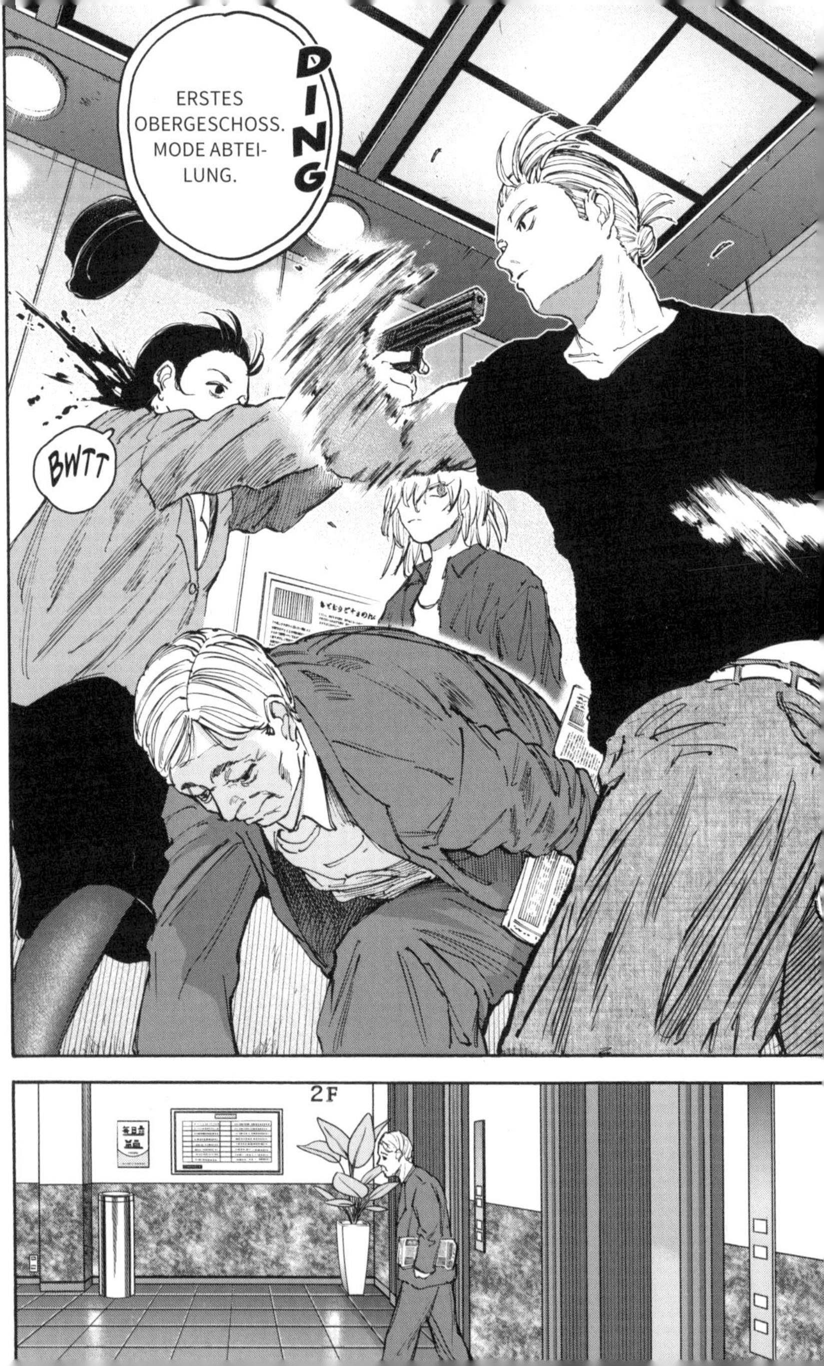
DING
ERSTES OBERGESCHOSS. MODE ABTEI-LUNG.
BWTT
2F

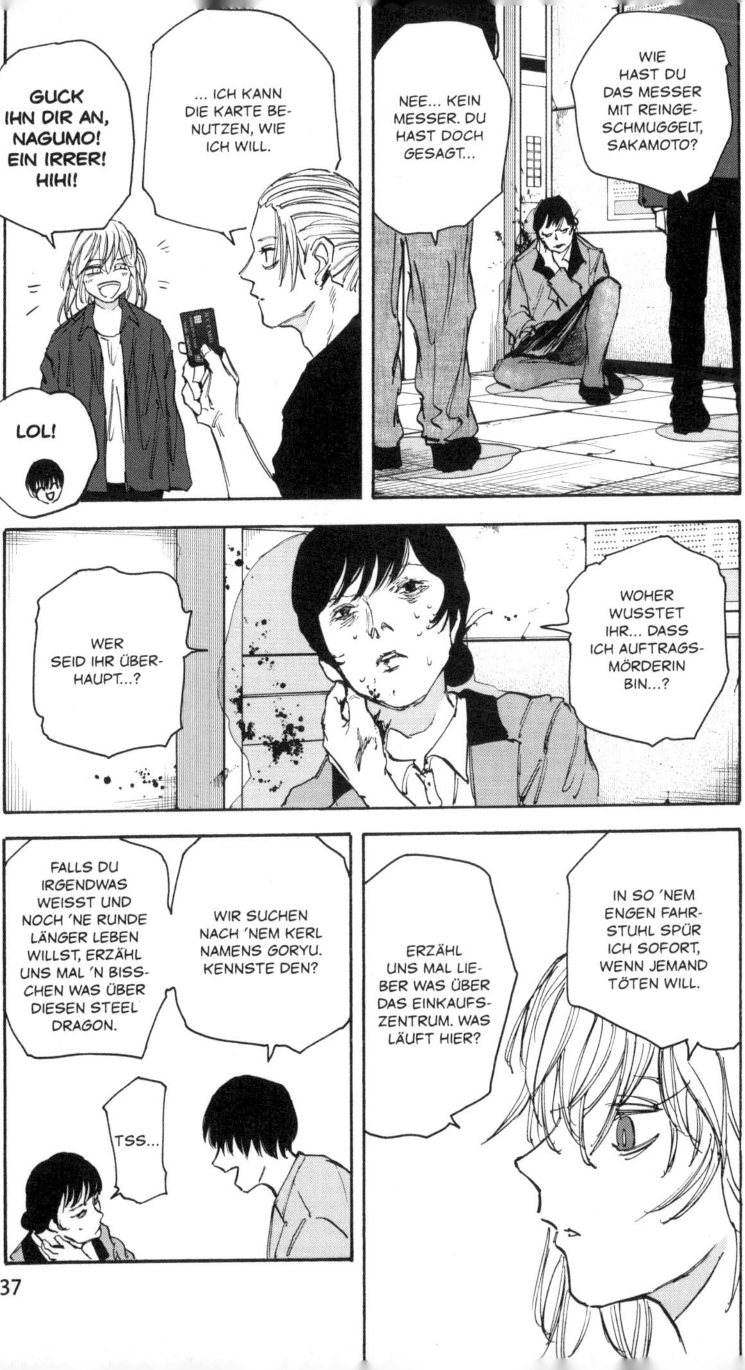

WIE HAST DU DAS MESSER MIT REINGESCHMUGGELT, SAKAMOTO?
NEE... KEIN MESSER. DU HAST DOCH GESAGT...
... ICH KANN DIE KARTE BENUTZEN, WIE ICH WILL.
GUCK IHN DIR AN, NAGUMO! EIN IRRER! HIHI!
LOL!
WOHER WUSSTET IHR... DASS ICH AUFTRAGSMÖRDERIN BIN...?
WER SEID IHR ÜBERHAUPT...?
IN SO 'NEM ENGEN FAHRSTUHL SPÜR ICH SOFORT, WENN JEMAND TÖTEN WILL.
ERZÄHL UNS MAL LIEBER WAS ÜBER DAS EINKAUFSZENTRUM. WAS LÄUFT HIER?
WIR SUCHEN NACH 'NEM KERL NAMENS GORYU. KENNSTE DEN?
FALLS DU IRGENDWAS WEISST UND NOCH 'NE RUNDE LÄNGER LEBEN WILLST, ERZÄHL UNS MAL 'N BISSCHEN WAS ÜBER DIESEN STEEL DRAGON.
TSS...

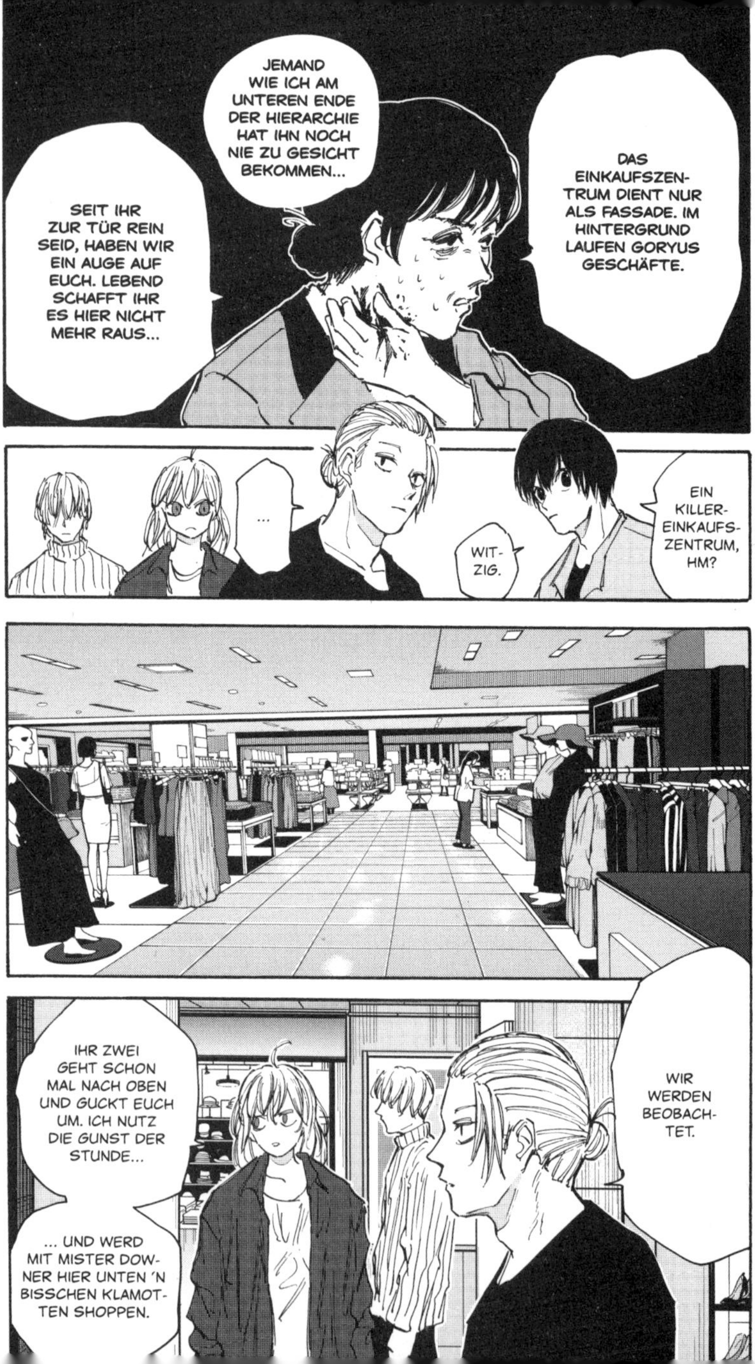
DAS EINKAUFSZEN-TRUM DIENT NUR ALS FASSADE. IM HINTERGRUND LAUFEN GORYUS GESCHÄFTE.
JEMAND WIE ICH AM UNTEREN ENDE DER HIERARCHIE HAT IHN NOCH NIE ZU GESICHT BEKOMMEN...
SEIT IHR ZUR TÜR REIN SEID, HABEN WIR EIN AUGE AUF EUCH. LEBEND SCHAFFT IHR ES HIER NICHT MEHR RAUS...
EIN KILLER-EINKAUFS-ZENTRUM, HM?
WIT-ZIG.
...
WIR WERDEN BEOBACH-TET.
IHR ZWEI GEHT SCHON MAL NACH OBEN UND GUCKT EUCH UM. ICH NUTZ DIE GUNST DER STUNDE...
... UND WERD MIT MISTER DOW-NER HIER UNTEN 'N BISSCHEN KLAMOT-TEN SHOPPEN.

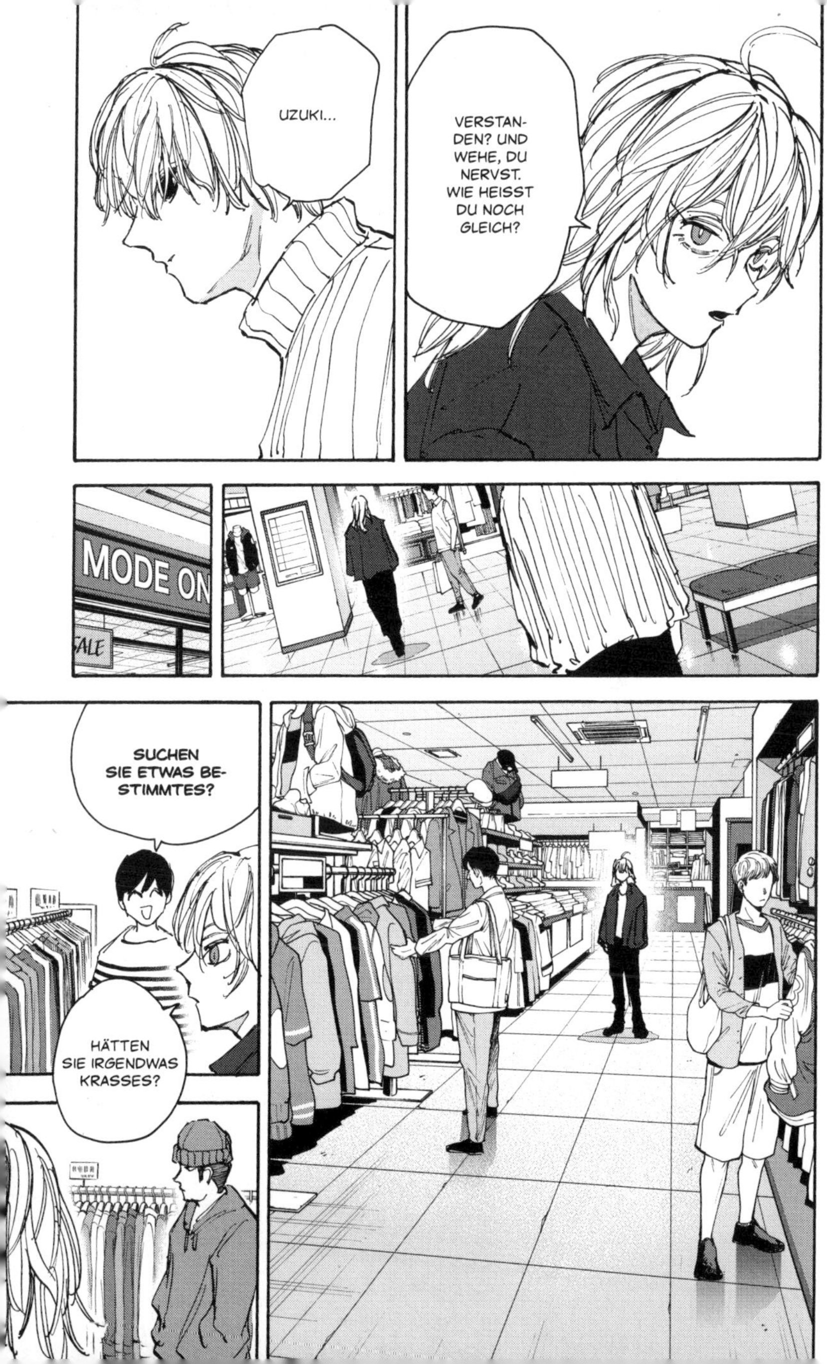
UZUKI...
VERSTAN-DEN? UND WEHE, DU NERVST. WIE HEISST DU NOCH GLEICH?
MODE ON
SALE
SUCHEN SIE ETWAS BE-STIMMTES?
HÄTTEN SIE IRGENDWAS KRASSES?

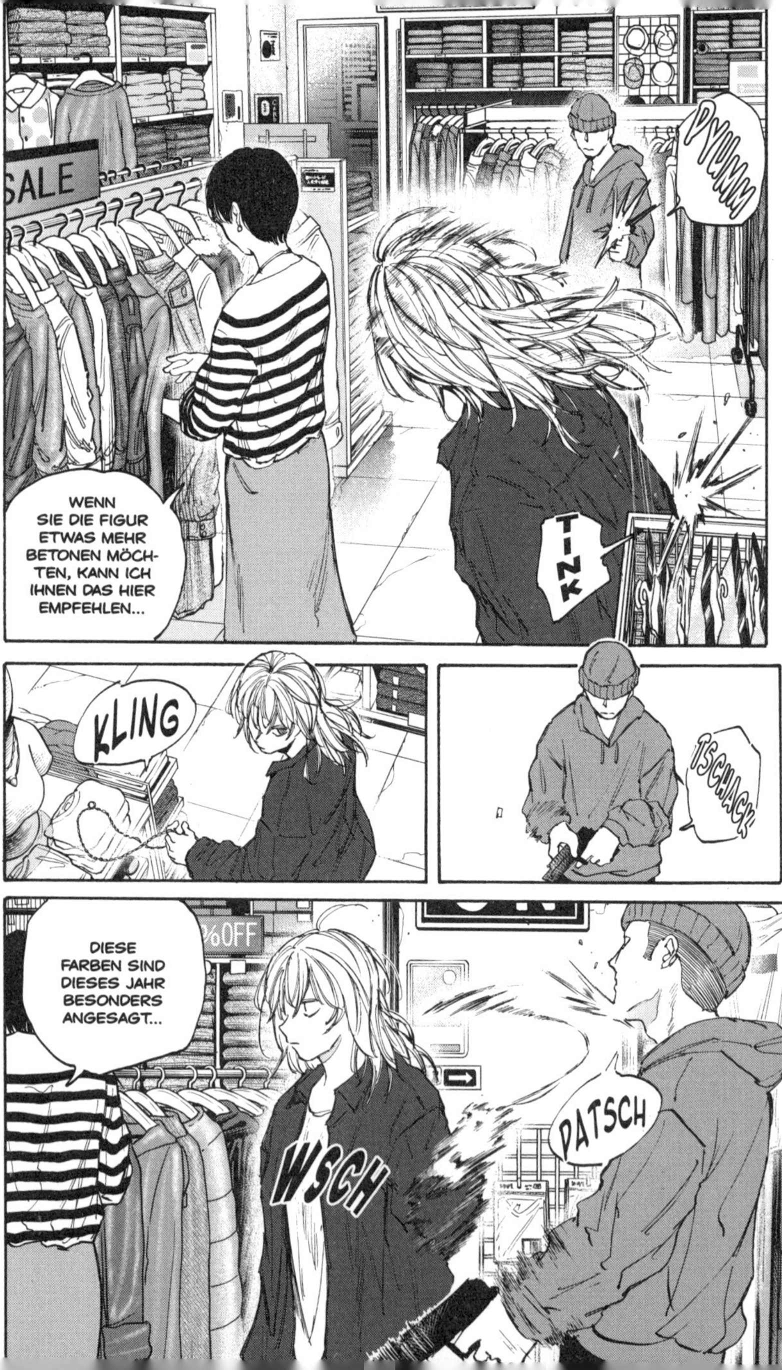
PYUMM
TINK
WENN SIE DIE FIGUR ETWAS MEHR BETONEN MÖCHTEN, KANN ICH IHNEN DAS HIER EMPFEHLEN...
SALE
TSCHACK
KLING
PATSCH
WSCH
DIESE FARBEN SIND DIESES JAHR BESONDERS ANGESAGT...

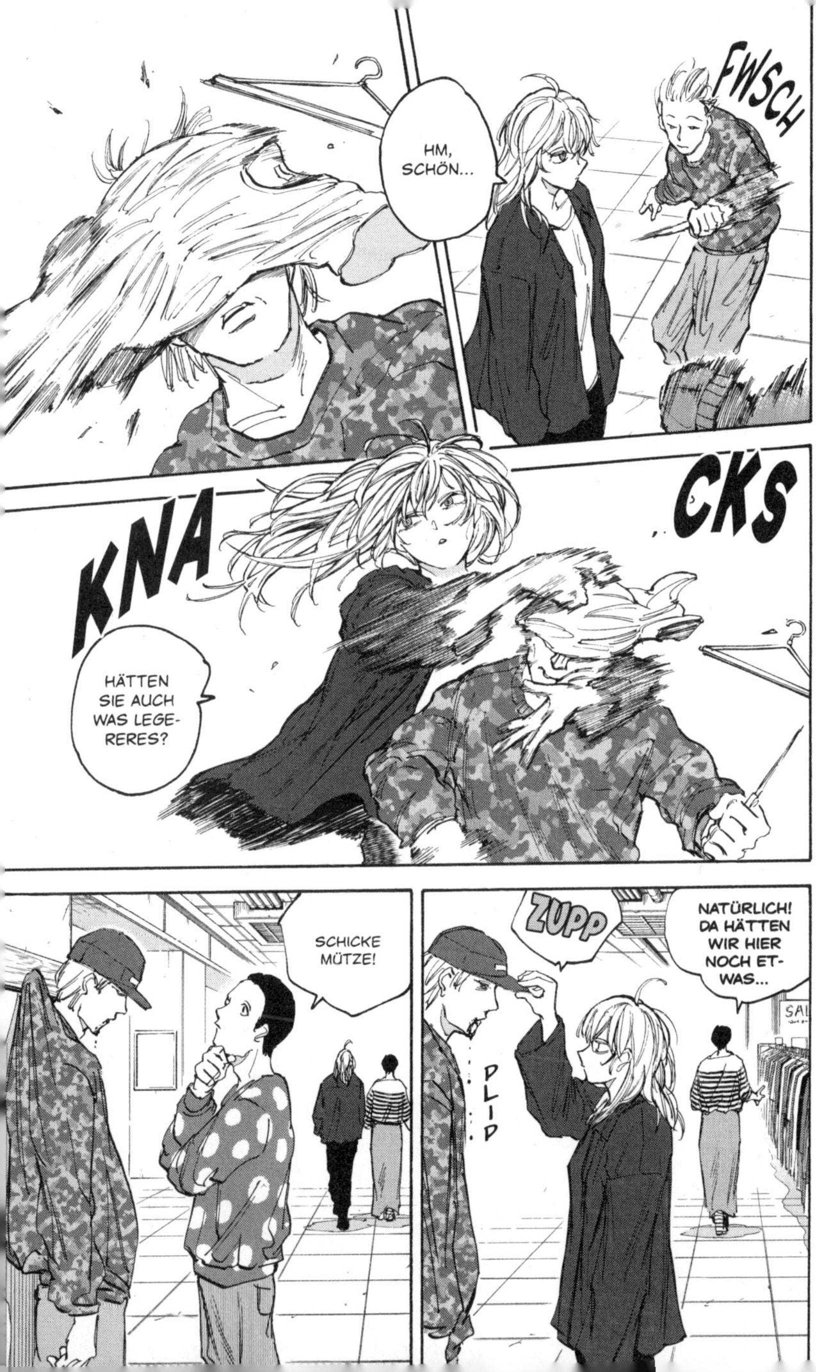
FWSCH
HM, SCHÖN...
KNA
CKS
HÄTTEN SIE AUCH WAS LEGERERES?
ZUPP
NATÜRLICH! DA HÄTTEN WIR HIER NOCH ET-WAS...
PLID
SCHICKE MÜTZE!

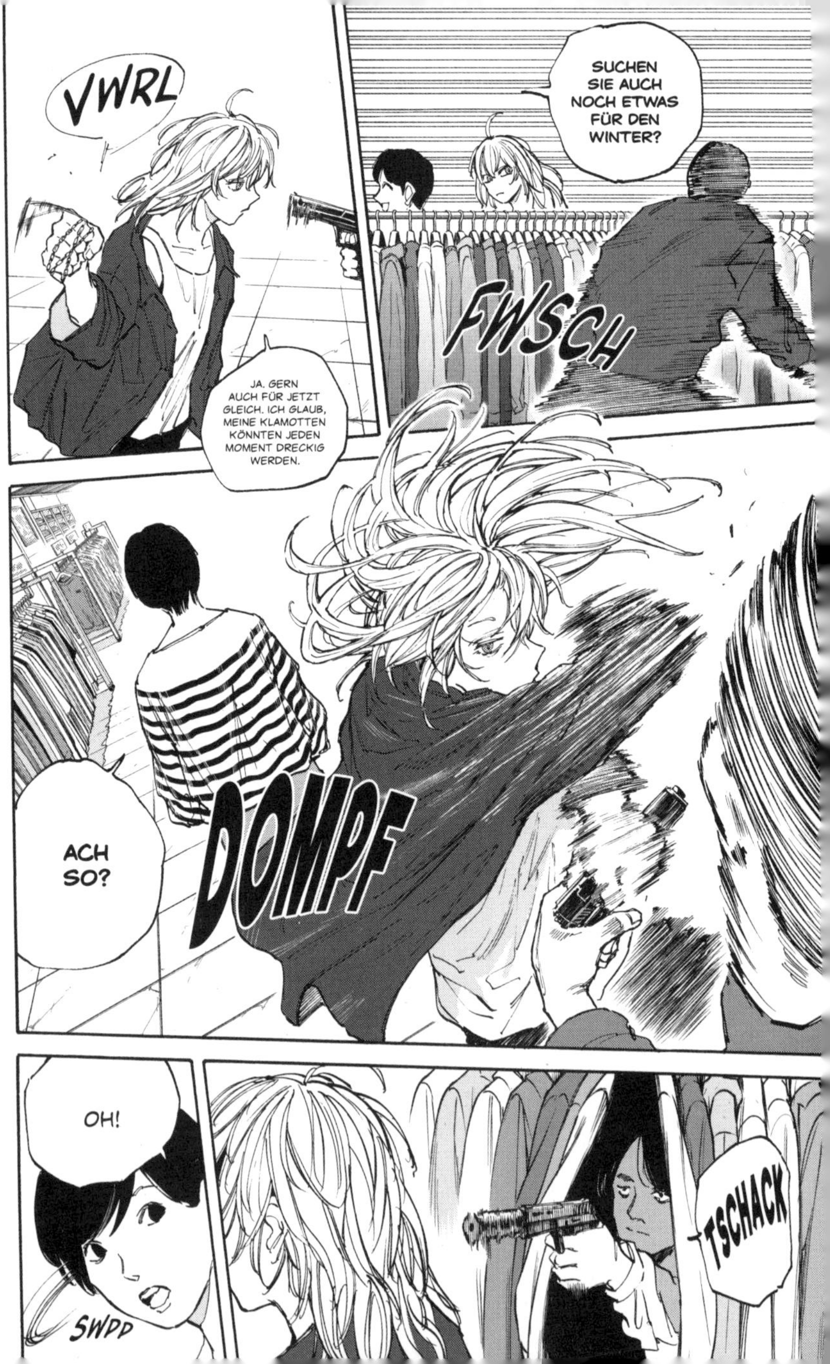
SUCHEN SIE AUCH NOCH ETWAS FÜR DEN WINTER?
FWSCH
VWRL
JA. GERN AUCH FÜR JETZT GLEICH. ICH GLAUB, MEINE KLAMOTTEN KÖNNTEN JEDEN MOMENT DRECKIG WERDEN.
DOMPF
ACH SO?
TSCHACK
OH!
SWPP

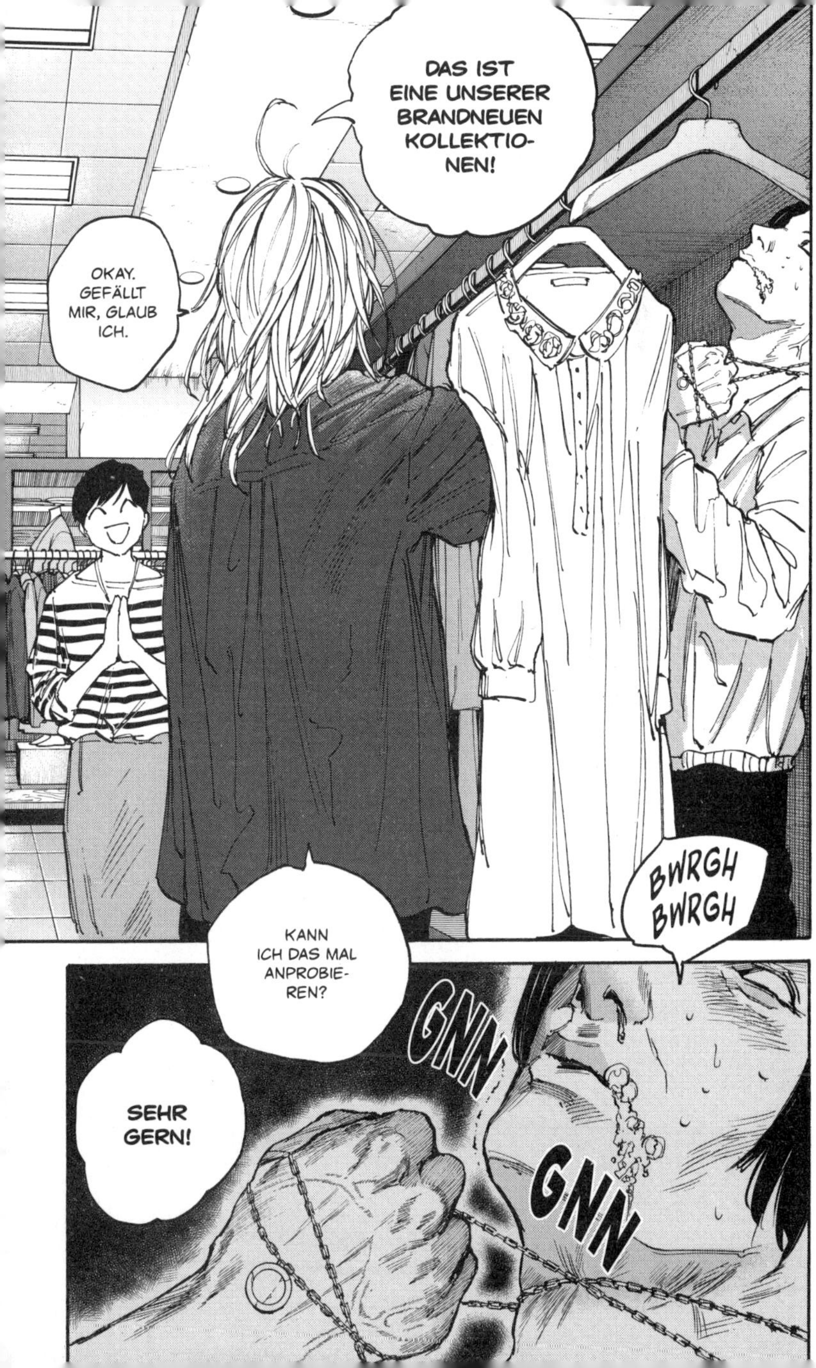
DAS IST EINE UNSERER BRANDNEUEN KOLLEKTIONEN!
OKAY. GEFÄLLT MIR, GLAUB ICH.
BWRGH BWRGH
KANN ICH DAS MAL ANPROBIEREN?
SEHR GERN!
GNN
GNN

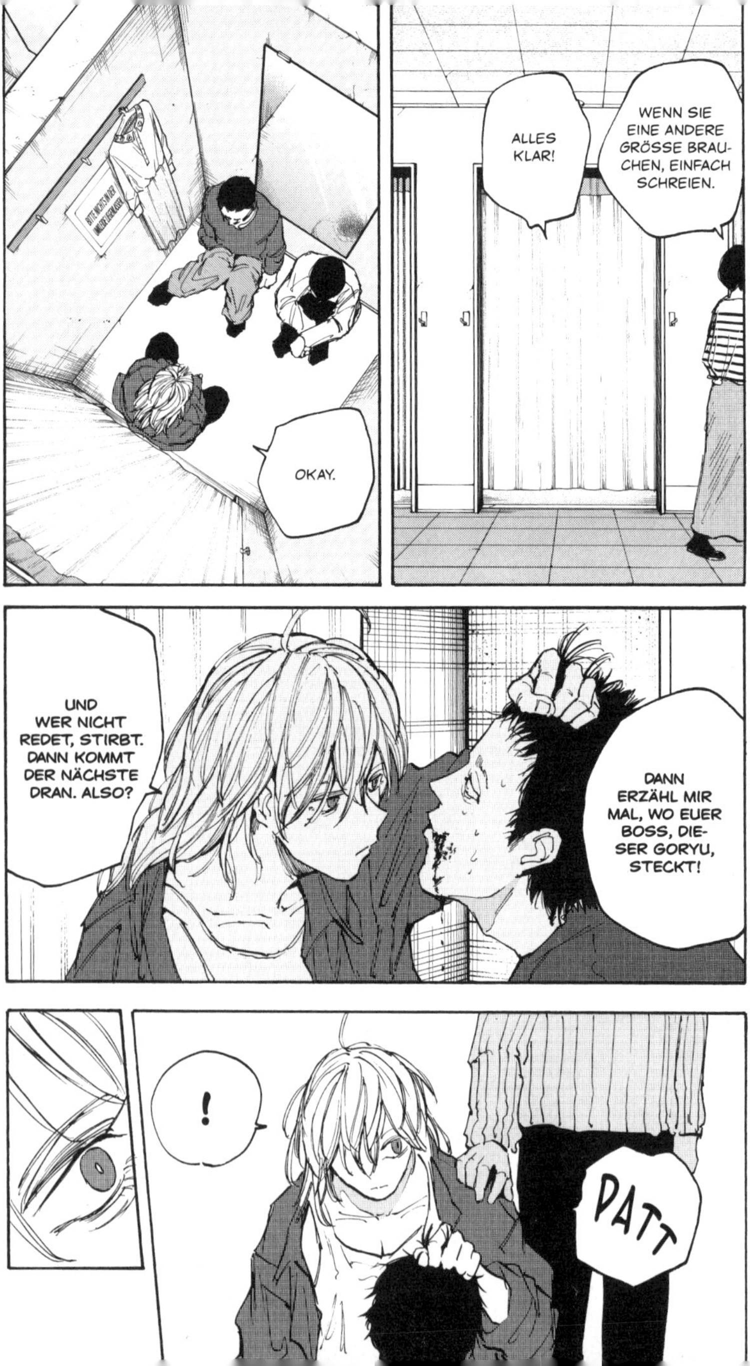
WENN SIE EINE ANDERE GRÖSSE BRAUCHEN, EINFACH SCHREIEN.
ALLES KLAR!
OKAY.
DANN ERZÄHL MIR MAL, WO EUER BOSS, DIESER GORYU, STECKT!
UND WER NICHT REDET, STIRBT. DANN KOMMT DER NÄCHSTE DRAN. ALSO?
PATT
!

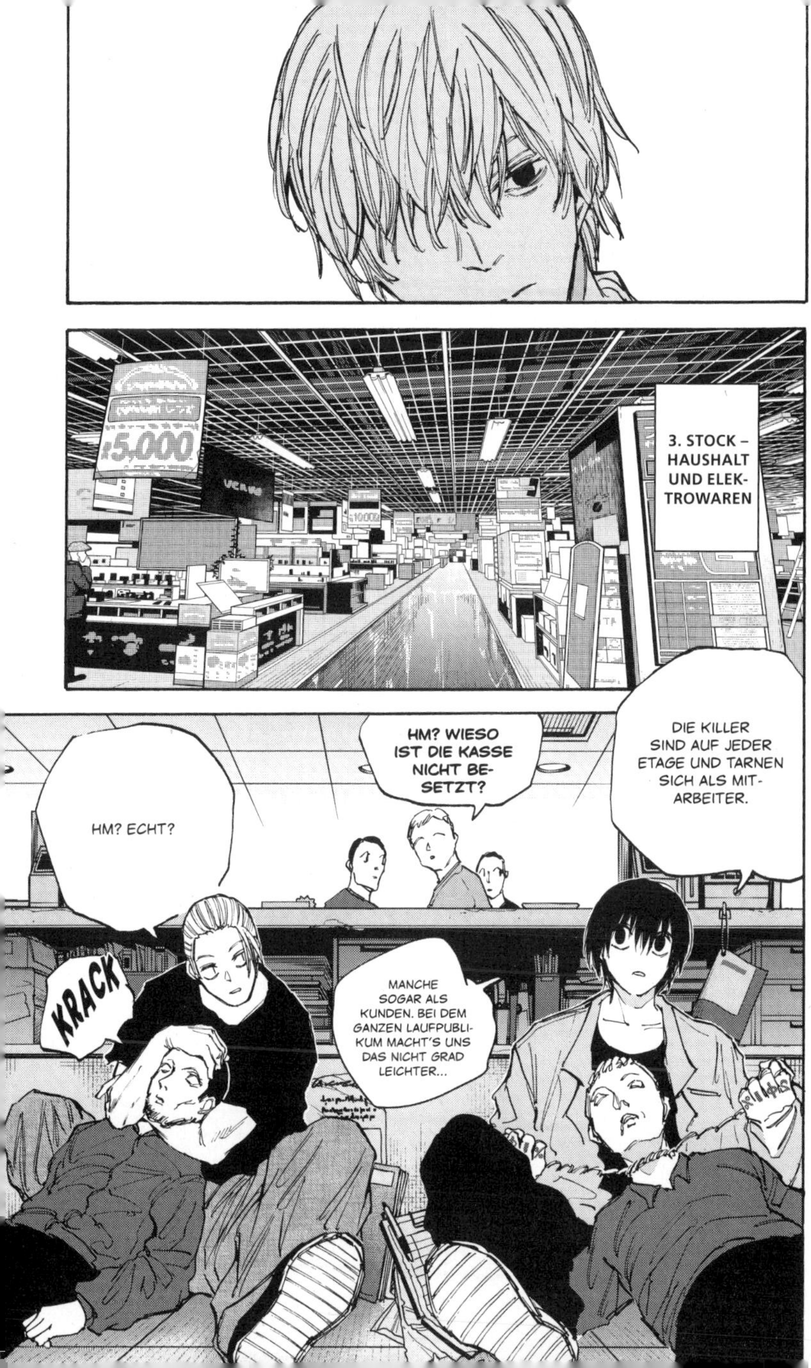
3. STOCK – HAUSHALT UND ELEKTROWAREN
DIE KILLER SIND AUF JEDER ETAGE UND TARNEN SICH ALS MITARBEITER.
HM? WIESO IST DIE KASSE NICHT BESETZT?
HM? ECHT?
MANCHE SOGAR ALS KUNDEN. BEI DEM GANZEN LAUFPUBLIKUM MACHT'S UNS DAS NICHT GRAD LEICHTER...
KRACK

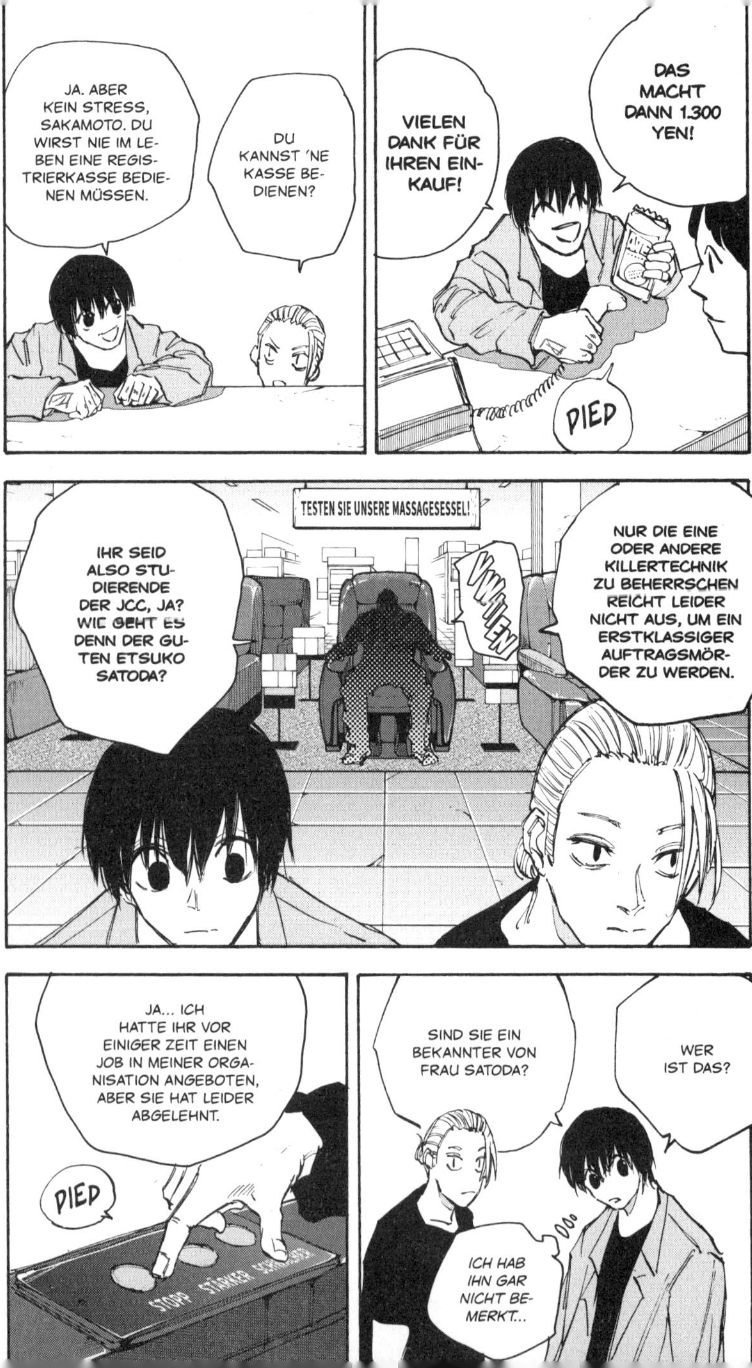
DAS MACHT DANN 1.300 YEN!
VIELEN DANK FÜR IHREN EINKAUF!
PIED
DU KANNST ´NE KASSE BEDIENEN?
JA. ABER KEIN STRESS, SAKAMOTO. DU WIRST NIE IM LEBEN EINE REGISTRIERKASSE BEDIENEN MÜSSEN.
TESTEN SIE UNSERE MASSAGESESSEL!
NUR DIE EINE ODER ANDERE KILLERTECHNIK ZU BEHERRSCHEN REICHT LEIDER NICHT AUS, UM EIN ERSTKLASSIGER AUFTRAGSMÖRDER ZU WERDEN.
VWIEN
IHR SEID ALSO STUDIERENDE DER JCC, JA? WIE GEHT ES DENN DER GUTEN ETSUKO SATODA?
WER IST DAS?
SIND SIE EIN BEKANNTER VON FRAU SATODA?
ICH HAB IHN GAR NICHT BEMERKT...
JA... ICH HATTE IHR VOR EINIGER ZEIT EINEN JOB IN MEINER ORGANISATION ANGEBOTEN, ABER SIE HAT LEIDER ABGELEHNT.
PIED
STOPP STÄRKER

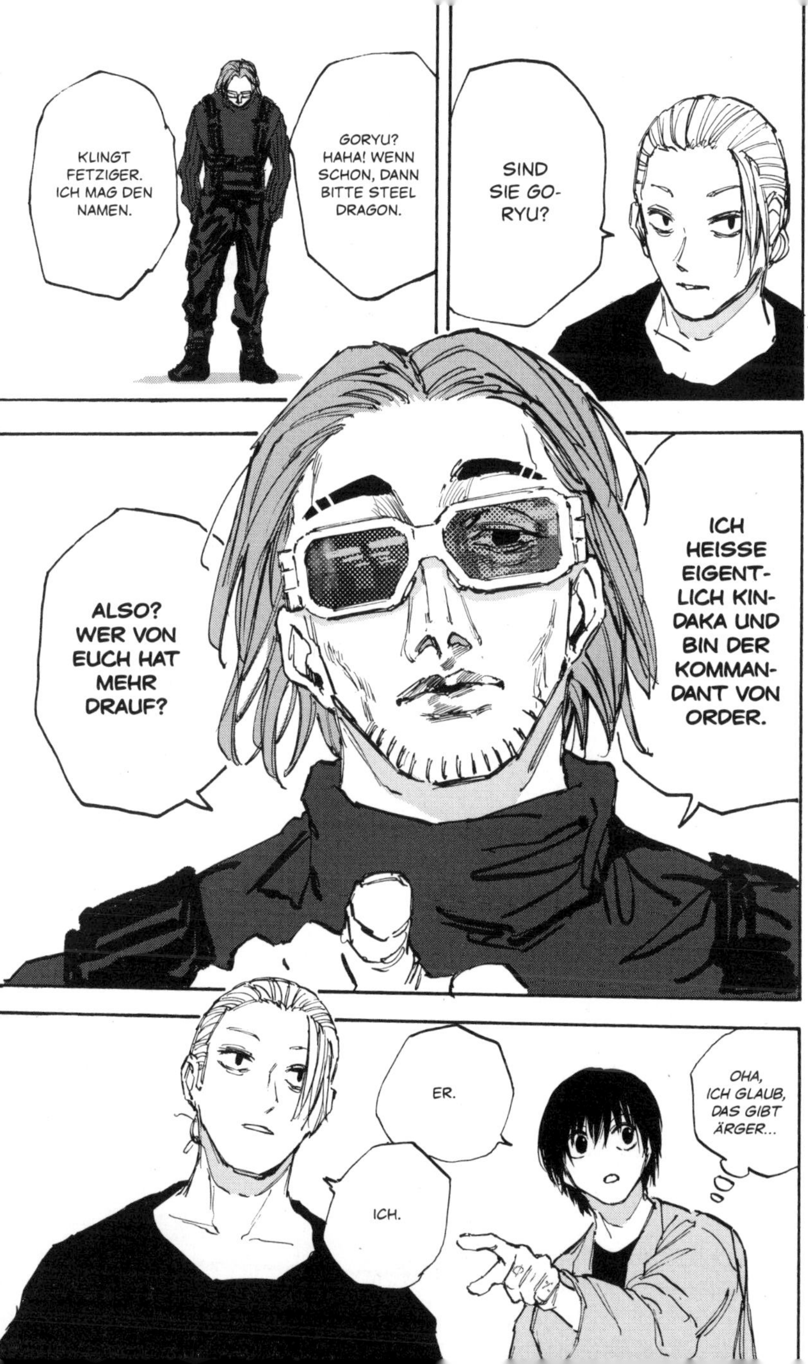
SIND SIE GO-RYU?
GORYU? HAHA! WENN SCHON, DANN BITTE STEEL DRAGON.
KLINGT FETZIGER. ICH MAG DEN NAMEN.
ICH HEISSE EIGENTLICH KINDAKA UND BIN DER KOMMANDANT VON ORDER.
ALSO? WER VON EUCH HAT MEHR DRAUF?
ER.
ICH.
OHA, ICH GLAUB, DAS GIBT ÄRGER...

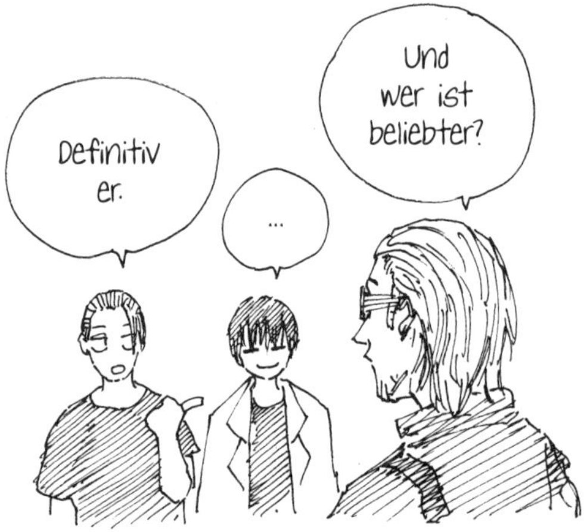
Definitiv er.
...
Und wer ist beliebter?

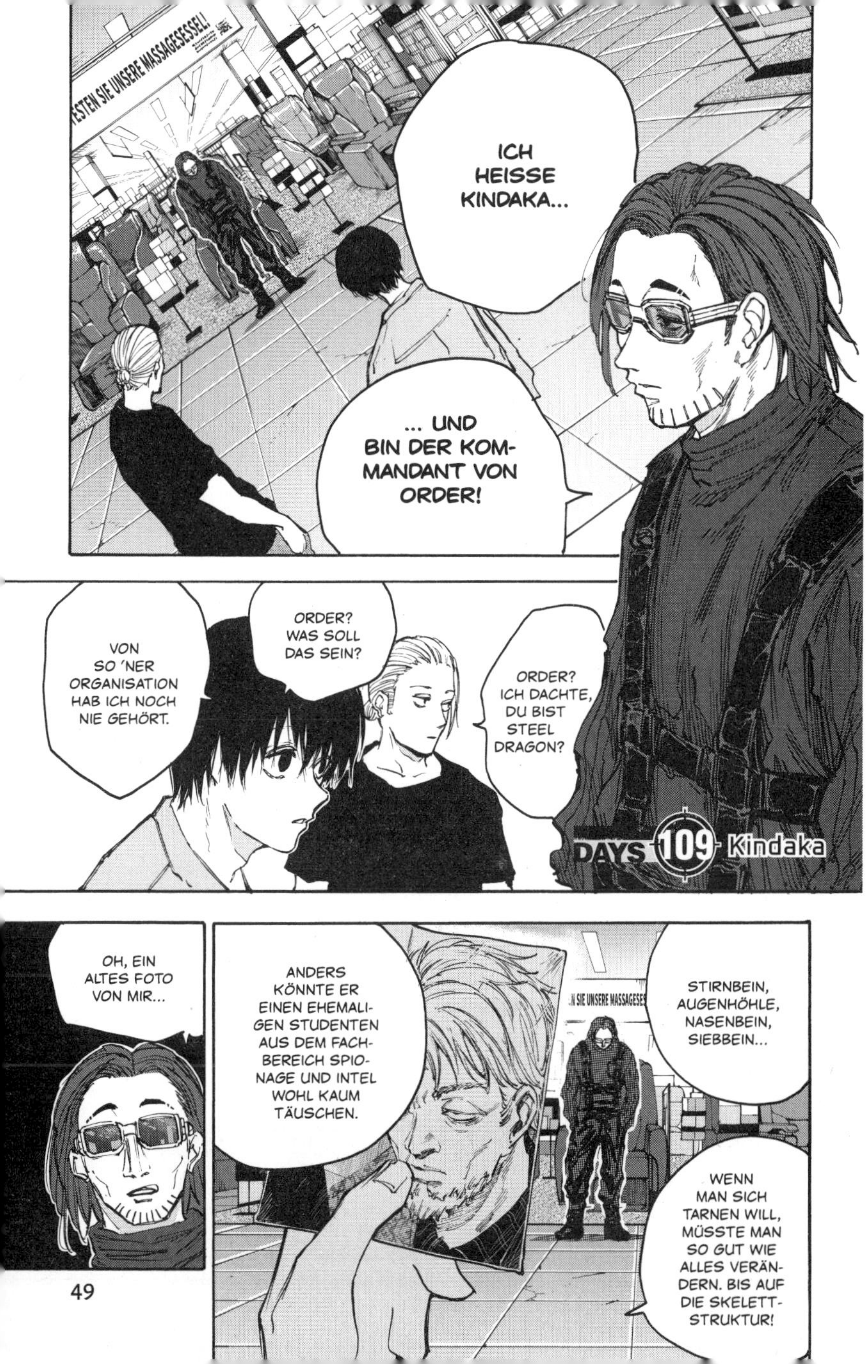
ESTEN SIE UNSERE MASSAGESESSEL!
ICH HEISSE KINDAKA...
... UND BIN DER KOMMANDANT VON ORDER!
ORDER? ICH DACHTE, DU BIST STEEL DRAGON?
ORDER? WAS SOLL DAS SEIN?
VON SO ´NER ORGANISATION HAB ICH NOCH NIE GEHÖRT.
DAYS 109 Kindaka
STIRNBEIN, AUGENHÖHLE, NASENBEIN, SIEBBEIN...
WENN MAN SICH TARNEN WILL, MÜSSTE MAN SO GUT WIE ALLES VERÄNDERN. BIS AUF DIE SKELETTSTRUKTUR!
ANDERS KÖNNTE ER EINEN EHEMALIGEN STUDENTEN AUS DEM FACHBEREICH SPIONAGE UND INTEL WOHL KAUM TÄUSCHEN.
OH, EIN ALTES FOTO VON MIR...

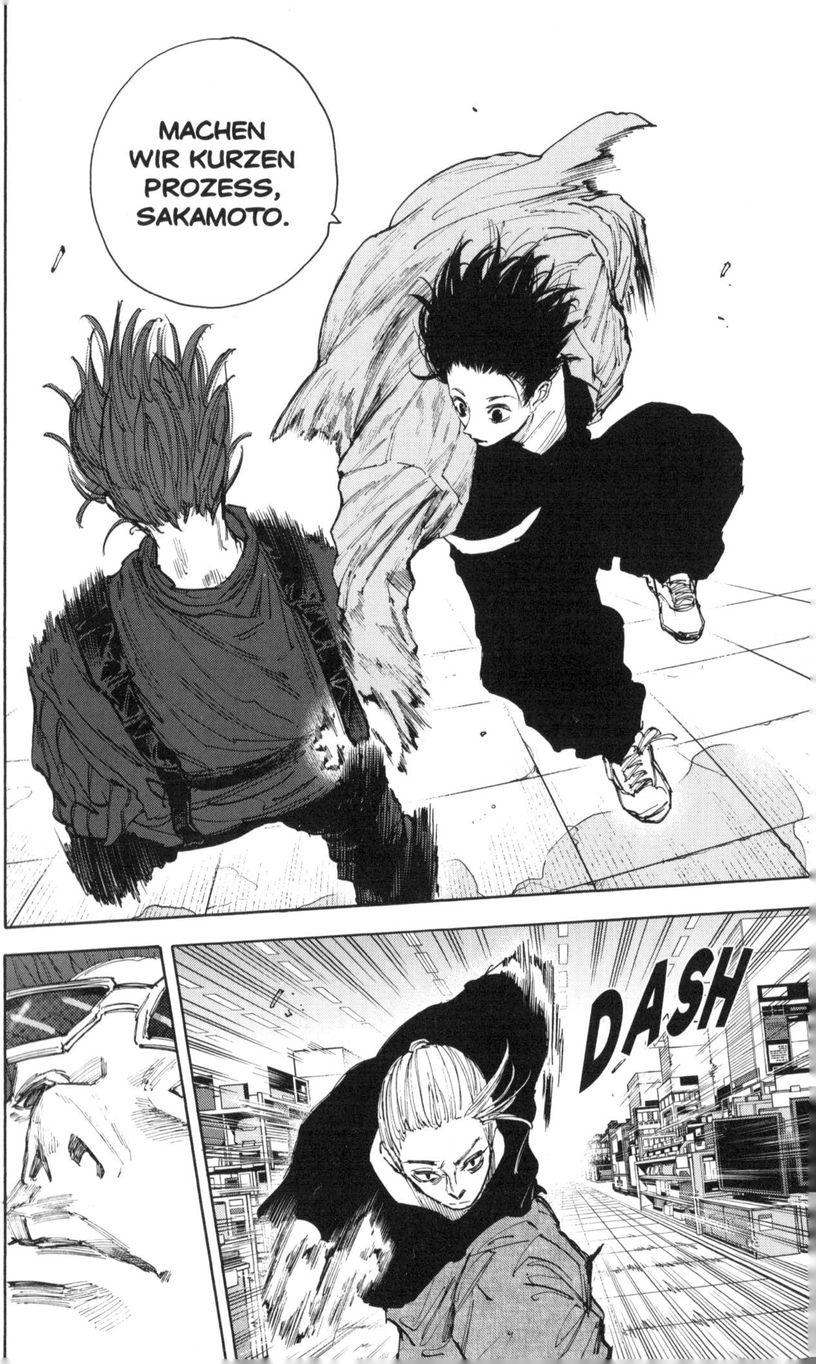
MACHEN WIR KURZEN PROZESS, SAKAMOTO.
DASH

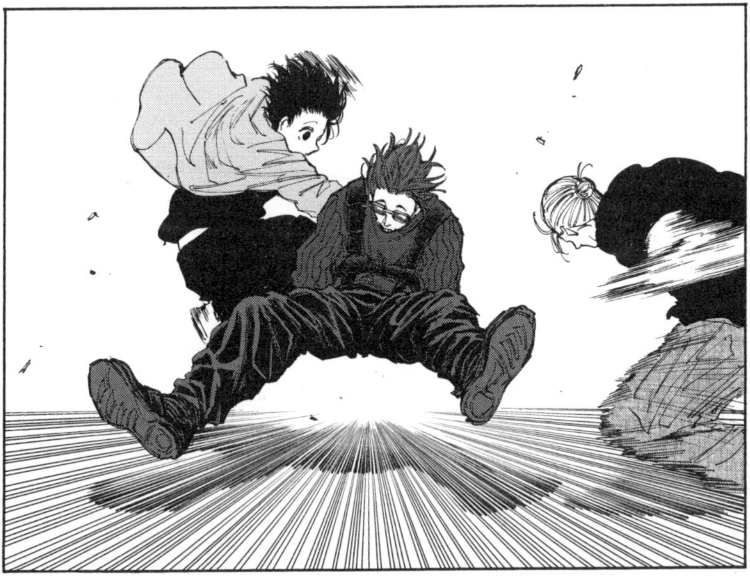

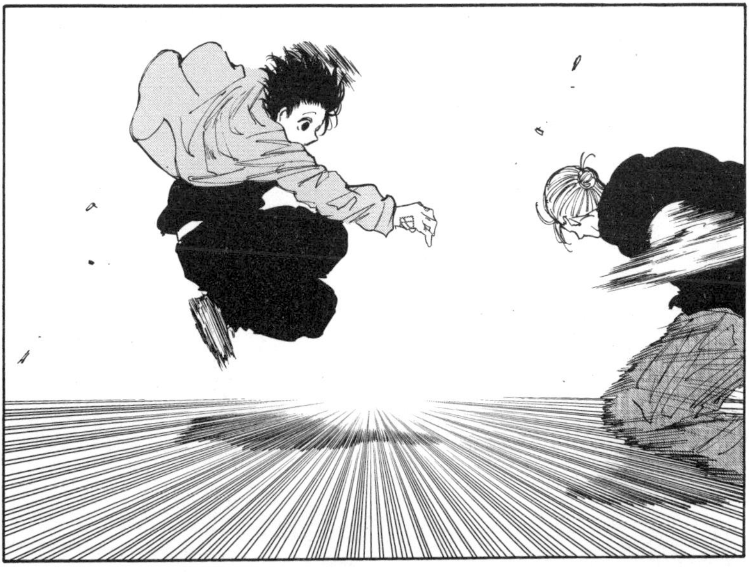

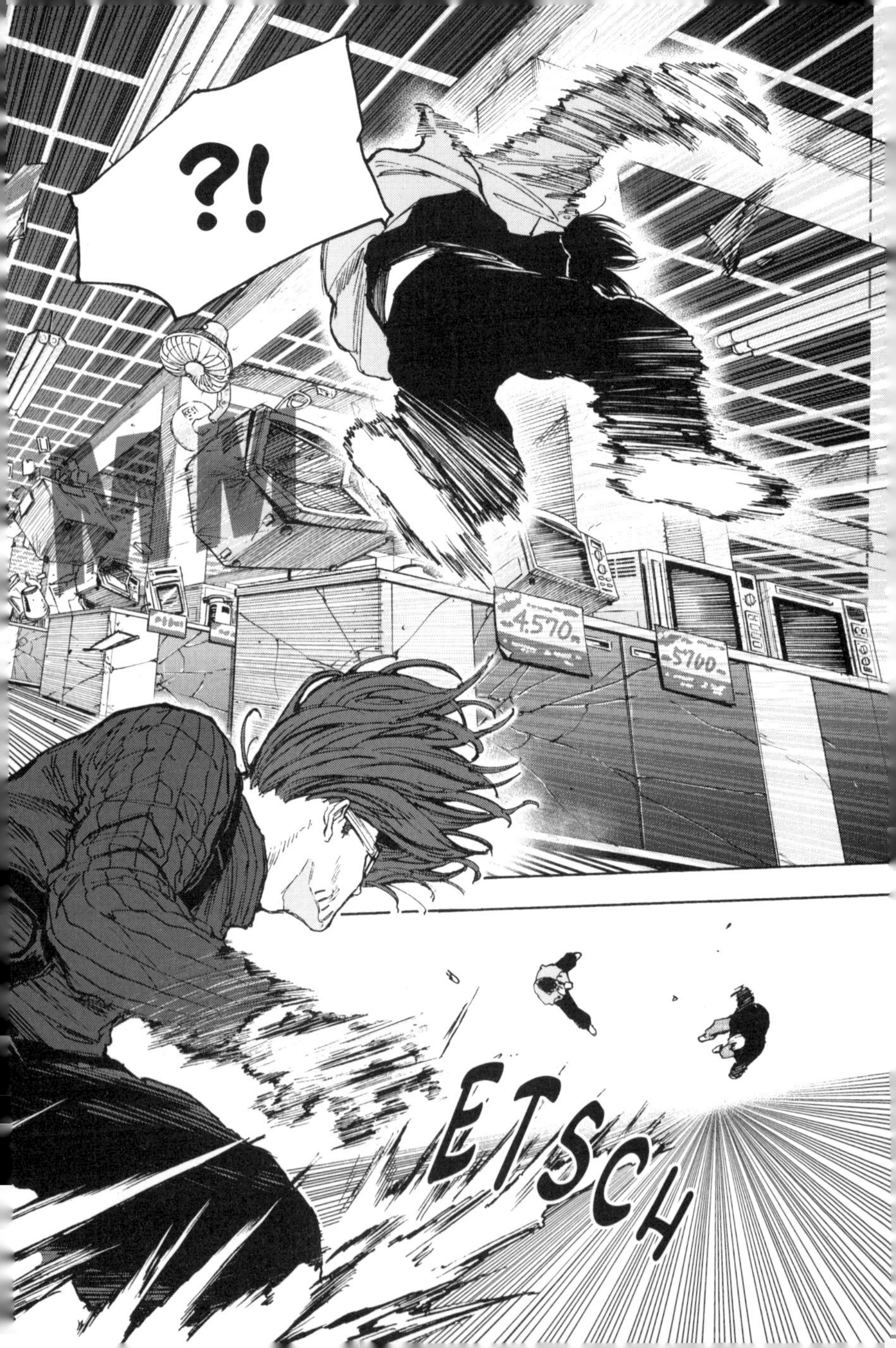
?!
4.570
5700
ETSCH

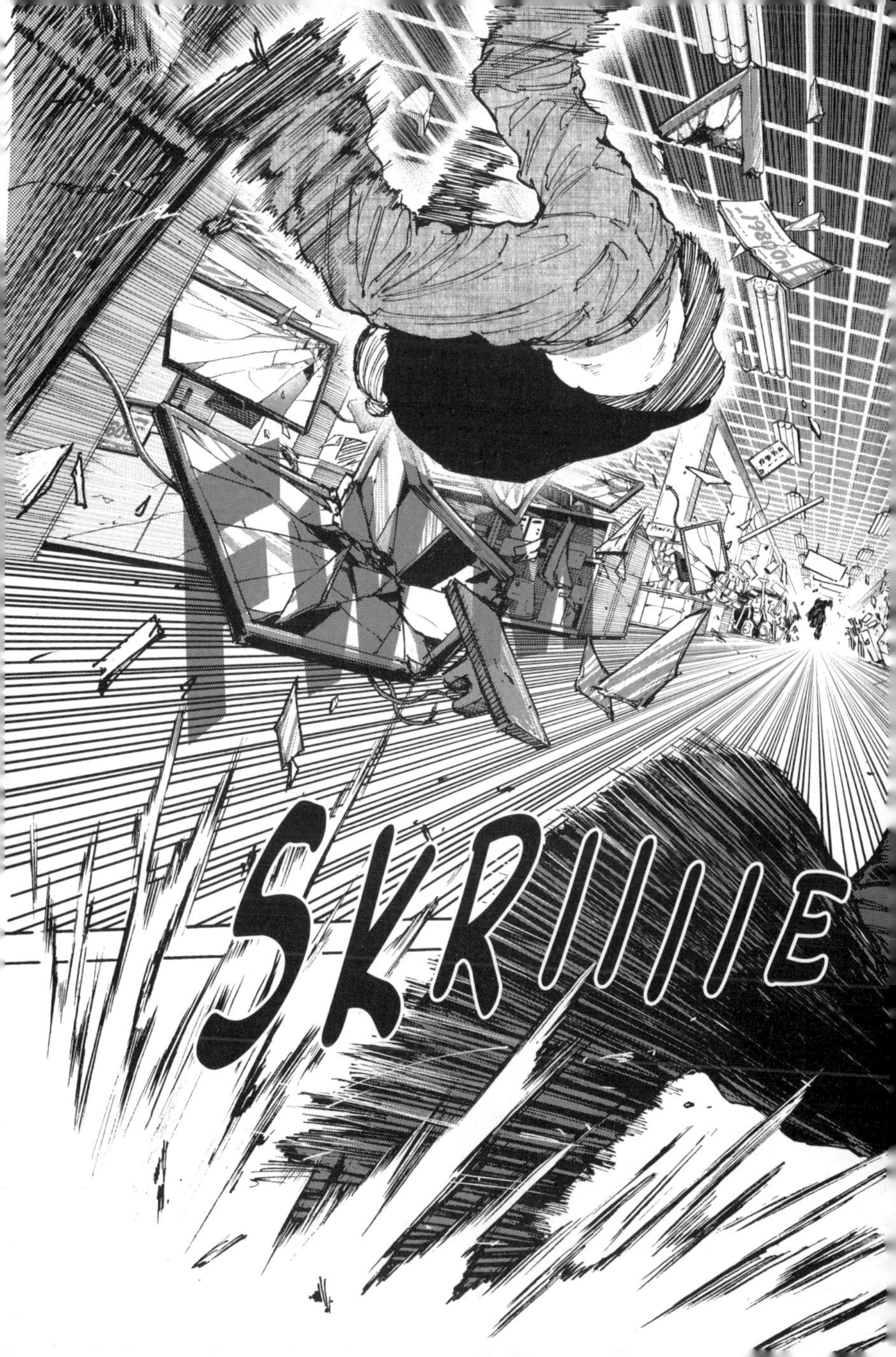
SKRIIIIIE

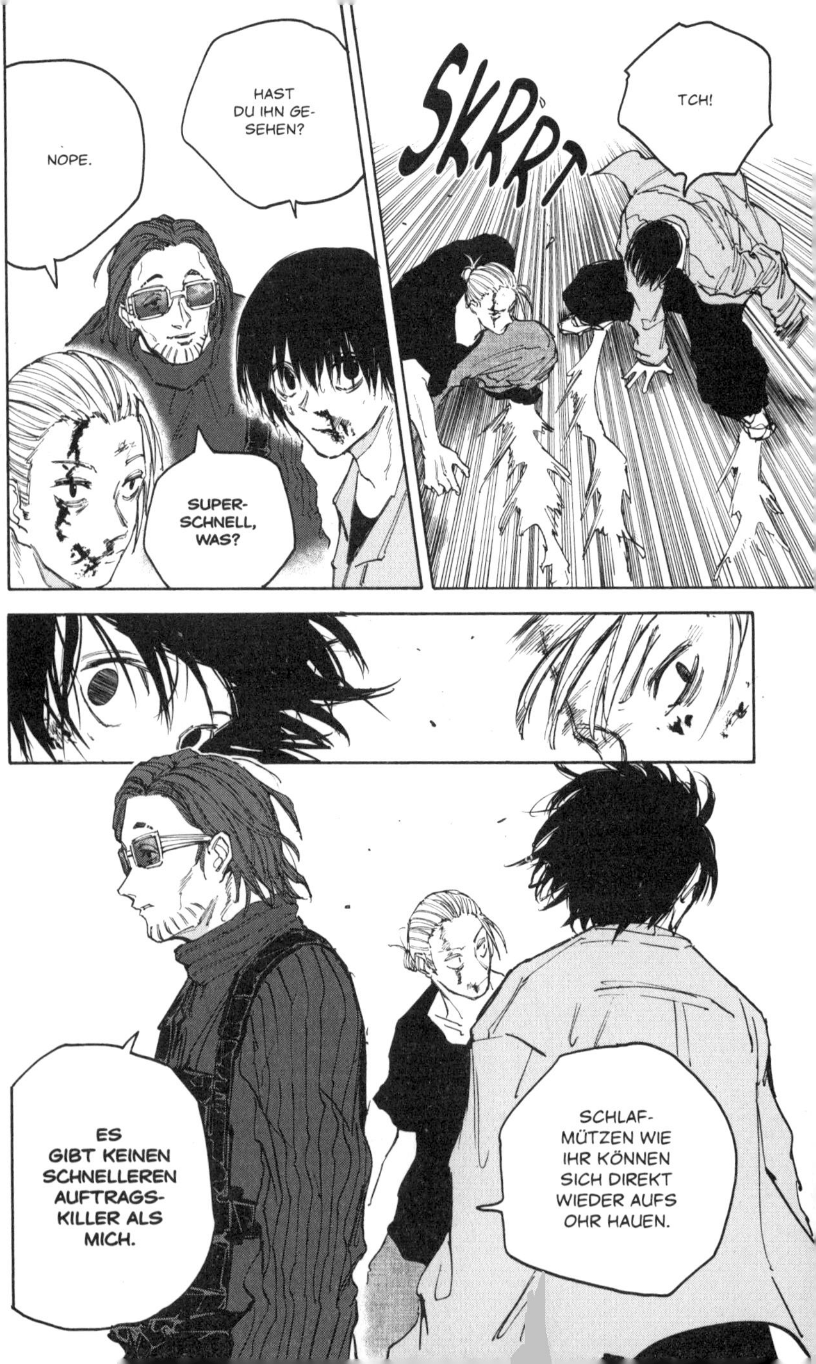
SKRRT
TCH!
HAST DU IHN GESEHEN?
NOPE.
SUPERSCHNELL, WAS?
SCHLAFMÜTZEN WIE IHR KÖNNEN SICH DIREKT WIEDER AUFS OHR HAUEN.
ES GIBT KEINEN SCHNELLEREN AUFTRAGSKILLER ALS MICH.

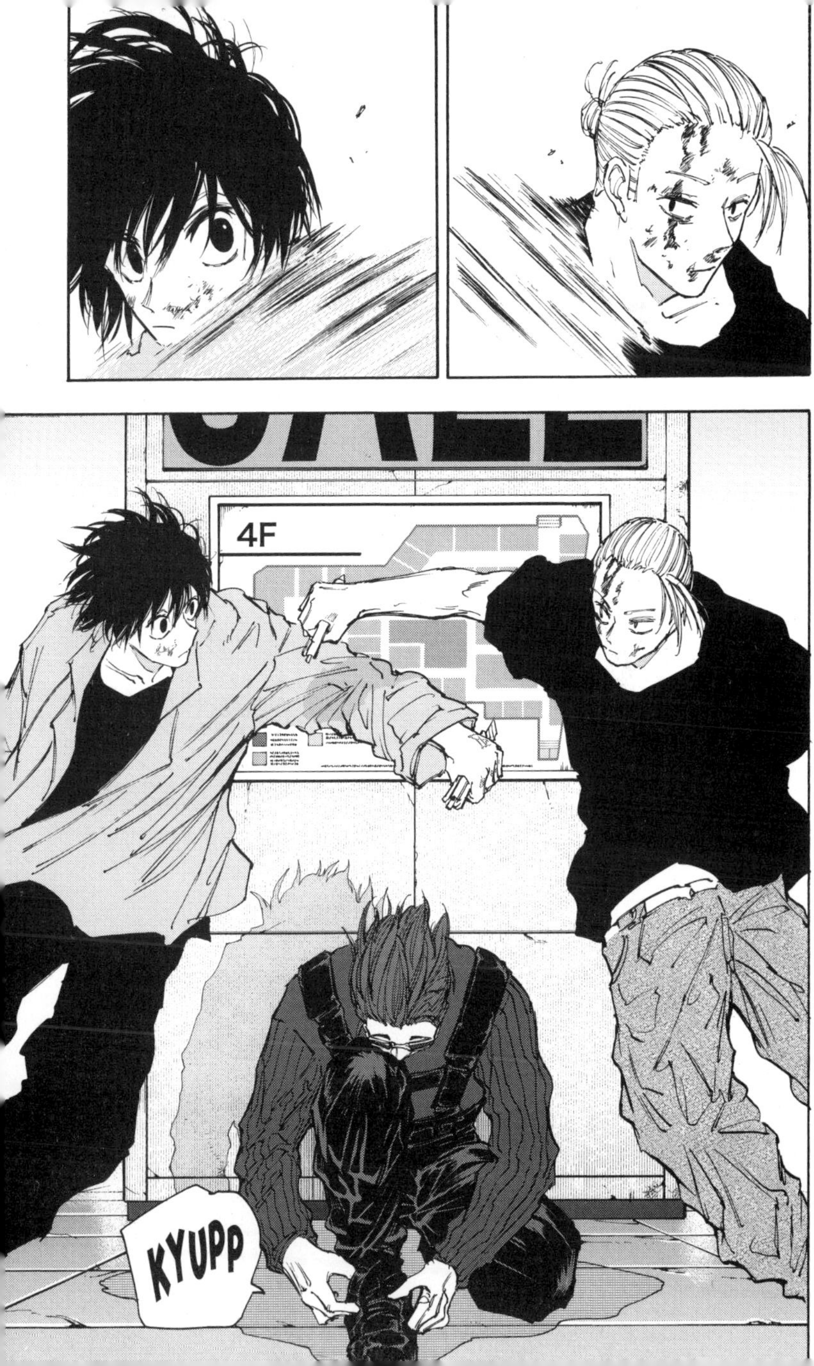
4F
KYUPP

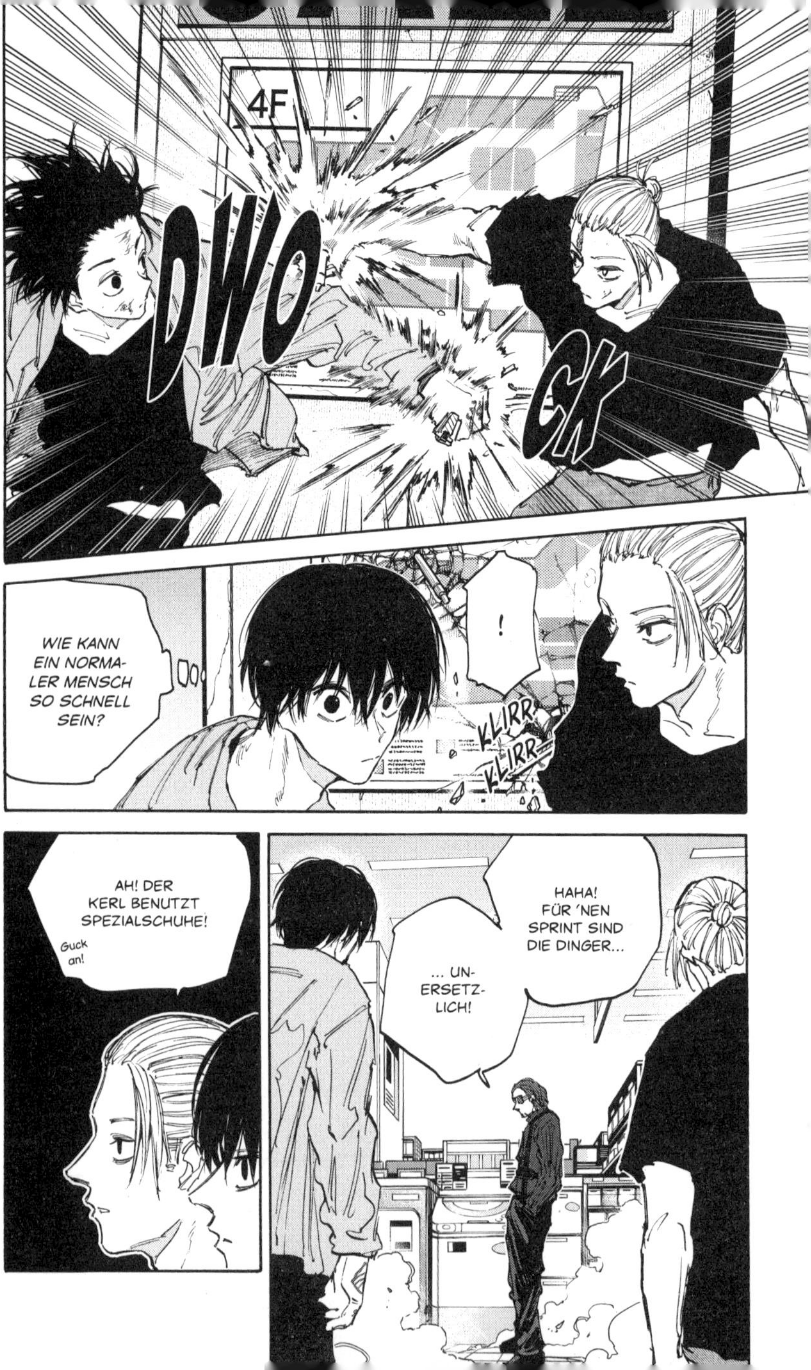
4F
DWOCK
!
WIE KANN EIN NORMALER MENSCH SO SCHNELL SEIN?
KLIRR KLIRR
HAHA! FÜR ´NEN SPRINT SIND DIE DINGER...
... UNERSETZLICH!
AH! DER KERL BENUTZT SPEZIALSCHUHE!
Guck an!

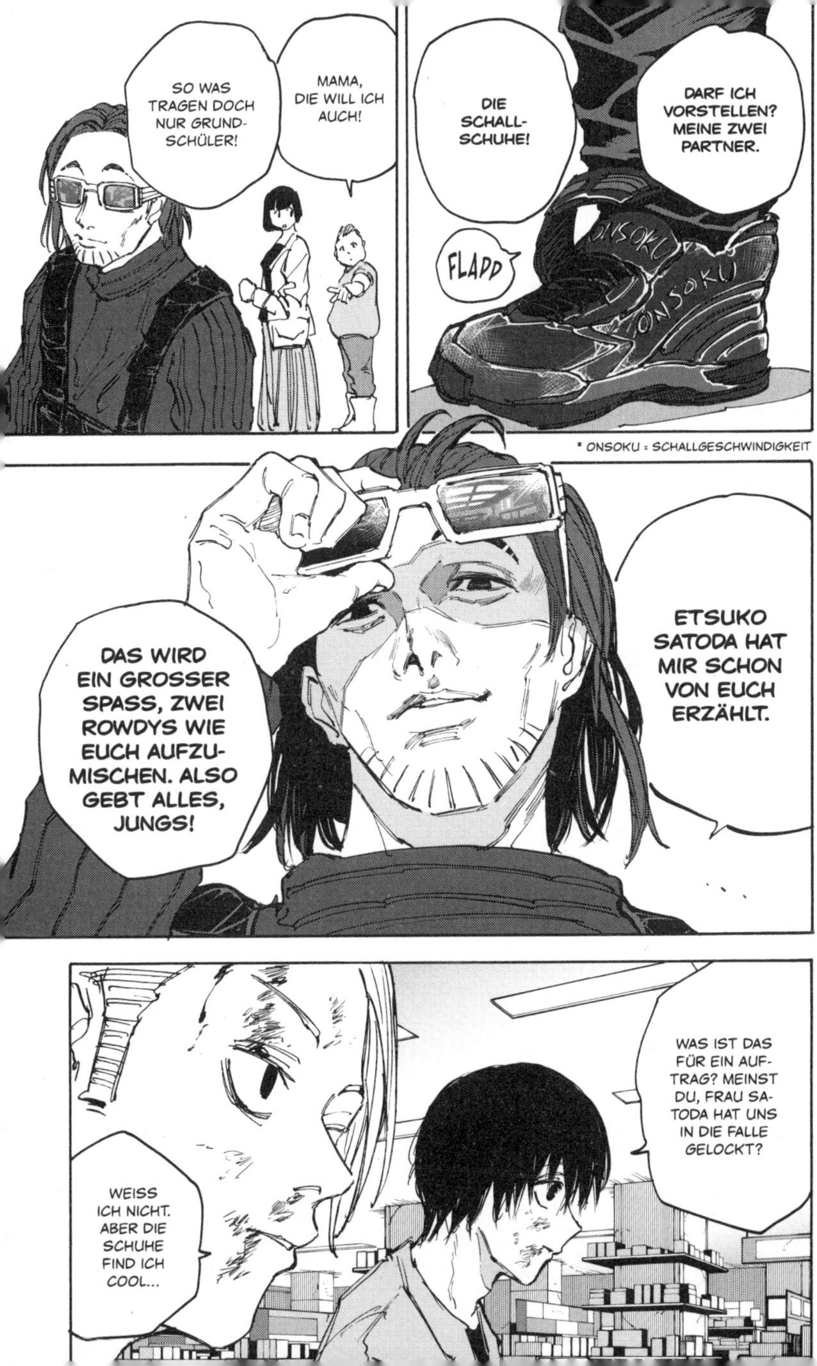

* ONSOKU = SCHALLGESCHWINDIGKEIT

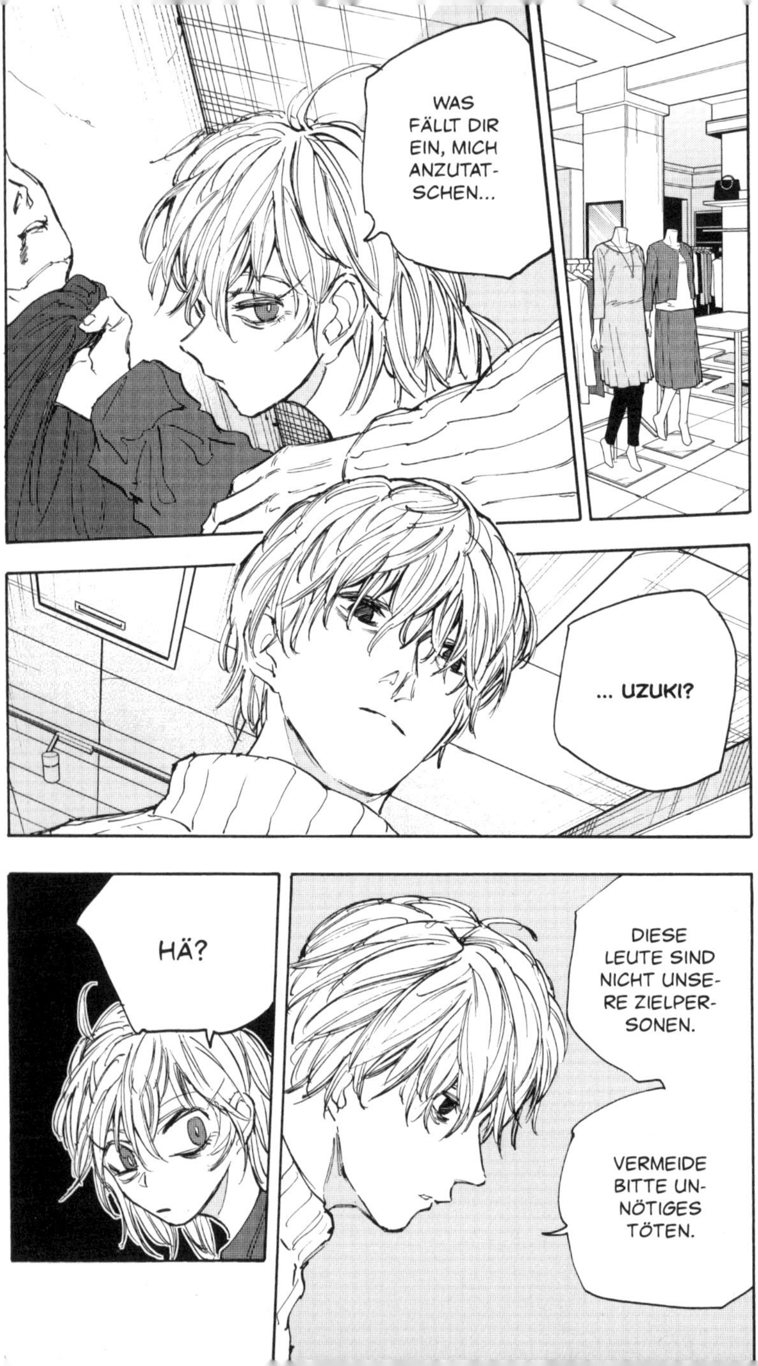
WAS FÄLLT DIR EIN, MICH ANZUTATSCHEN...
... UZUKI?
HÄ?
DIESE LEUTE SIND NICHT UNSERE ZIELPERSONEN.
VERMEIDE BITTE UNNÖTIGES TÖTEN.

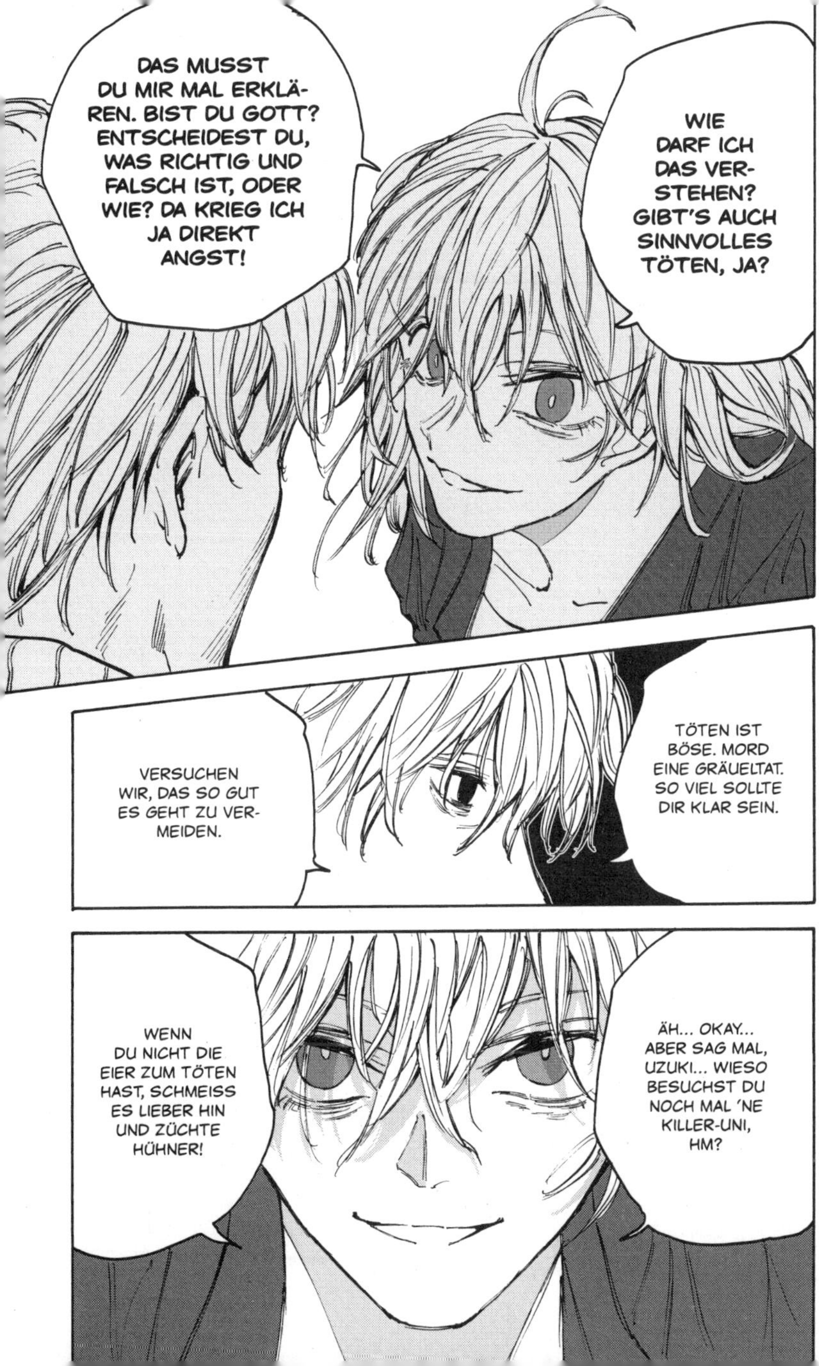
WIE DARF ICH DAS VER-STEHEN? GIBT'S AUCH SINNVOLLES TÖTEN, JA?
DAS MUSST DU MIR MAL ERKLÄ-REN. BIST DU GOTT? ENTSCHEIDEST DU, WAS RICHTIG UND FALSCH IST, ODER WIE? DA KRIEG ICH JA DIREKT ANGST!
TÖTEN IST BÖSE. MORD EINE GRÄUELTAT. SO VIEL SOLLTE DIR KLAR SEIN.
VERSUCHEN WIR, DAS SO GUT ES GEHT ZU VER-MEIDEN.
ÄH... OKAY... ABER SAG MAL, UZUKI... WIESO BESUCHST DU NOCH MAL 'NE KILLER-UNI, HM?
WENN DU NICHT DIE EIER ZUM TÖTEN HAST, SCHMEISS ES LIEBER HIN UND ZÜCHTE HÜHNER!

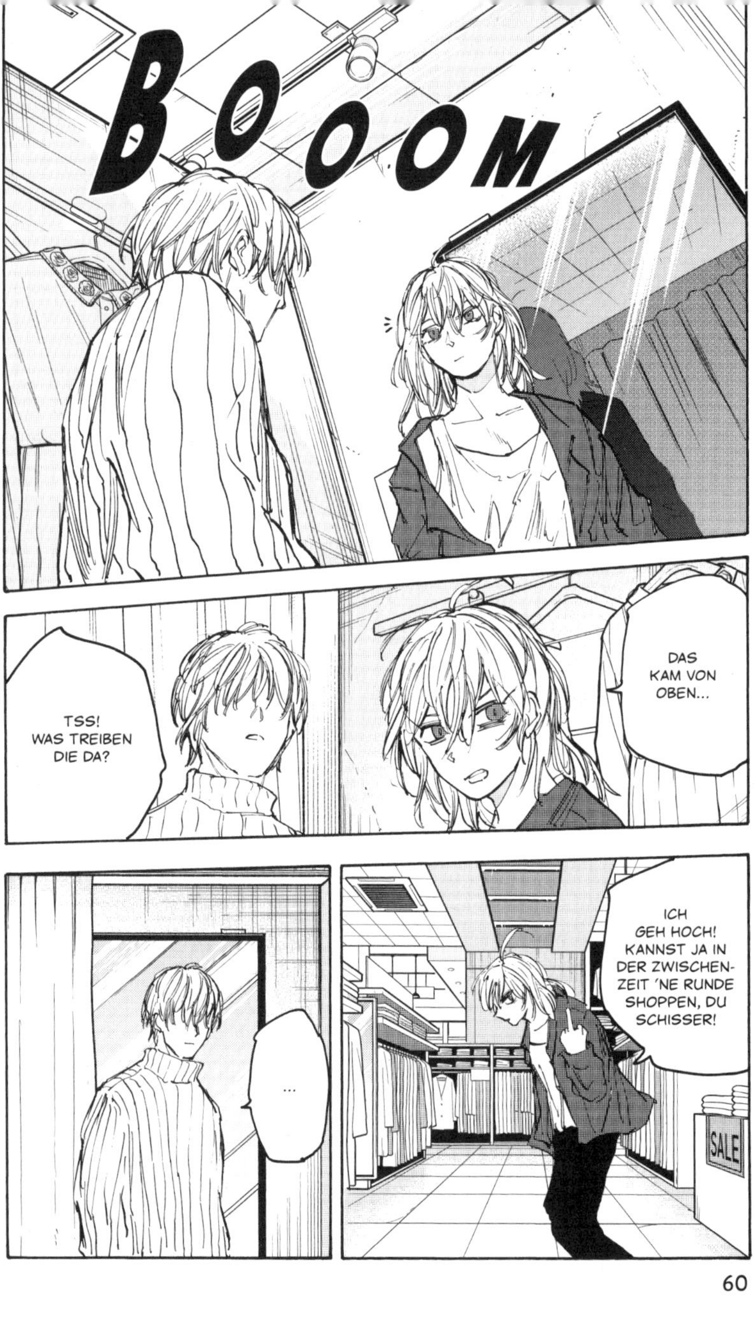
BOOOM
DAS KAM VON OBEN...
TSS! WAS TREIBEN DIE DA?
ICH GEH HOCH! KANNST JA IN DER ZWISCHEN-ZEIT 'NE RUNDE SHOPPEN, DU SCHISSER!
...
SALE

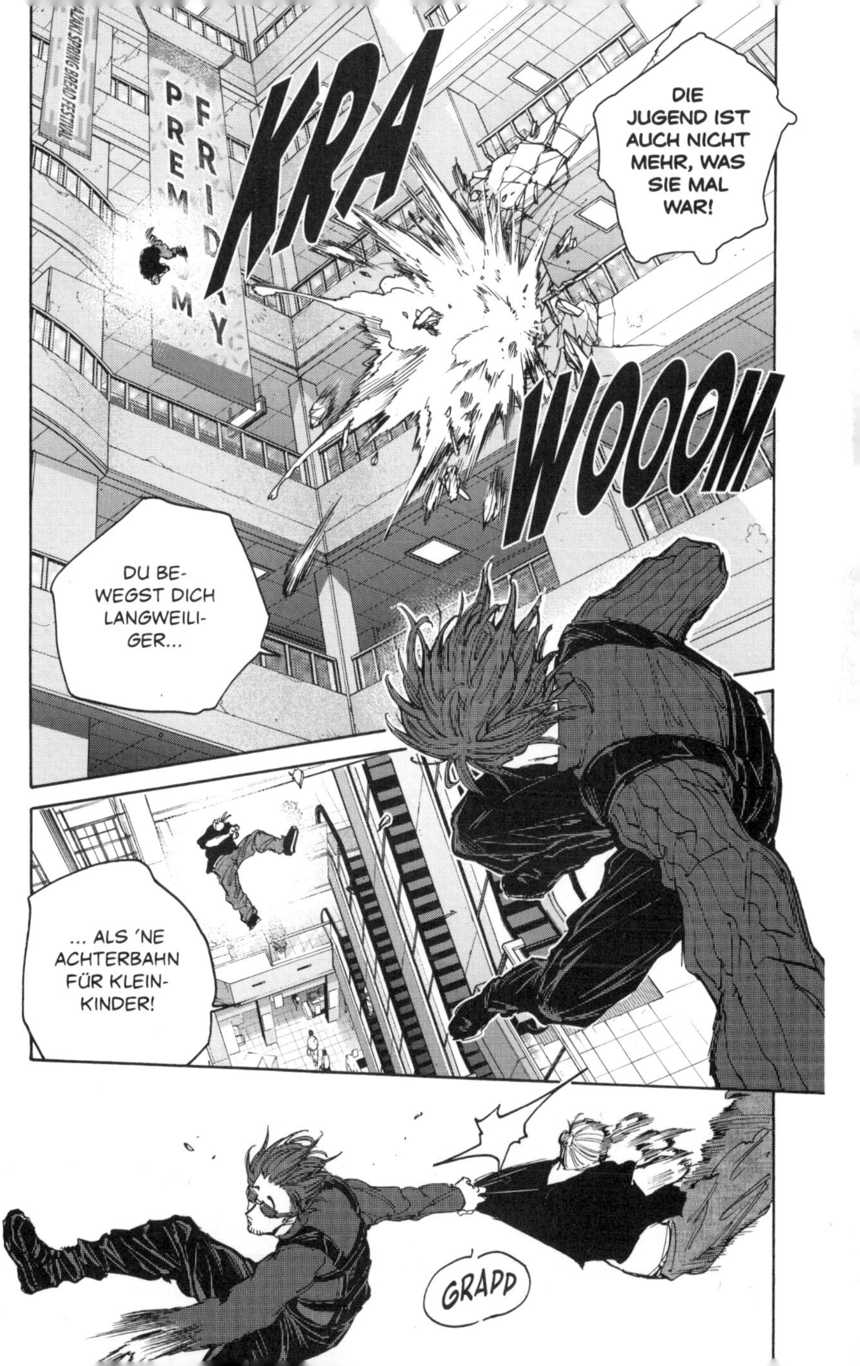
DIE JUGEND IST AUCH NICHT MEHR, WAS SIE MAL WAR!
KRA
WOOOM
FRIDAY
DU BEWEGST DICH LANGWEILIGER...
... ALS 'NE ACHTERBAHN FÜR KLEINKINDER!
GRAPP

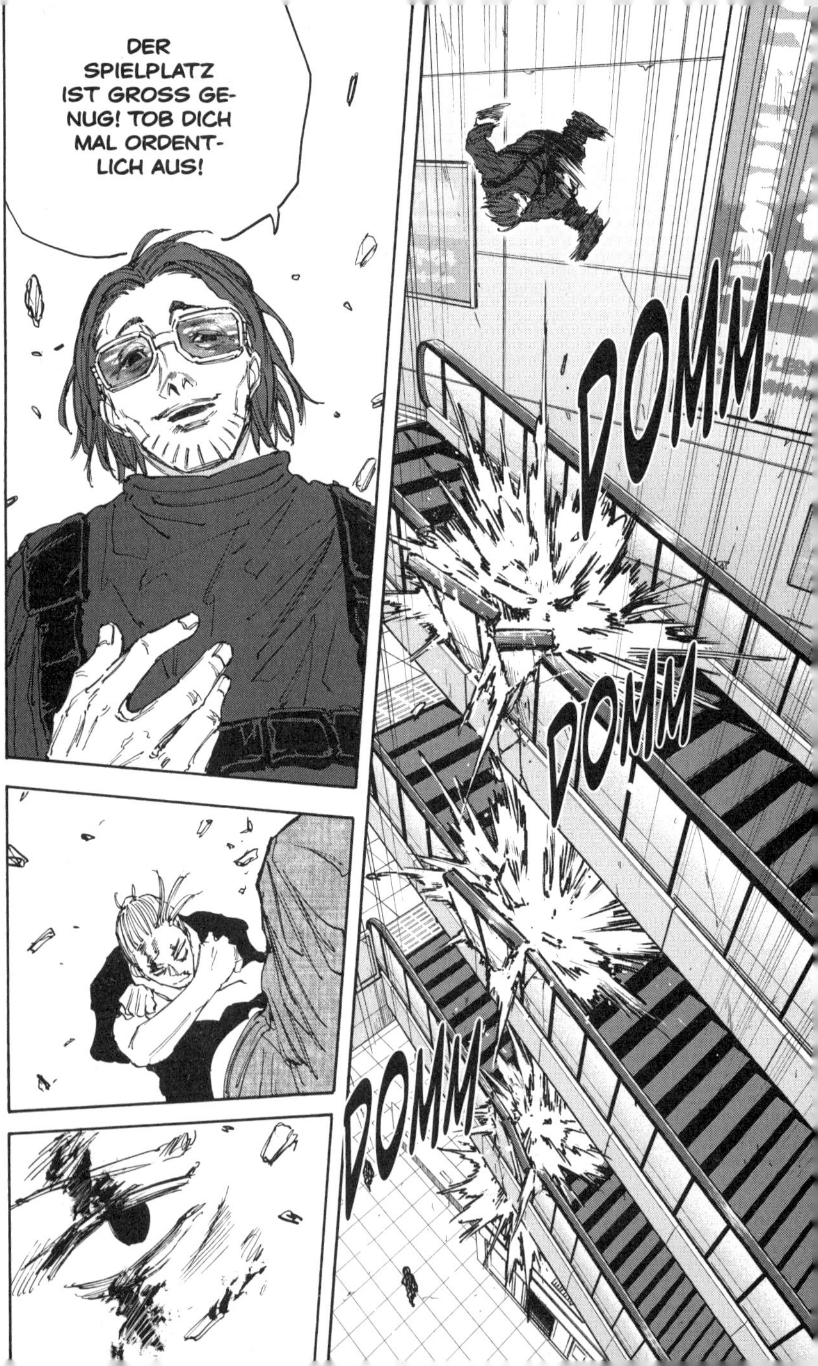
DER SPIELPLATZ IST GROSS GENUG! TOB DICH MAL ORDENTLICH AUS!
DOMM
DOMM
DOMM

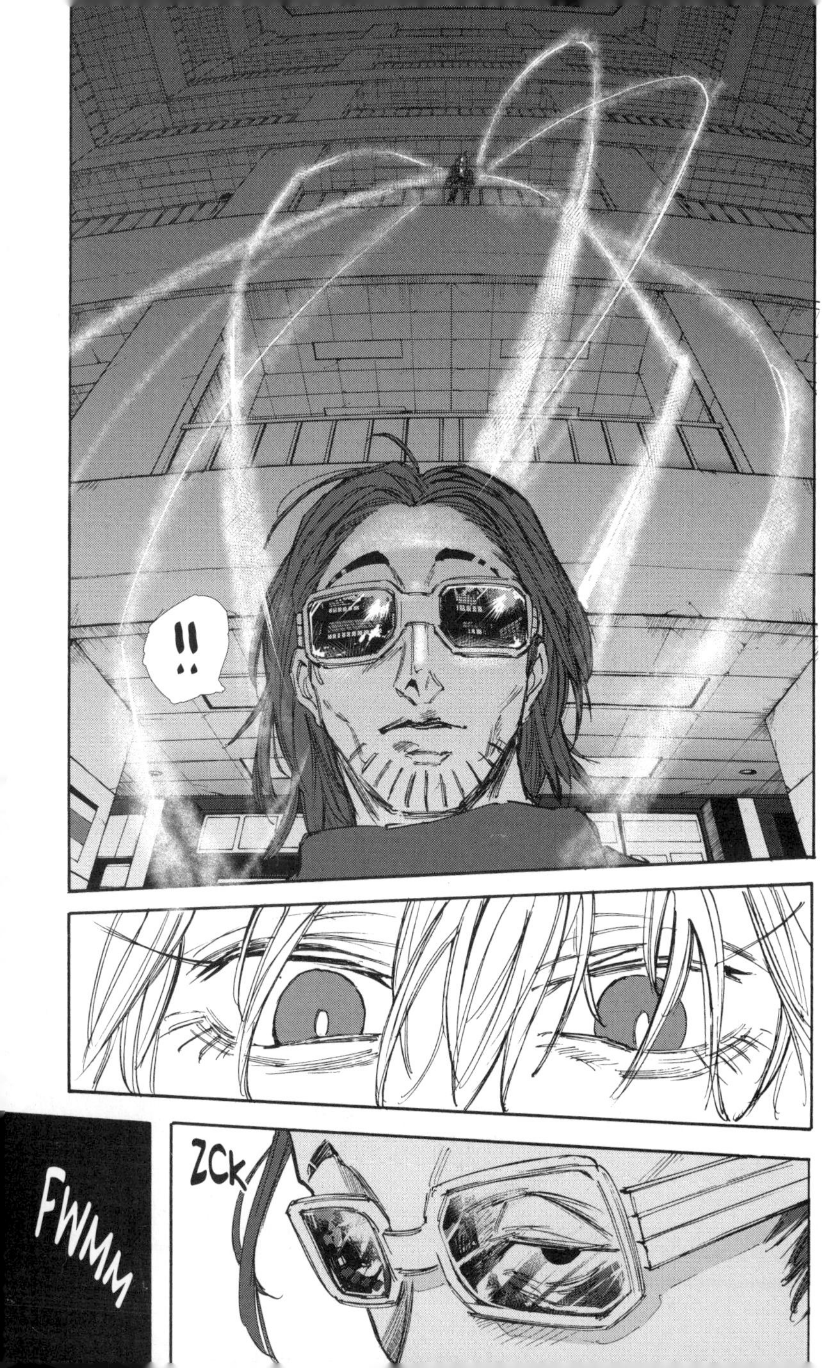
!!
ZCK
FWMM

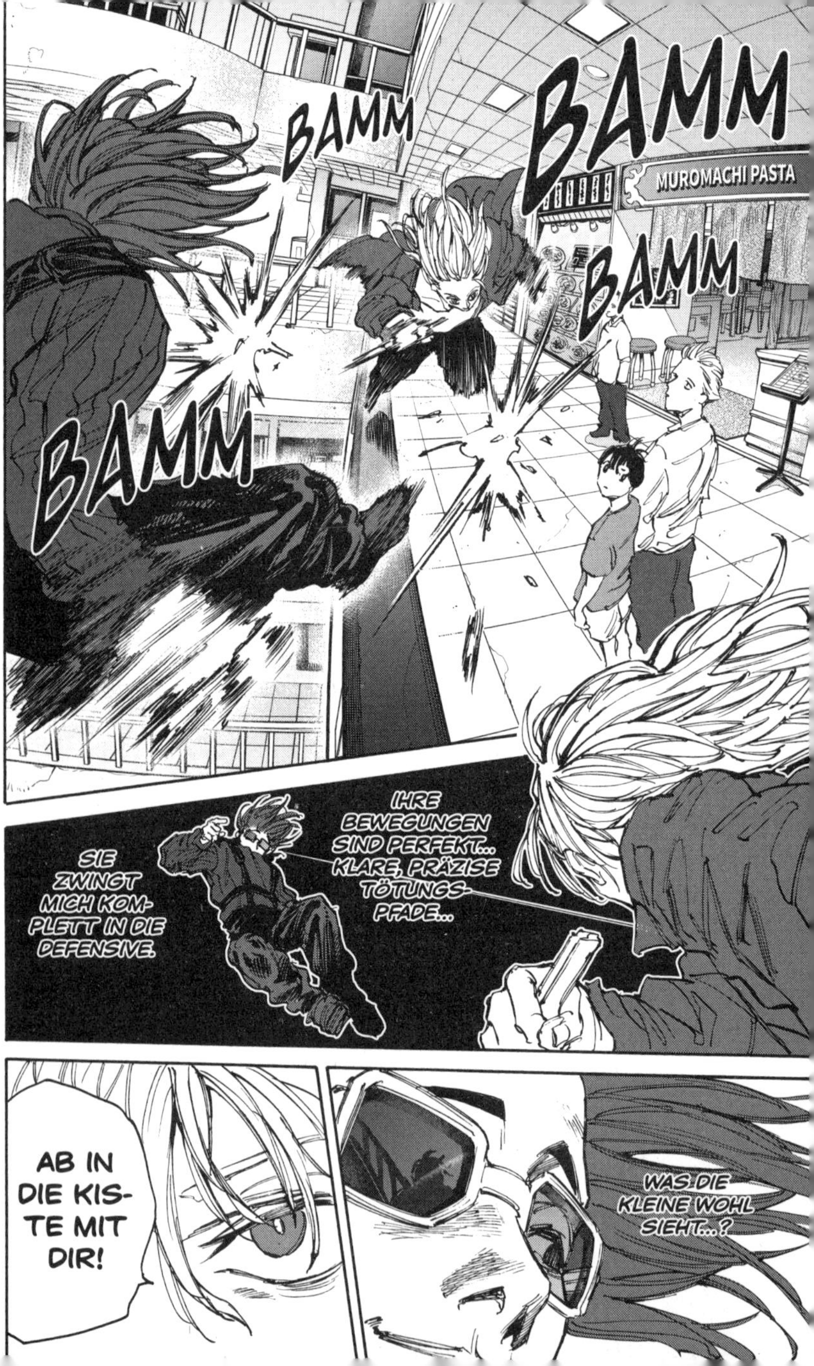
BAMM
BAMM
MUROMACHI PASTA
BAMM
BAMM
IHRE BEWEGUNGEN SIND PERFEKT... KLARE, PRÄZISE TÖTUNGS-PFADE...
SIE ZWINGT MICH KOM-PLETT IN DIE DEFENSIVE.
WAS DIE KLEINE WOHL SIEHT...?
AB IN DIE KIS-TE MIT DIR!

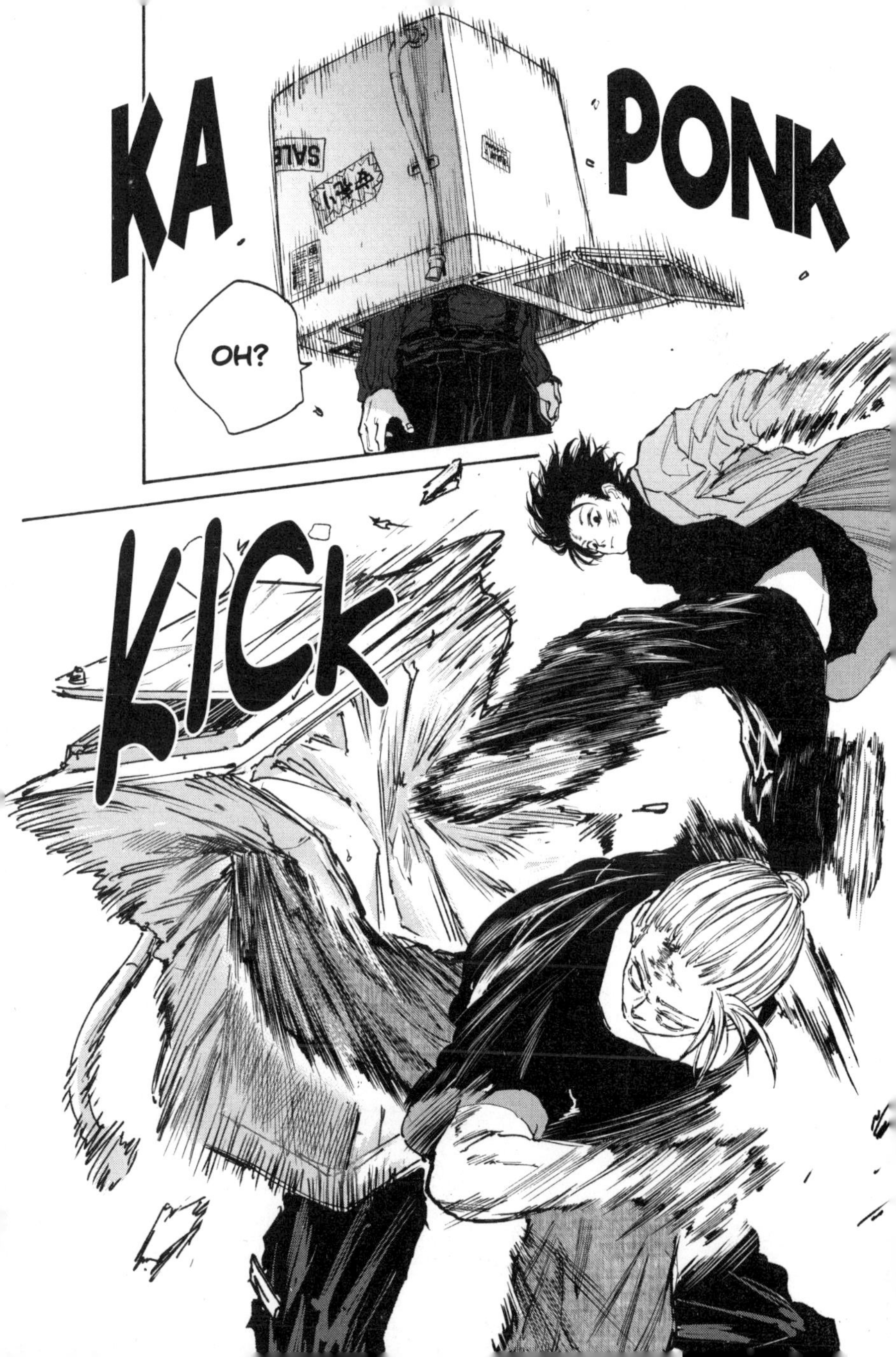
KA PONK
OH?
KICK

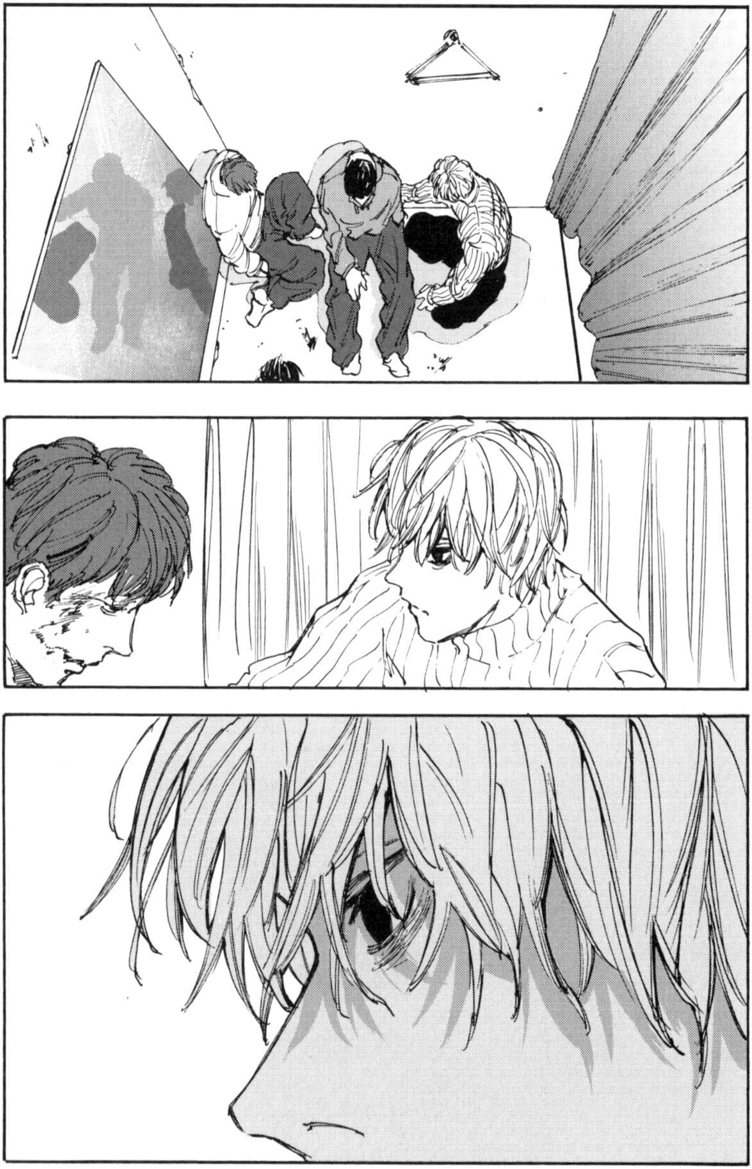

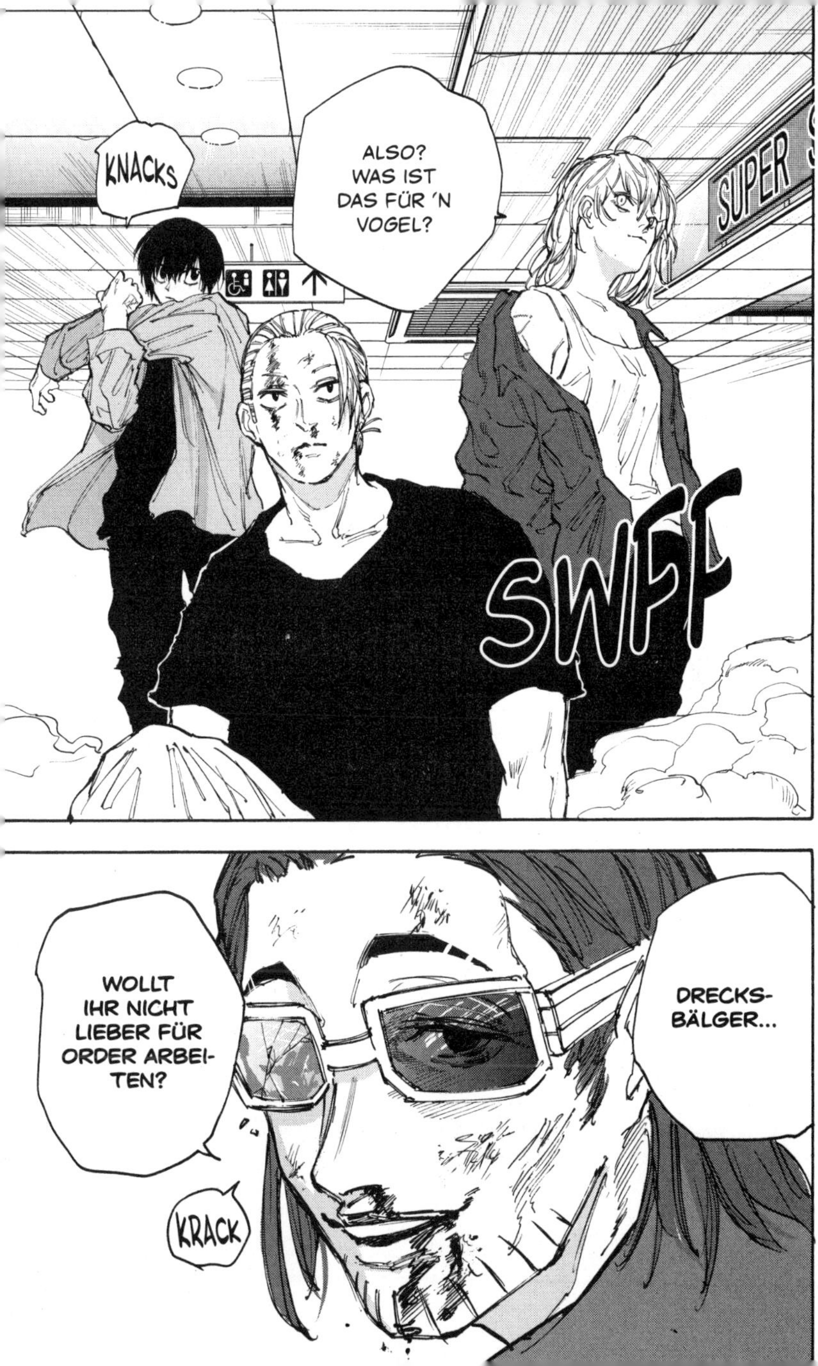
ALSO? WAS IST DAS FÜR ′N VOGEL?
KNACKS
SUPER
SWFF
DRECKS-BÄLGER...
WOLLT IHR NICHT LIEBER FÜR ORDER ARBEITEN?
KRACK

WEITERE ABGELEHNTE COVERENTWÜRFE FÜR BAND 13

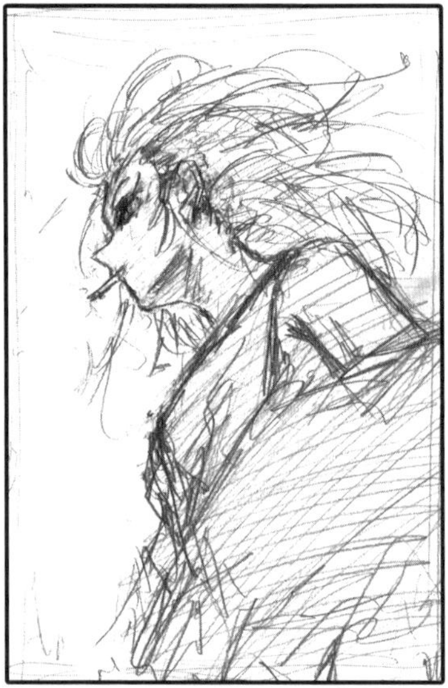

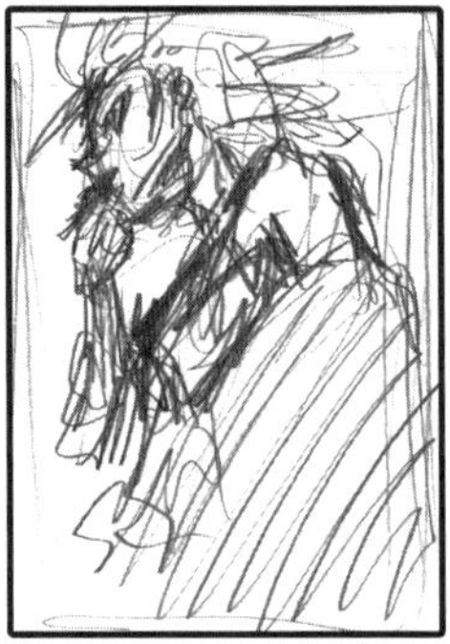

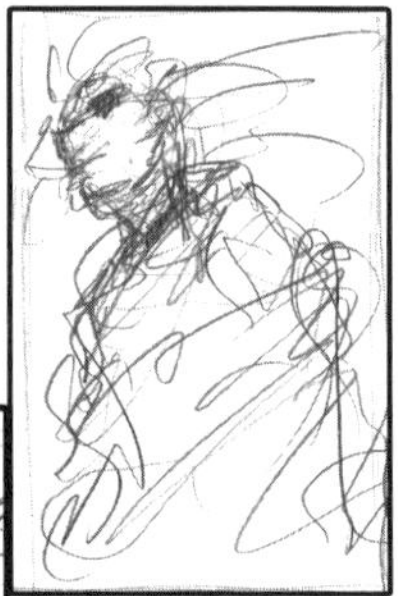

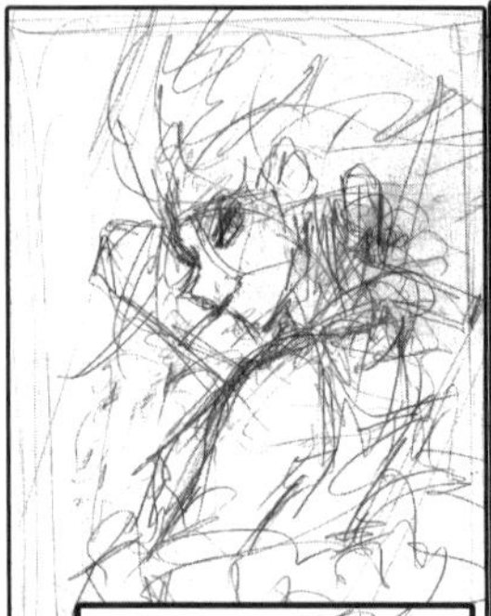

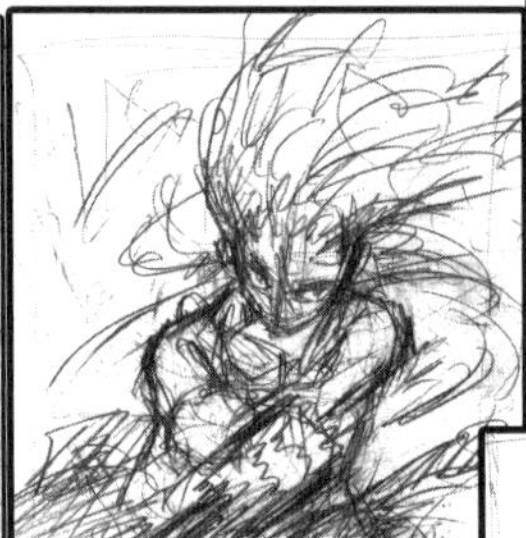

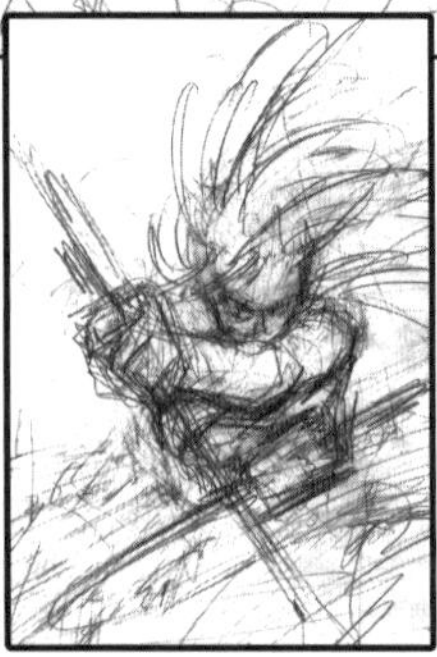

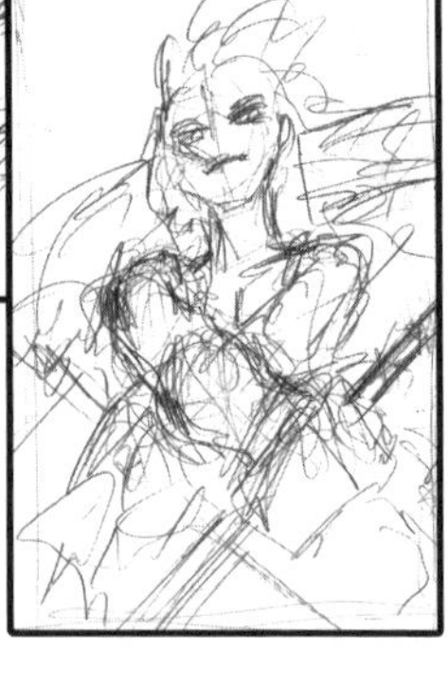

DIE COVER BEREITEN MIR OFT KOPFZERBRECHEN. ICH LIEBE ES, WENN SIE SO WIRKEN, ALS WÜRDEN SIE EINE MOMENTAUFNAHME EINFANGEN, ABER DAS MACHT DIE ARBEIT DARAN UMSO KOMPLIZIERTER.

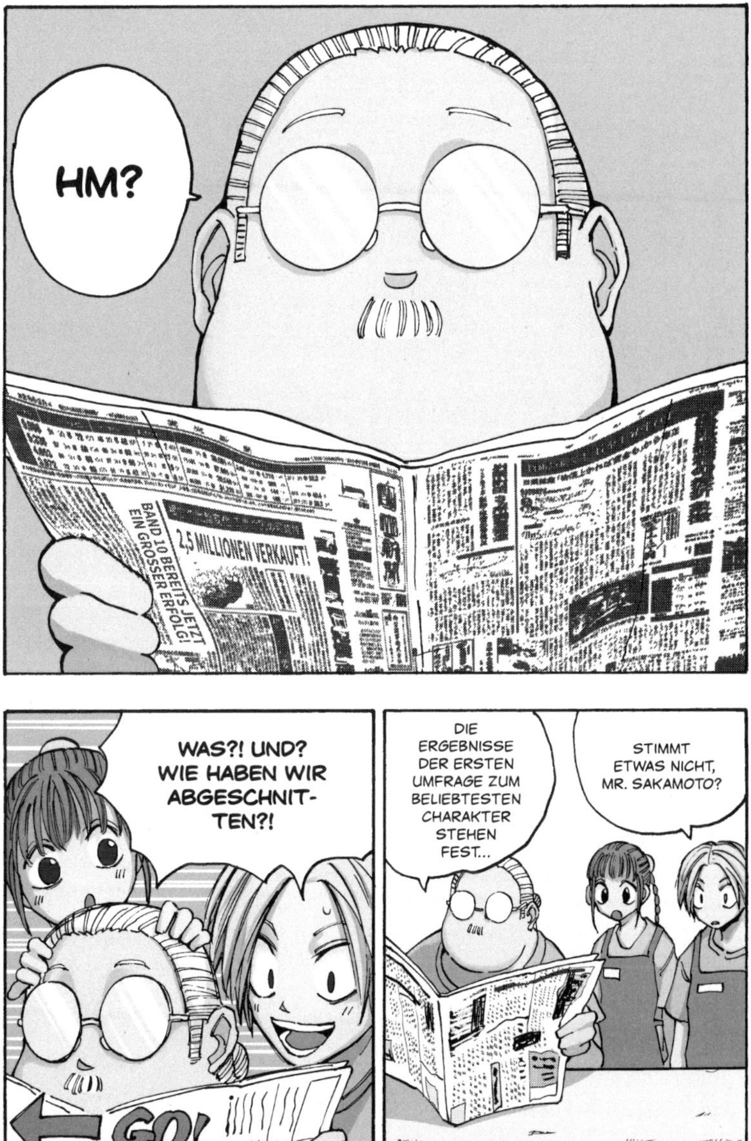
HM?
2,5 MILLIONEN VERKAUFT!
BAND 10 BEREITS JETZT EIN GROSSER ERFOLG!
STIMMT ETWAS NICHT, MR. SAKAMOTO?
DIE ERGEBNISSE DER ERSTEN UMFRAGE ZUM BELIEBTESTEN CHARAKTER STEHEN FEST...
WAS?! UND? WIE HABEN WIR ABGESCHNIT-TEN?!
GO!

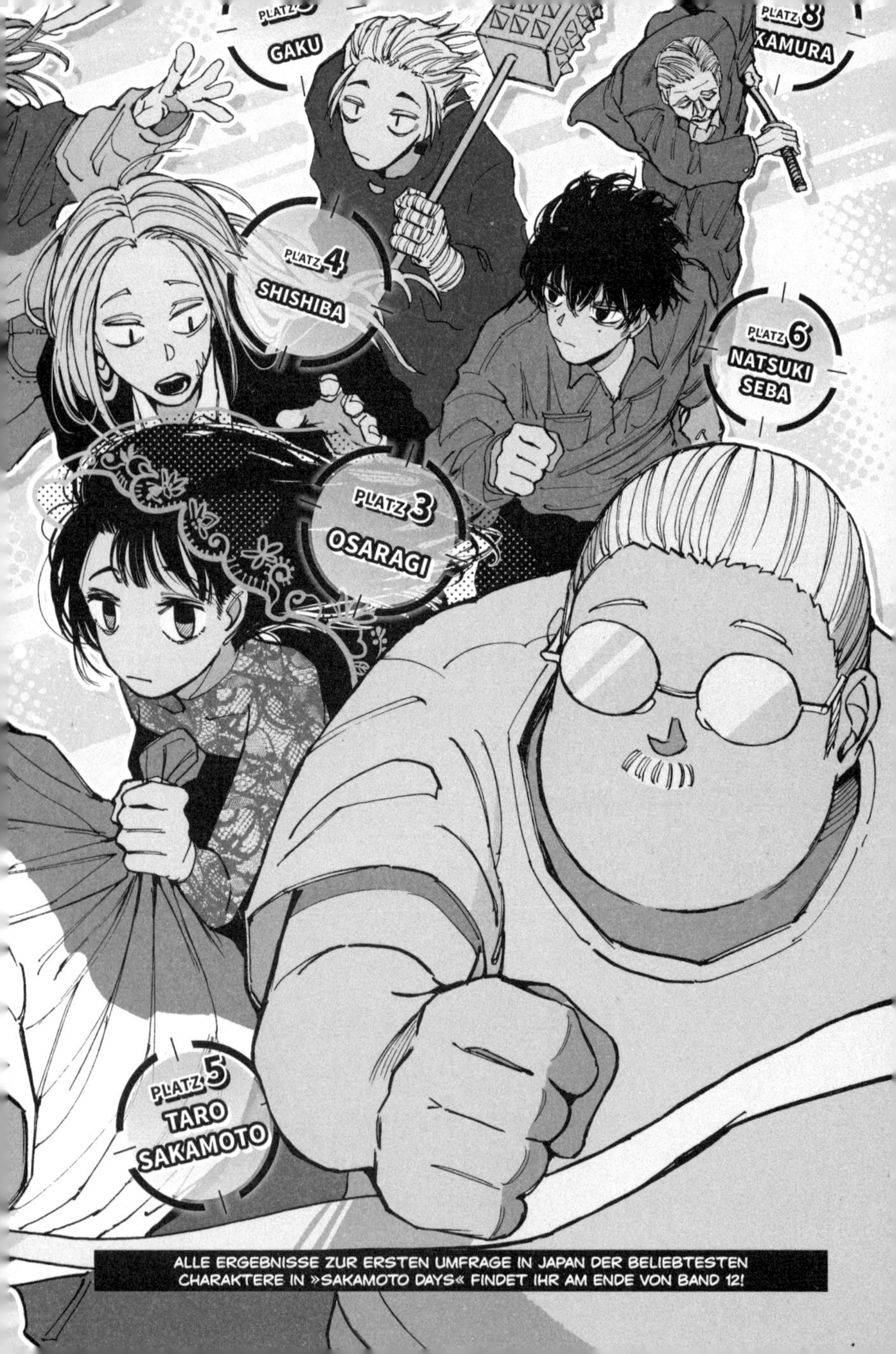

ALLE ERGEBNISSE ZUR ERSTEN UMFRAGE IN JAPAN DER BELIEBTESTEN CHARAKTERE IN »SAKAMOTO DAYS« FINDET IHR AM ENDE VON BAND 12!

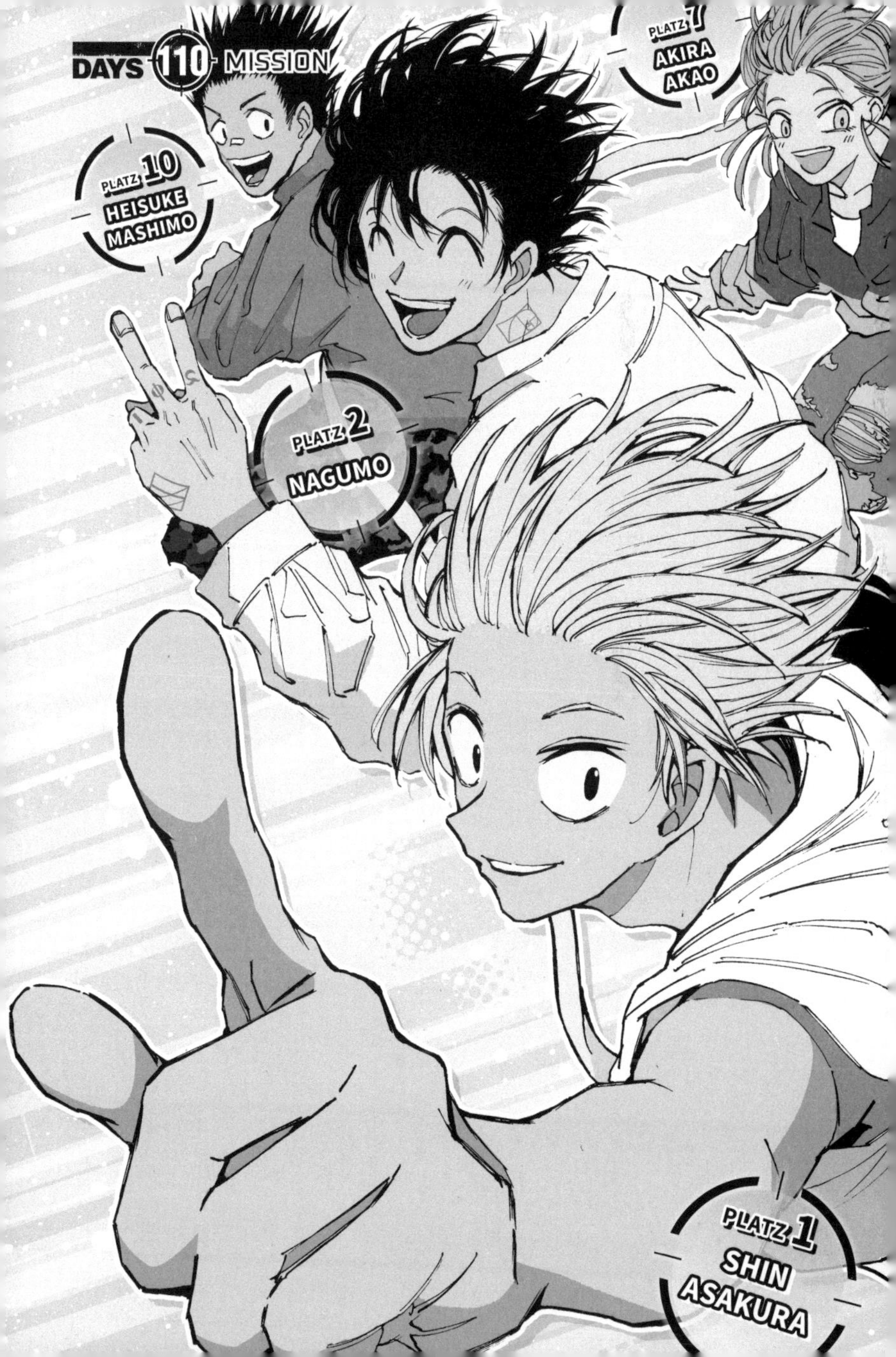
DAYS 110 MISSION
PLATZ 10
HEISUKE MASHIMO
PLATZ 7
AKIRA AKAO
PLATZ 2
NAGUMO
PLATZ 1
SHIN ASAKURA

SAKAMOTO DAYS

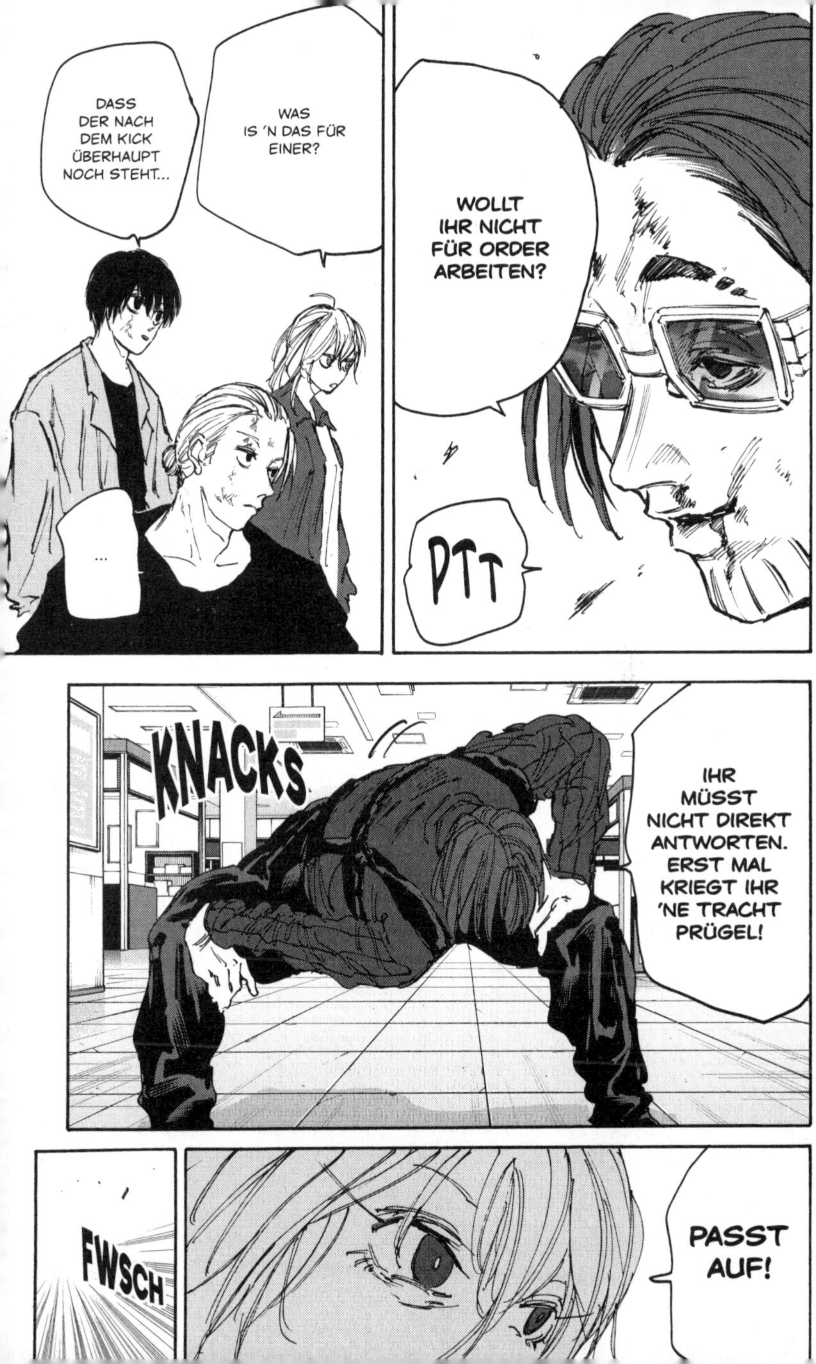
WOLLT IHR NICHT FÜR ORDER ARBEITEN?
DTT
WAS IS 'N DAS FÜR EINER?
DASS DER NACH DEM KICK ÜBERHAUPT NOCH STEHT...
...
IHR MÜSST NICHT DIREKT ANTWORTEN. ERST MAL KRIEGT IHR 'NE TRACHT PRÜGEL!
KNACKS
PASST AUF!
FWSCH

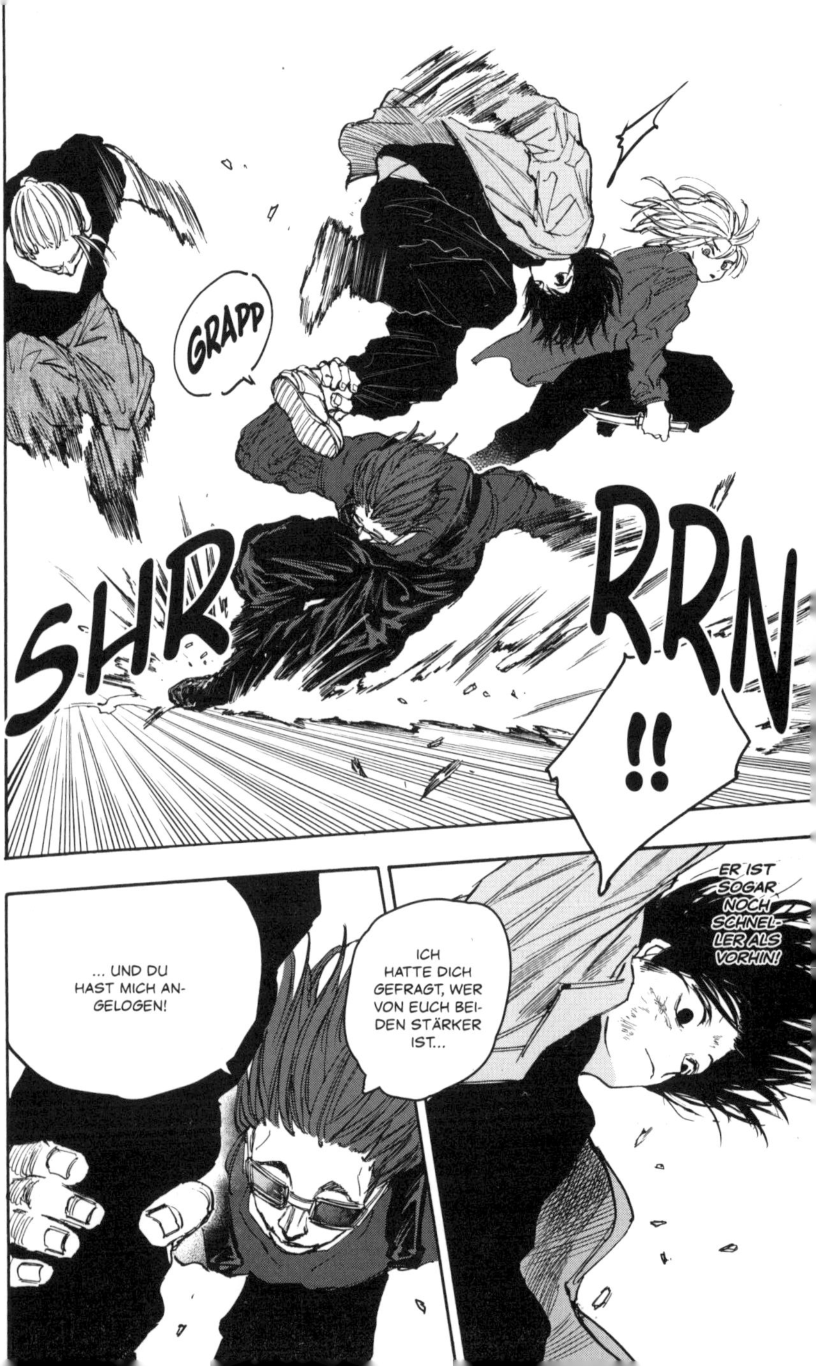
GRAPP
SHR RRRN
!!
ER IST SOGAR NOCH SCHNELLER ALS VORHIN!
ICH HATTE DICH GEFRAGT, WER VON EUCH BEIDEN STÄRKER IST...
... UND DU HAST MICH ANGELOGEN!

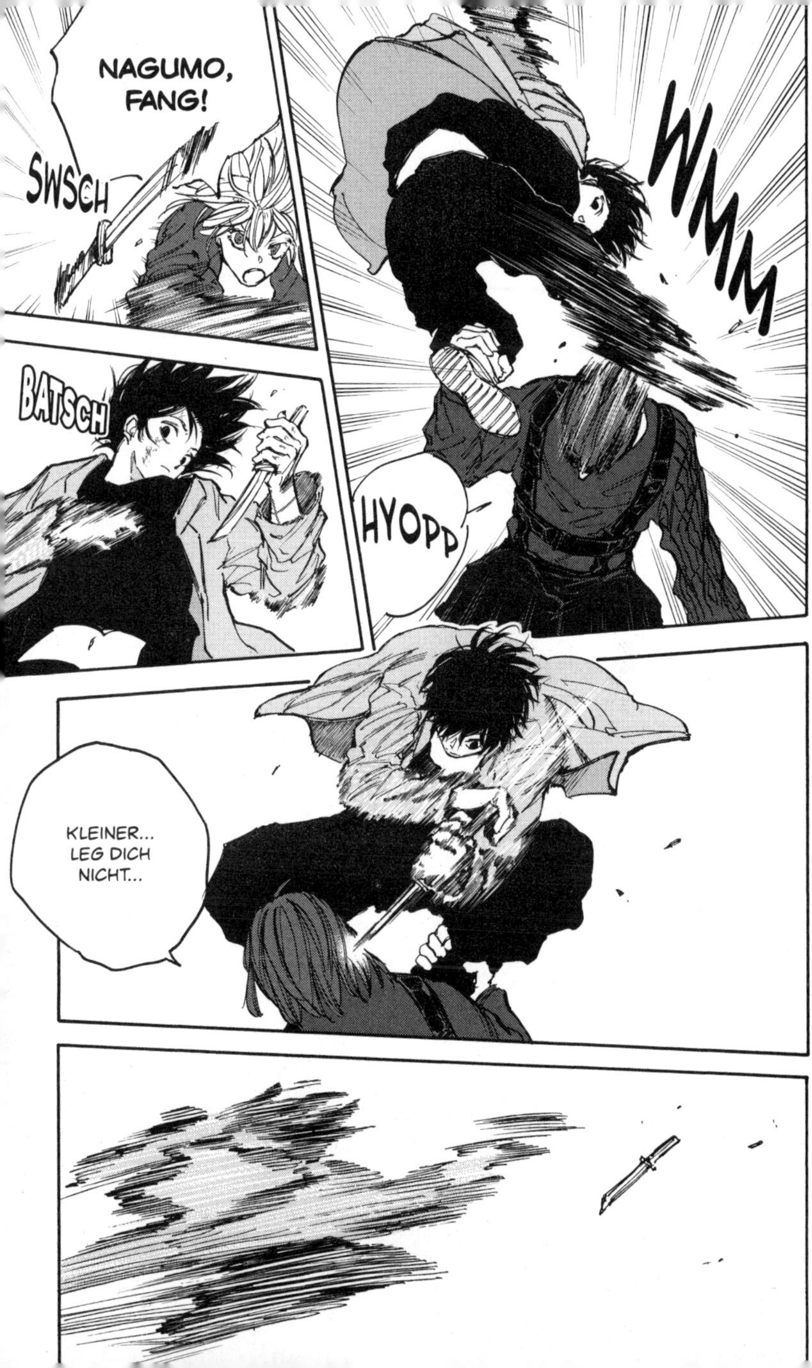
WMM
NAGUMO, FANG!
SWSCH
HYOPP
BATSCH
KLEINER... LEG DICH NICHT...

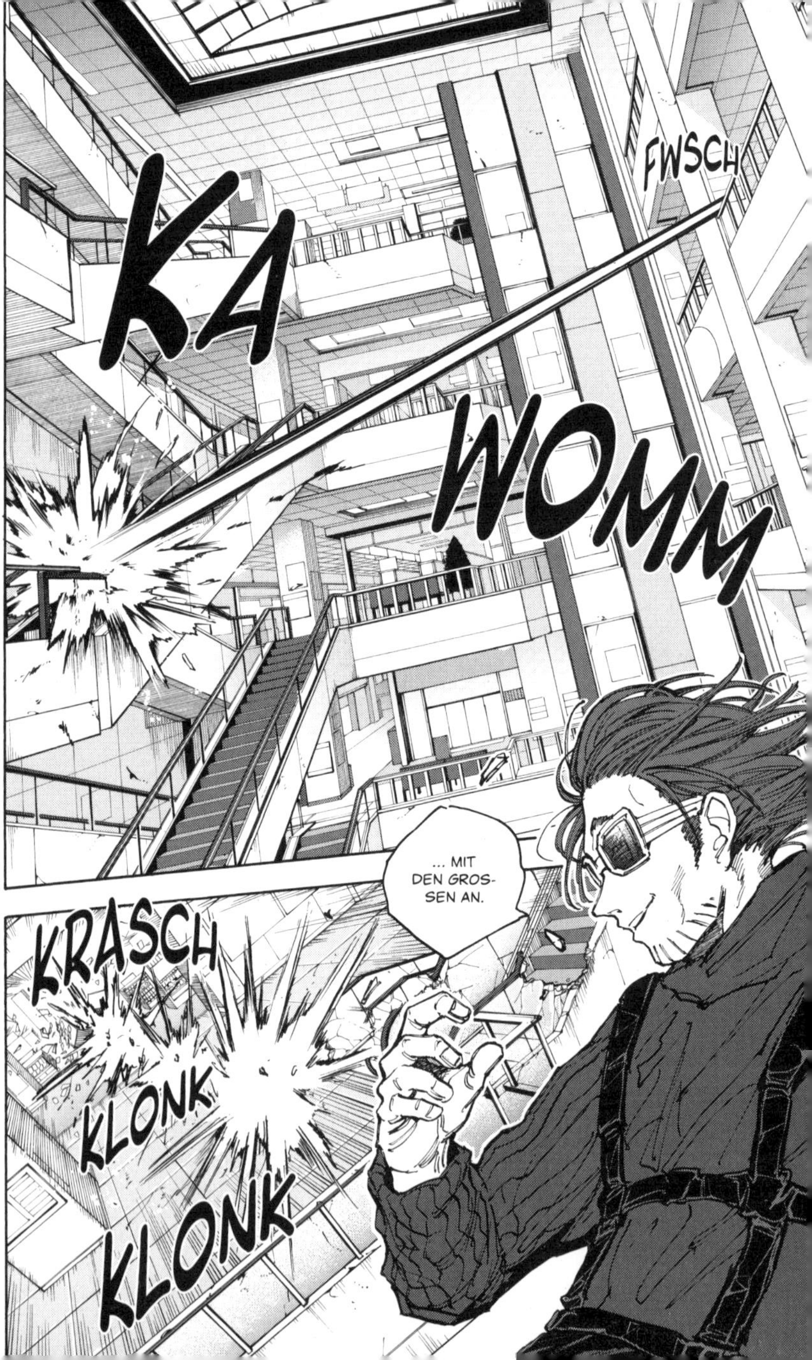
FWSCH
KA
WOMM
... MIT DEN GROS-SEN AN.
KRASCH
KLONK
KLONK

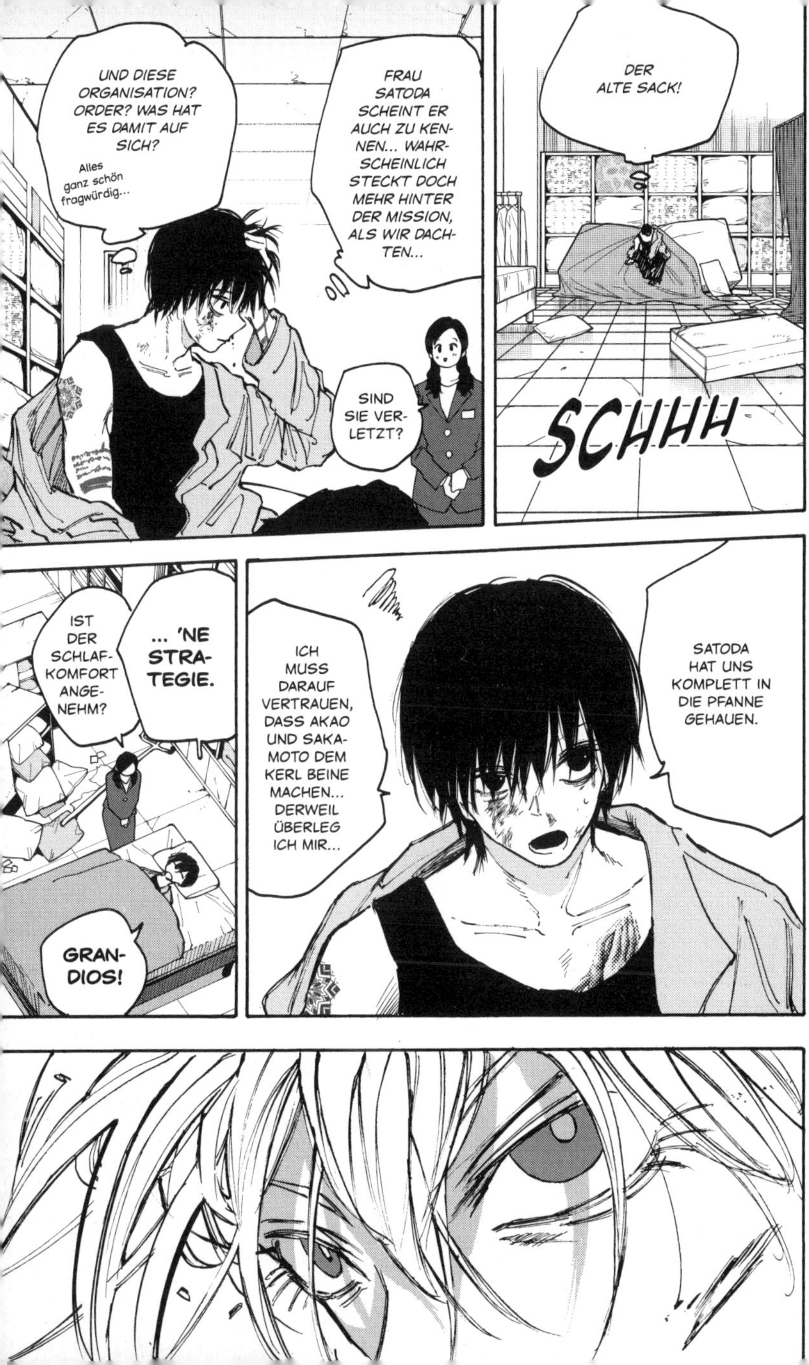
DER ALTE SACK!
SCHHH
FRAU SATODA SCHEINT ER AUCH ZU KENNEN... WAHRSCHEINLICH STECKT DOCH MEHR HINTER DER MISSION, ALS WIR DACHTEN...
UND DIESE ORGANISATION? ORDER? WAS HAT ES DAMIT AUF SICH?
Alles ganz schön fragwürdig...
SIND SIE VERLETZT?
SATODA HAT UNS KOMPLETT IN DIE PFANNE GEHAUEN.
ICH MUSS DARAUF VERTRAUEN, DASS AKAO UND SAKAMOTO DEM KERL BEINE MACHEN... DERWEIL ÜBERLEG ICH MIR...
... 'NE STRATEGIE.
IST DER SCHLAFKOMFORT ANGENEHM?
GRANDIOS!

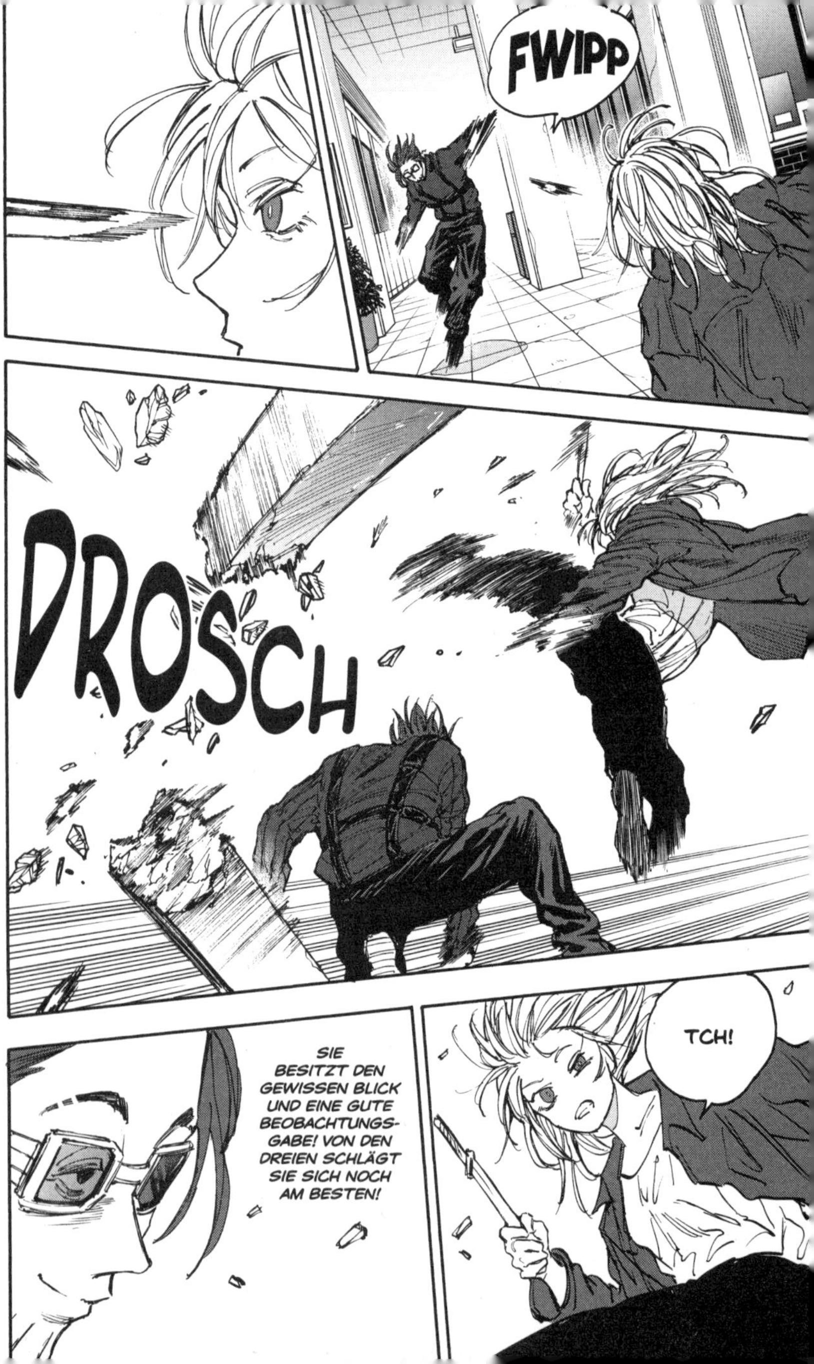
FWIPP
DROSCH
TCH!
SIE BESITZT DEN GEWISSEN BLICK UND EINE GUTE BEOBACHTUNGS-GABE! VON DEN DREIEN SCHLÄGT SIE SICH NOCH AM BESTEN!

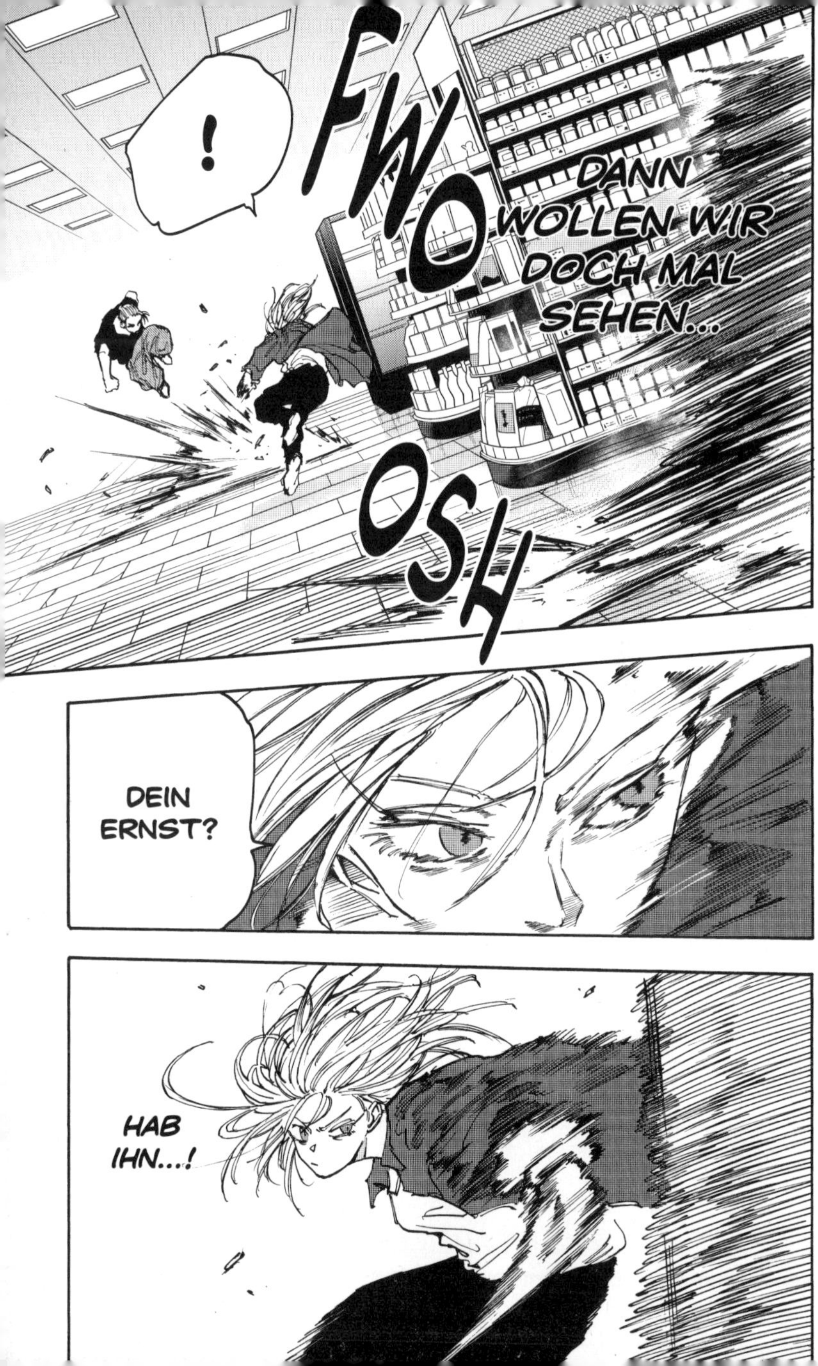
!
FWOOSH
DANN WOLLEN WIR DOCH MAL SEHEN…
DEIN ERNST?
HAB IHN…!

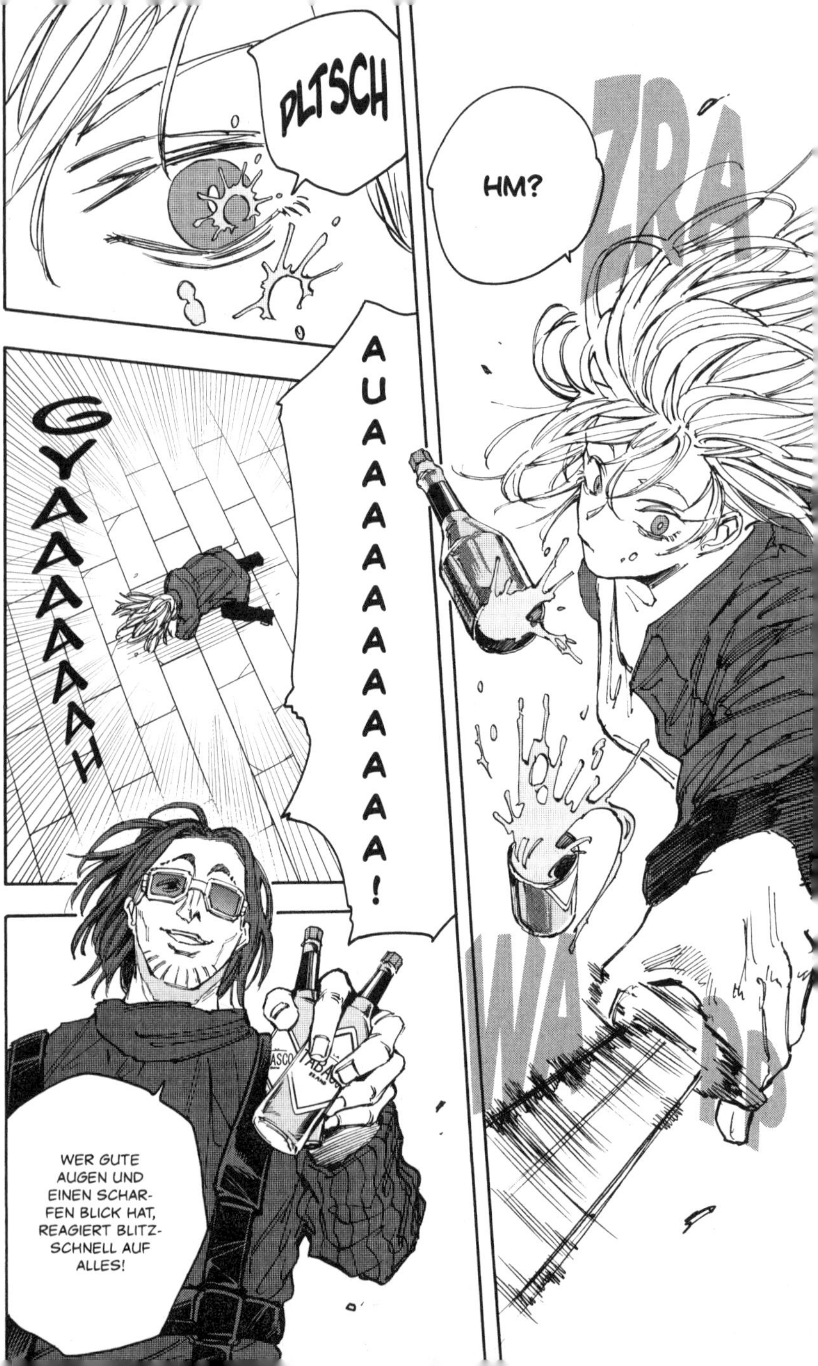
ZRA
HM?
WA
DLTSCH
GYAAAAAAH
AUAAAAAAAAAAAAAA!
WER GUTE AUGEN UND EINEN SCHARFEN BLICK HAT, REAGIERT BLITZSCHNELL AUF ALLES!

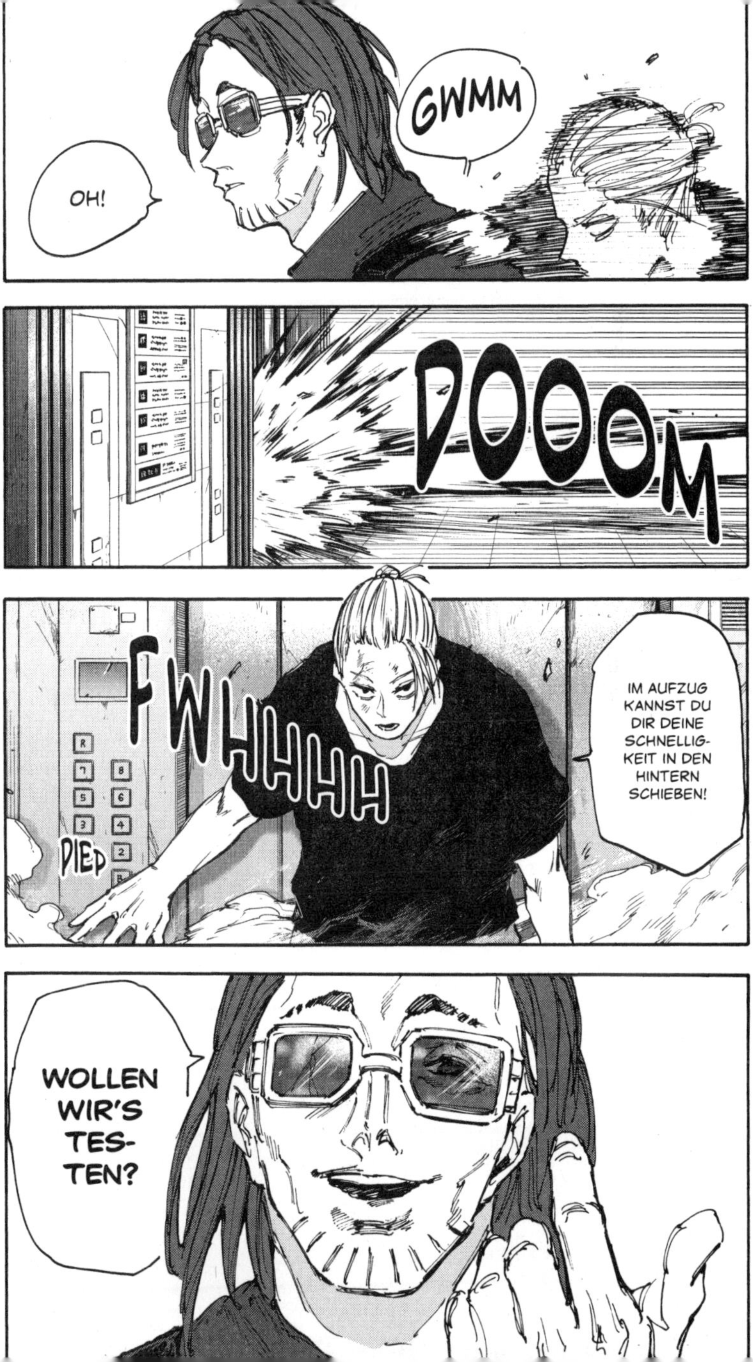
GWMM
OH!
DOOOM
FWHHHHH
PIEP
IM AUFZUG KANNST DU DIR DEINE SCHNELLIG-KEIT IN DEN HINTERN SCHIEBEN!
WOLLEN WIR'S TES-TEN?

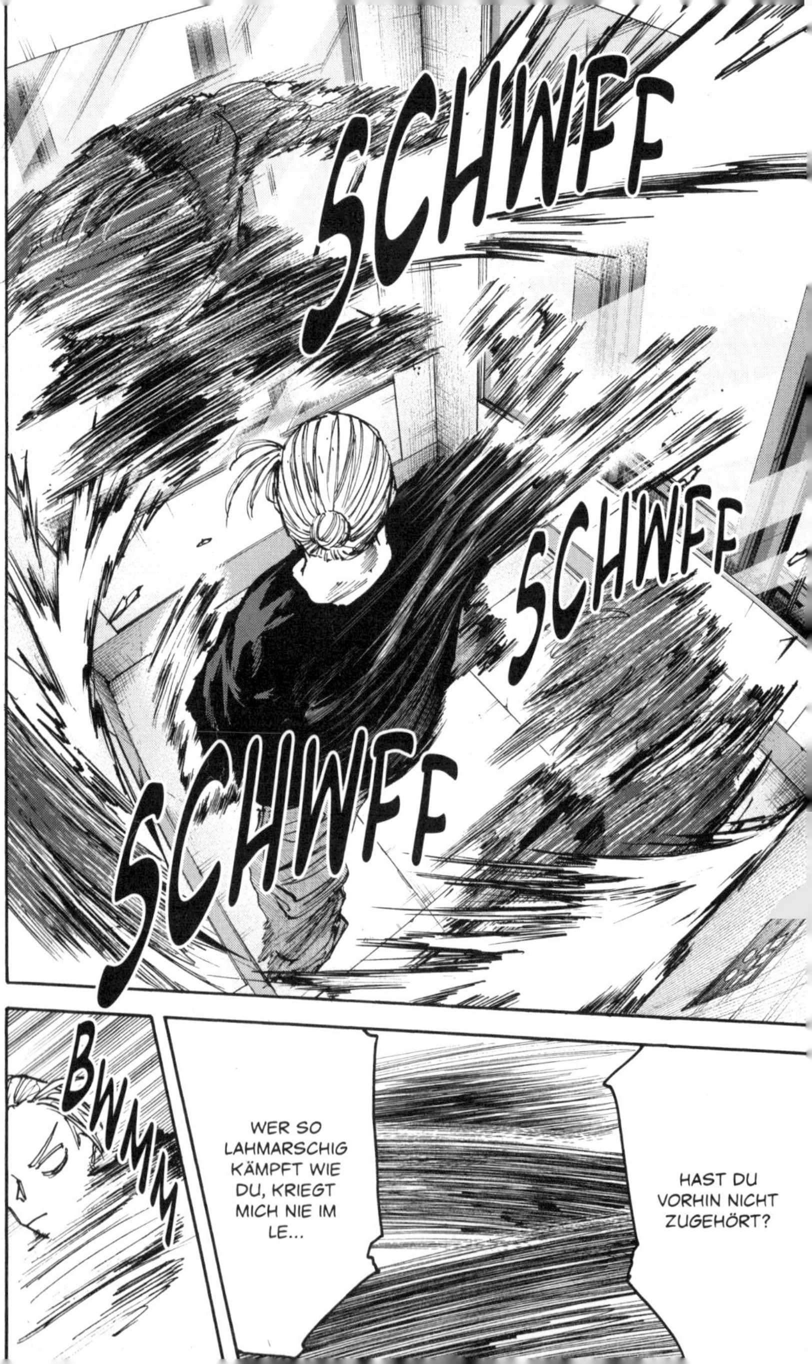
SCHWFF
SCHWFF
SCHWFF
BWMM
WER SO LAHMARSCHIG KÄMPFT WIE DU, KRIEGT MICH NIE IM LE...
HAST DU VORHIN NICHT ZUGEHÖRT?

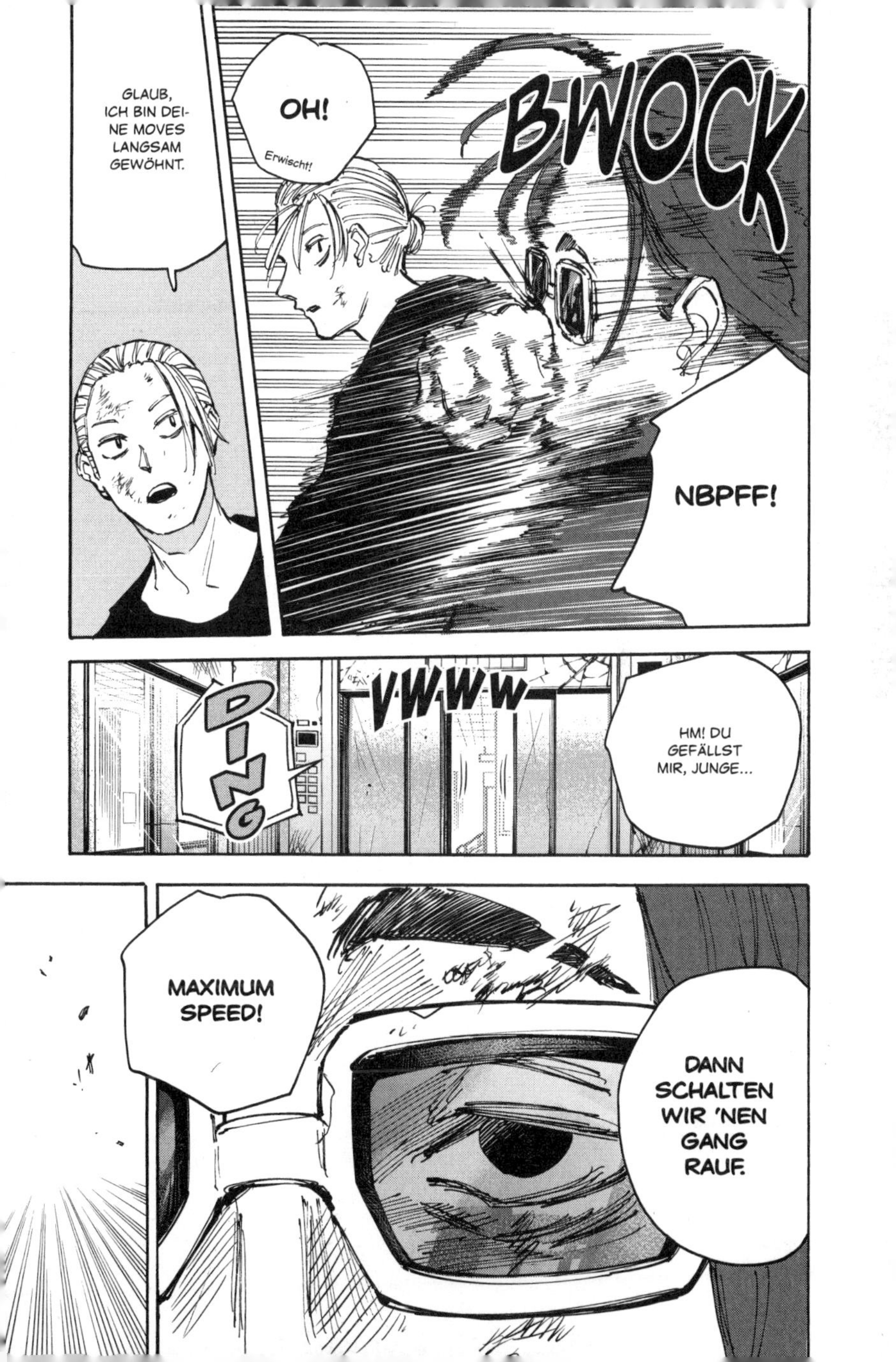
BWOCK
OH!
Erwischt!
NBPFF!
GLAUB, ICH BIN DEINE MOVES LANGSAM GEWÖHNT.
HM! DU GEFÄLLST MIR, JUNGE...
V-W-W-W
DING
DANN SCHALTEN WIR 'NEN GANG RAUF.
MAXIMUM SPEED!

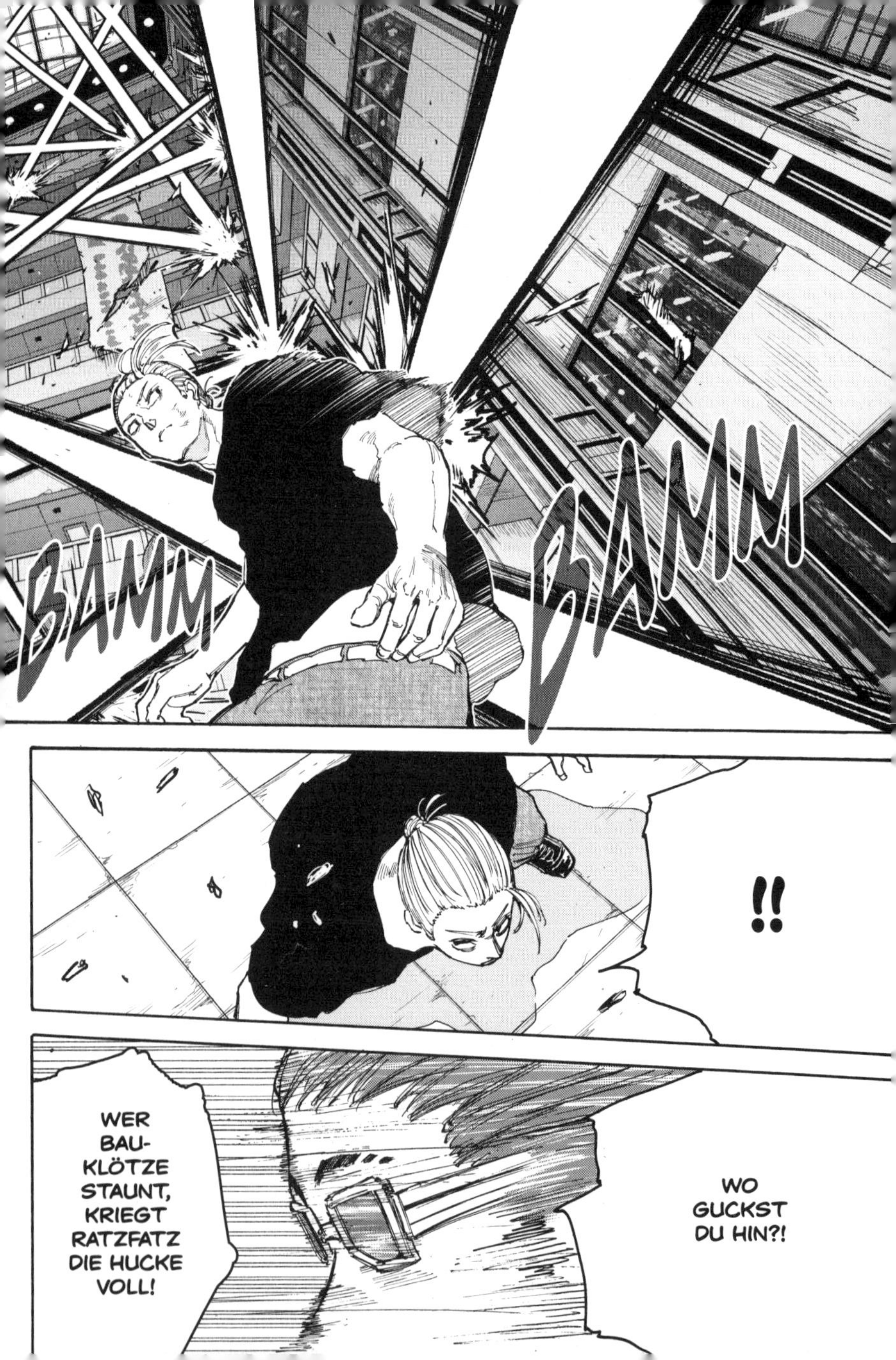
BAMM
BAMM
!!
WO GUCKST DU HIN?!
WER BAU-KLÖTZE STAUNT, KRIEGT RATZFATZ DIE HUCKE VOLL!

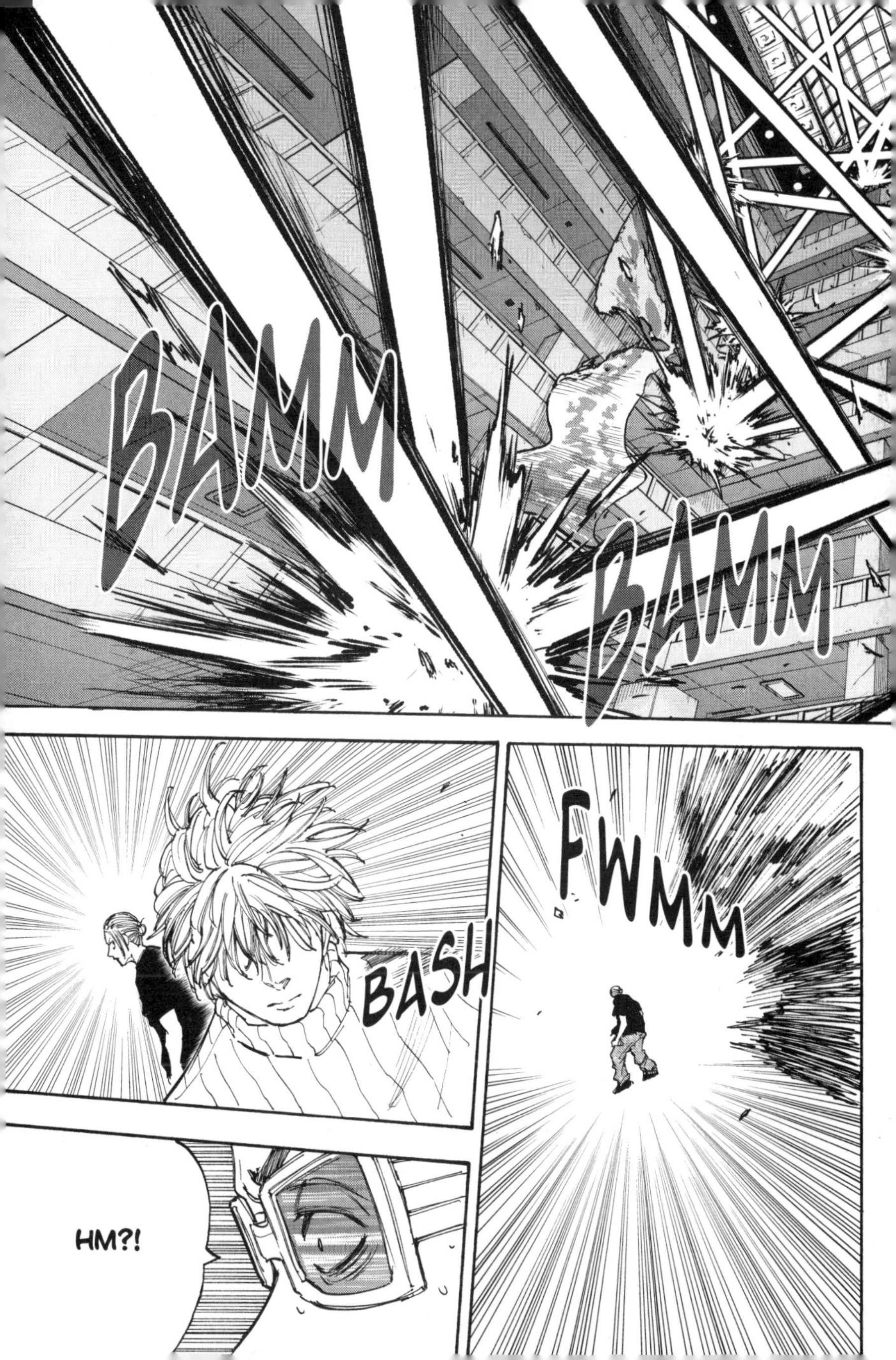
BAMM
BAMM
FWMM
BASH
HM?!

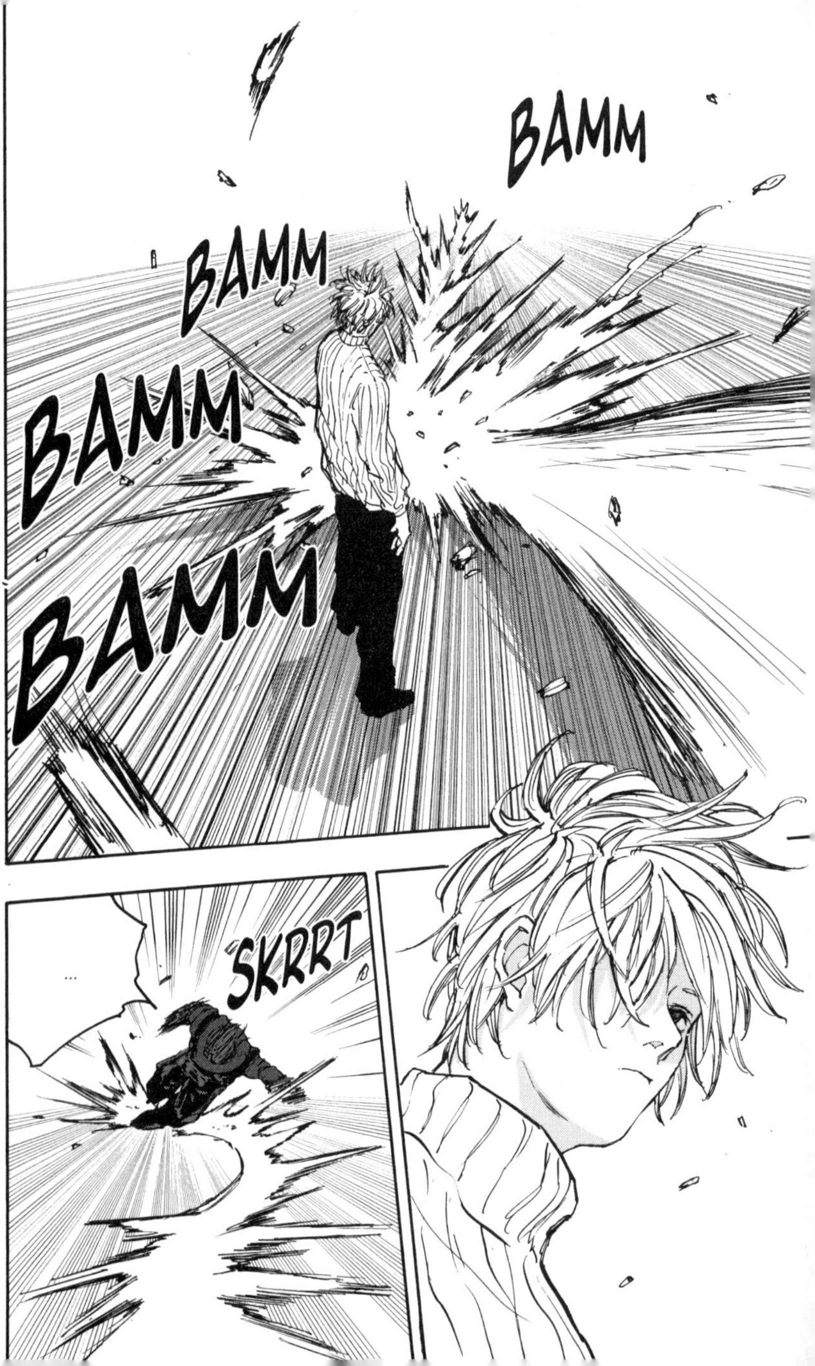
BAMM
BAMM
BAMM
BAMM
SKRRT
...

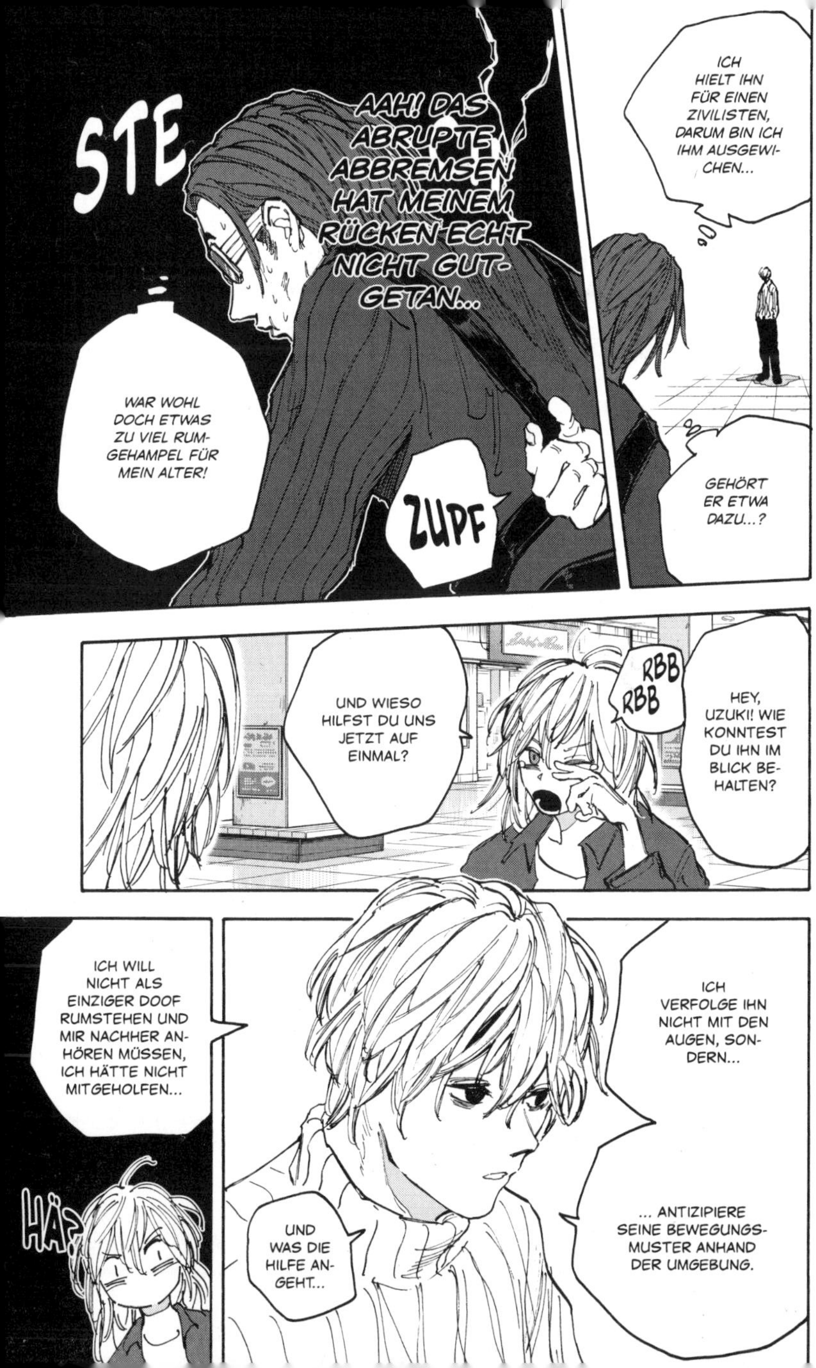
ICH HIELT IHN FÜR EINEN ZIVILISTEN, DARUM BIN ICH IHM AUSGEWICHEN...
GEHÖRT ER ETWA DAZU...?
AAH! DAS ABRUPTE ABBREMSEN HAT MEINEM RÜCKEN ECHT NICHT GUTGETAN...
STE
WAR WOHL DOCH ETWAS ZU VIEL RUMGEHAMPEL FÜR MEIN ALTER!
ZUPF
RBB RBB
HEY, UZUKI! WIE KONNTEST DU IHN IM BLICK BEHALTEN?
UND WIESO HILFST DU UNS JETZT AUF EINMAL?
ICH VERFOLGE IHN NICHT MIT DEN AUGEN, SONDERN...
... ANTIZIPIERE SEINE BEWEGUNGSMUSTER ANHAND DER UMGEBUNG.
UND WAS DIE HILFE ANGEHT...
ICH WILL NICHT ALS EINZIGER DOOF RUMSTEHEN UND MIR NACHHER ANHÖREN MÜSSEN, ICH HÄTTE NICHT MITGEHOLFEN...
HÄ?

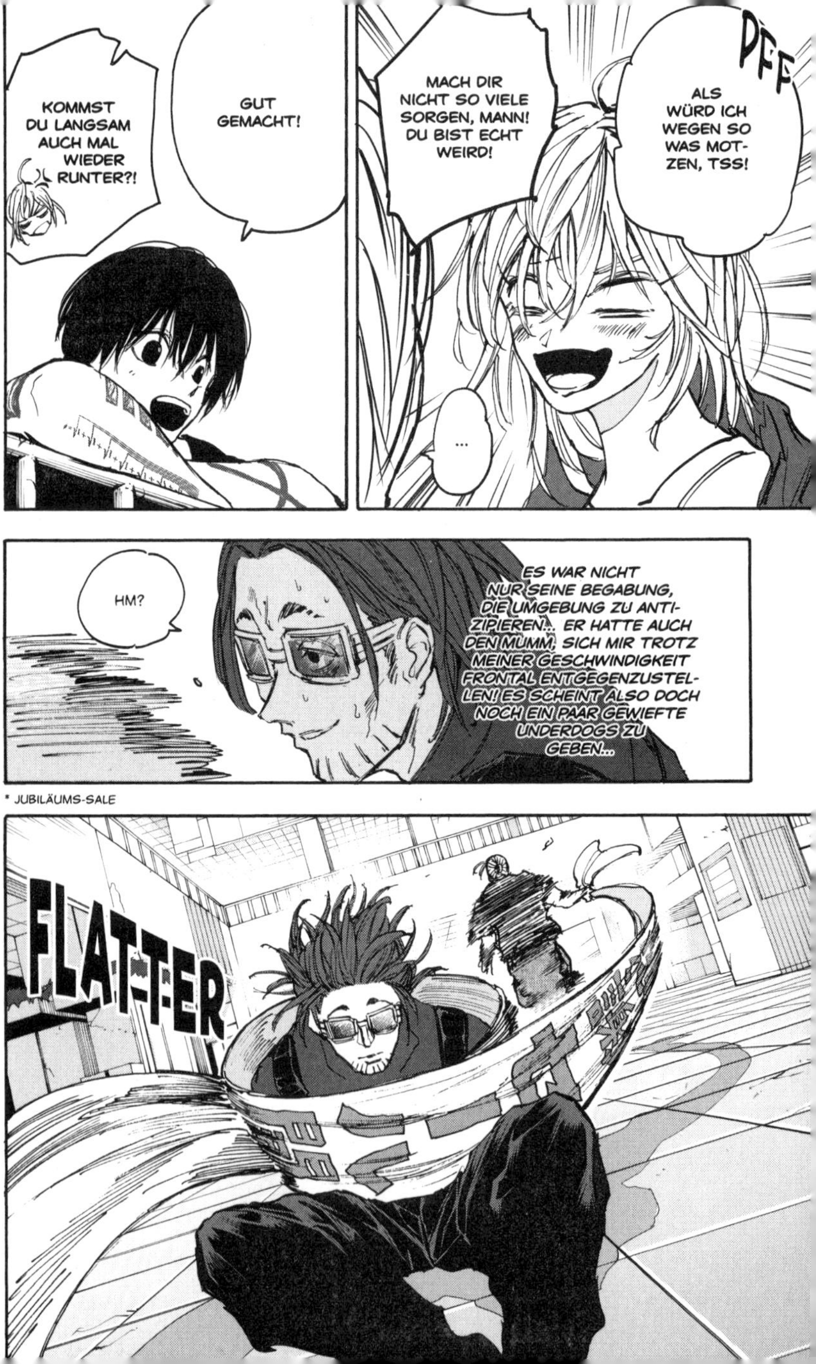
PFF
ALS WÜRD ICH WEGEN SO WAS MOTZEN, TSS!
MACH DIR NICHT SO VIELE SORGEN, MANN! DU BIST ECHT WEIRD!
...
GUT GEMACHT!
KOMMST DU LANGSAM AUCH MAL WIEDER RUNTER?!
ES WAR NICHT NUR SEINE BEGABUNG, DIE UMGEBUNG ZU ANTIZIPIEREN... ER HATTE AUCH DEN MUMM, SICH MIR TROTZ MEINER GESCHWINDIGKEIT FRONTAL ENTGEGENZUSTELLEN! ES SCHEINT ALSO DOCH NOCH EIN PAAR GEWIEFTE UNDERDOGS ZU GEBEN...
HM?
* JUBILÄUMS-SALE
FLAT-T-ER

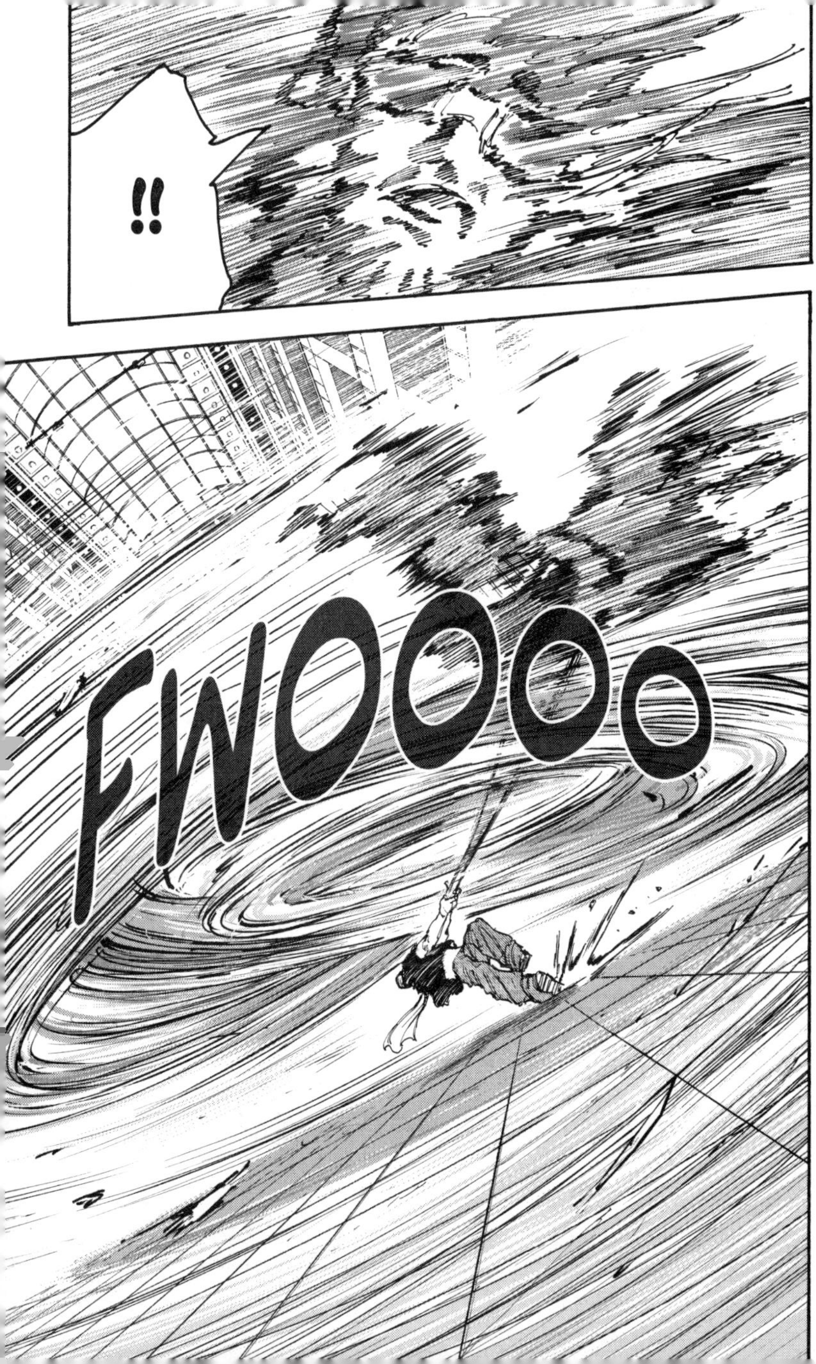
!!
FWOOOOO

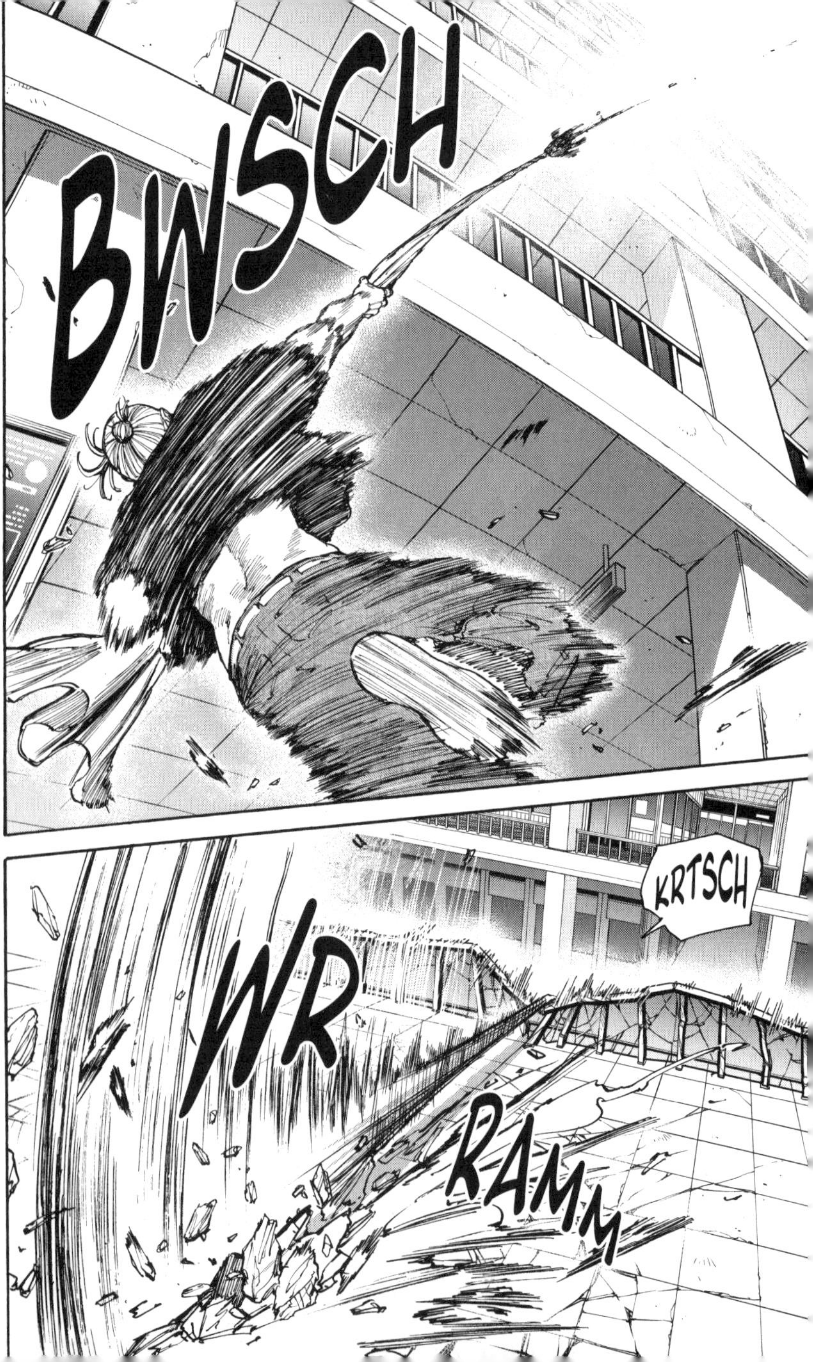
BWSCH
KRTSCH
WR
RAMM

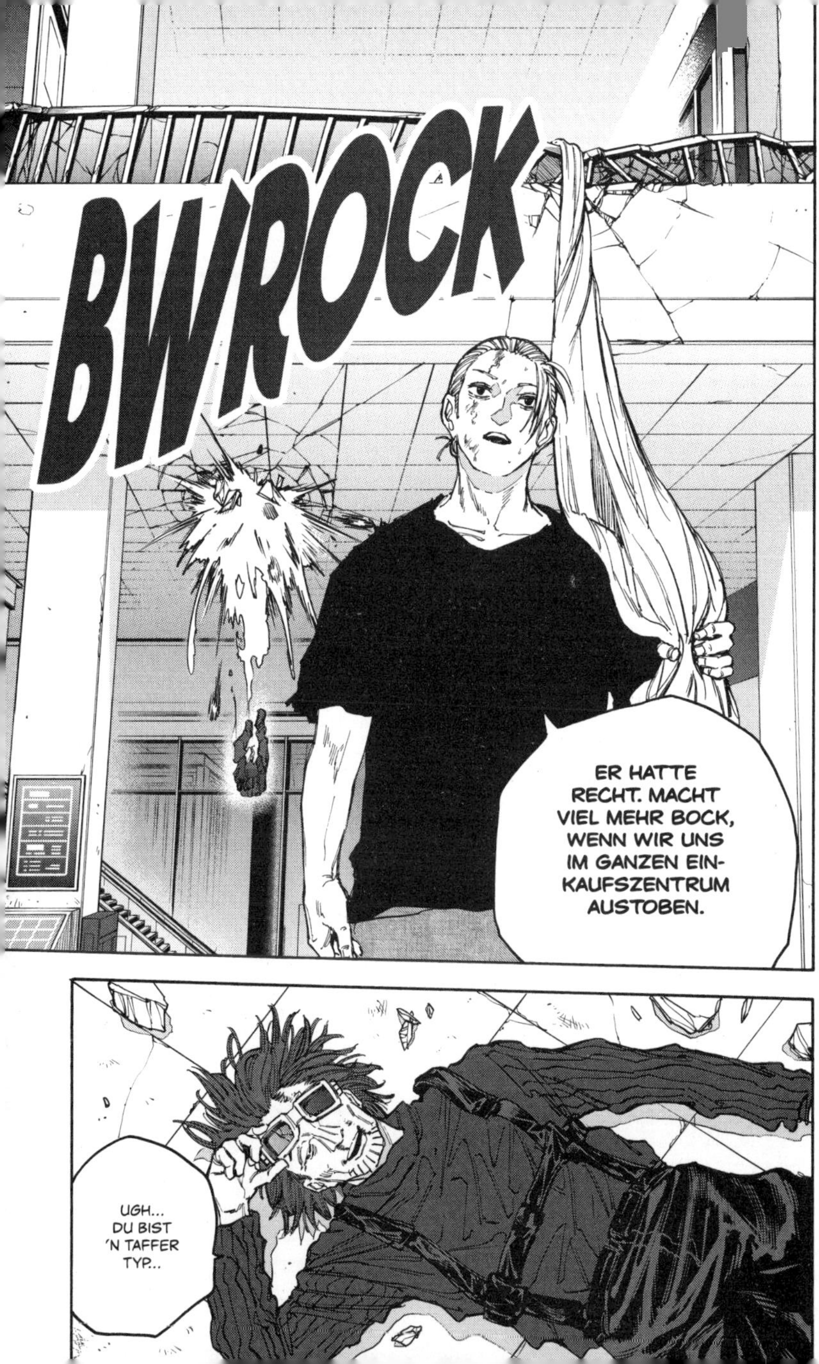
BWROCK
ER HATTE RECHT. MACHT VIEL MEHR BOCK, WENN WIR UNS IM GANZEN EIN-KAUFSZENTRUM AUSTOBEN.
UGH... DU BIST 'N TAFFER TYP...

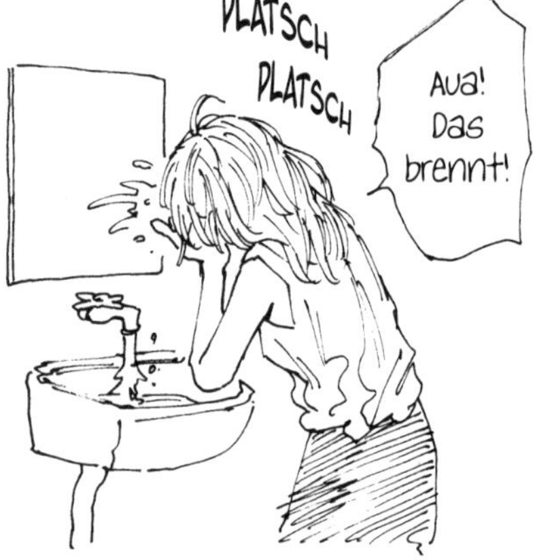
PLATSCH
PLATSCH
Aua! Das brennt!

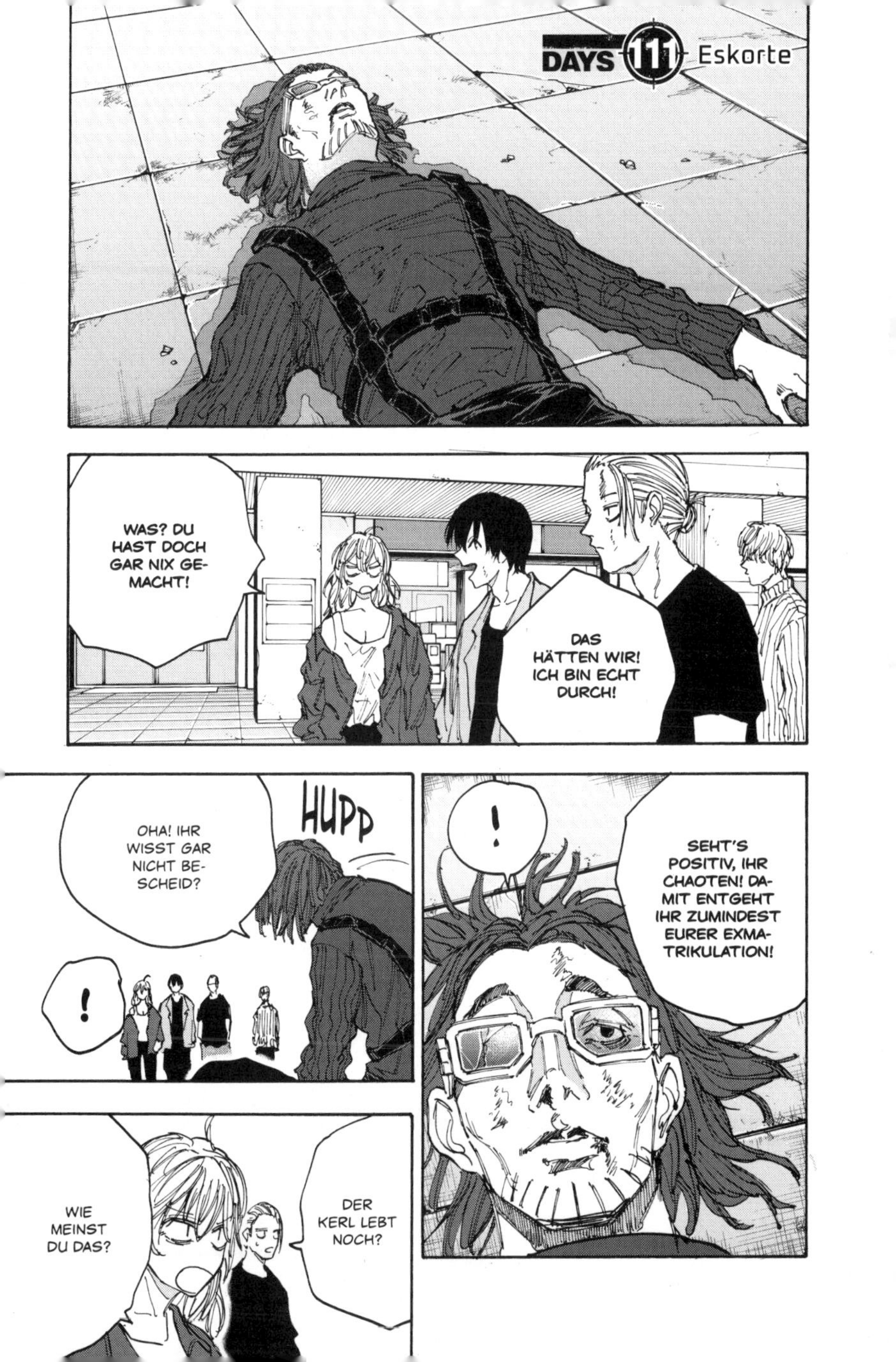
DAYS 111 Eskorte
DAS HÄTTEN WIR! ICH BIN ECHT DURCH!
WAS? DU HAST DOCH GAR NIX GEMACHT!
!
SEHT'S POSITIV, IHR CHAOTEN! DAMIT ENTGEHT IHR ZUMINDEST EURER EXMATRIKULATION!
HUPP
OHA! IHR WISST GAR NICHT BESCHEID?
!
DER KERL LEBT NOCH?
WIE MEINST DU DAS?

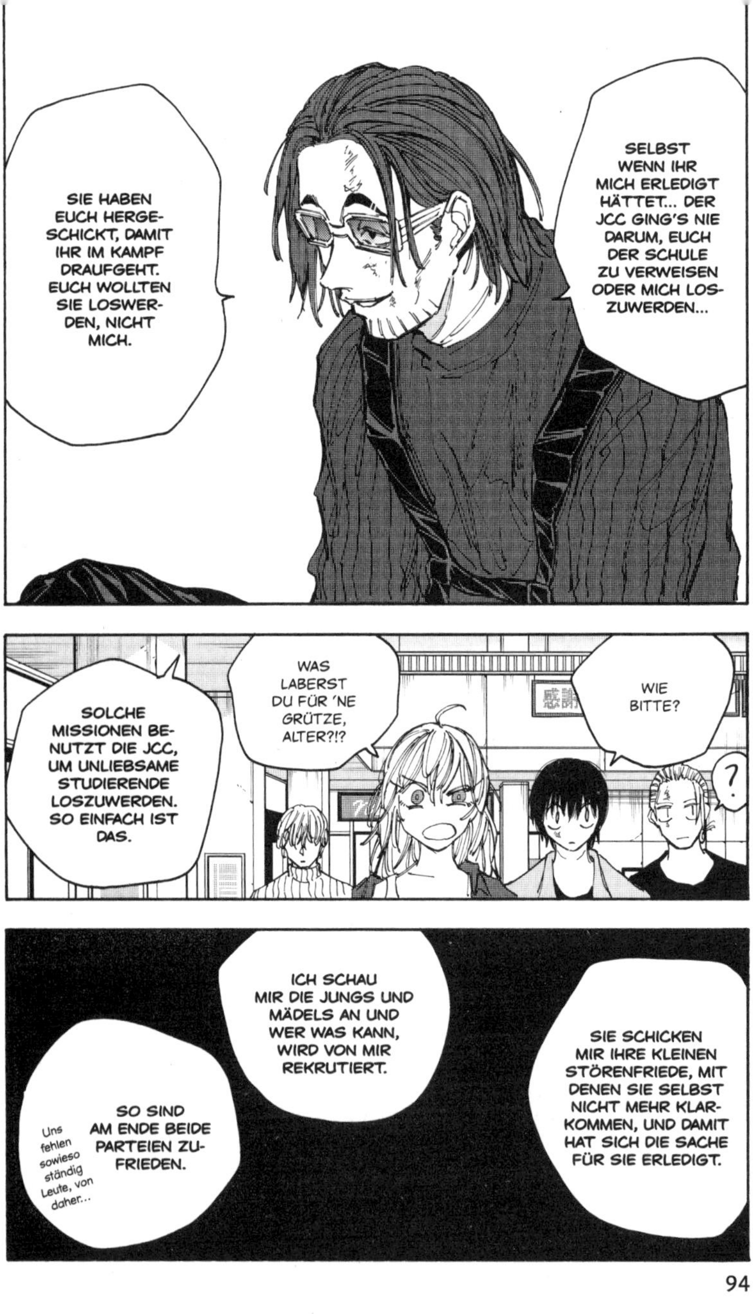
SELBST WENN IHR MICH ERLEDIGT HÄTTET... DER JCC GING'S NIE DARUM, EUCH DER SCHULE ZU VERWEISEN ODER MICH LOSZUWERDEN...
SIE HABEN EUCH HERGESCHICKT, DAMIT IHR IM KAMPF DRAUFGEHT. EUCH WOLLTEN SIE LOSWERDEN, NICHT MICH.
WIE BITTE?
?
WAS LABERST DU FÜR 'NE GRÜTZE, ALTER?!?
SOLCHE MISSIONEN BENUTZT DIE JCC, UM UNLIEBSAME STUDIERENDE LOSZUWERDEN. SO EINFACH IST DAS.
SIE SCHICKEN MIR IHRE KLEINEN STÖRENFRIEDE, MIT DENEN SIE SELBST NICHT MEHR KLARKOMMEN, UND DAMIT HAT SICH DIE SACHE FÜR SIE ERLEDIGT.
ICH SCHAU MIR DIE JUNGS UND MÄDELS AN UND WER WAS KANN, WIRD VON MIR REKRUTIERT.
SO SIND AM ENDE BEIDE PARTEIEN ZUFRIEDEN.
Uns fehlen sowieso ständig Leute, von daher...

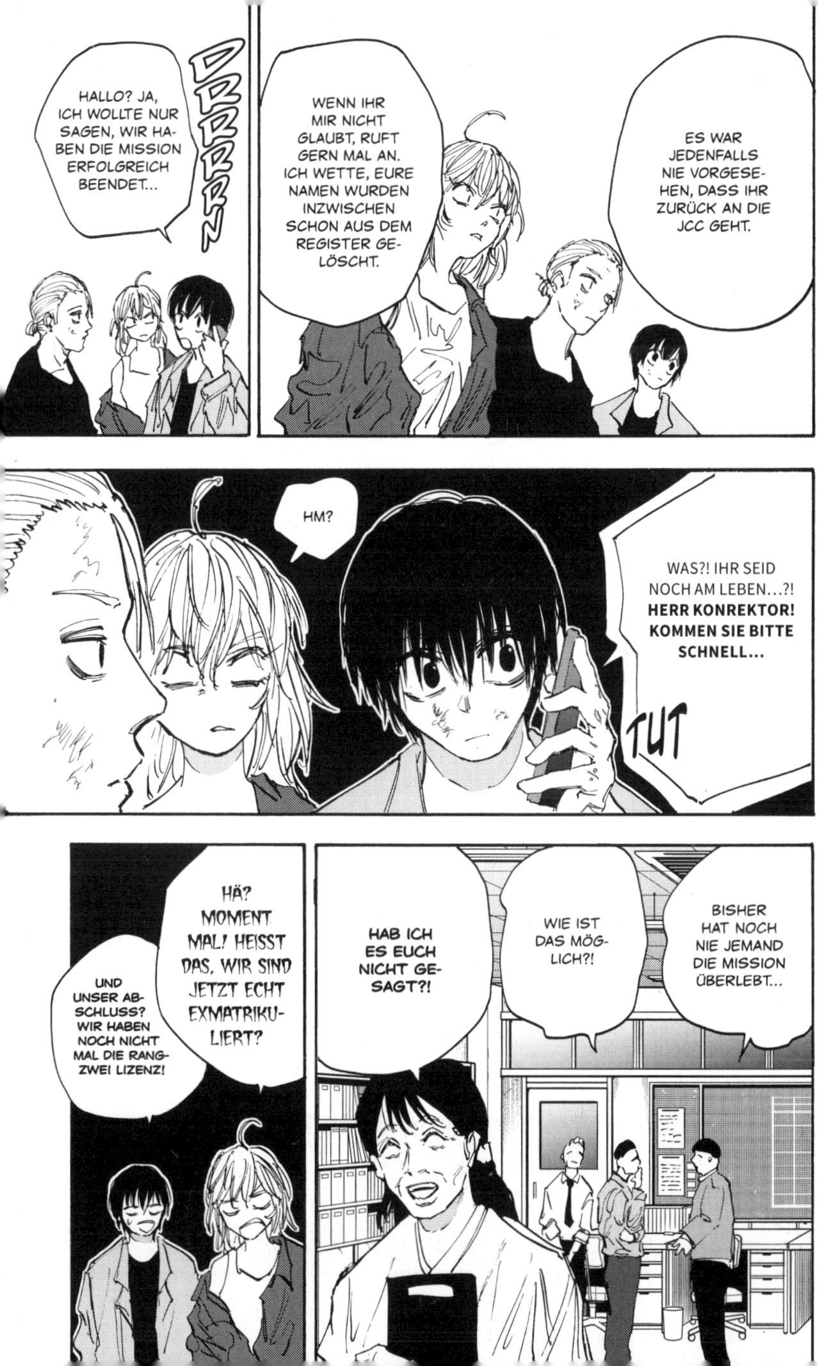

ES WAR JEDENFALLS NIE VORGESEHEN, DASS IHR ZURÜCK AN DIE JCC GEHT.
WENN IHR MIR NICHT GLAUBT, RUFT GERN MAL AN. ICH WETTE, EURE NAMEN WURDEN INZWISCHEN SCHON AUS DEM REGISTER GELÖSCHT.
DRRRRN
HALLO? JA, ICH WOLLTE NUR SAGEN, WIR HABEN DIE MISSION ERFOLGREICH BEENDET...
WAS?! IHR SEID NOCH AM LEBEN...?! **HERR KONREKTOR! KOMMEN SIE BITTE SCHNELL...**
TUT
HM?
BISHER HAT NOCH NIE JEMAND DIE MISSION ÜBERLEBT...
WIE IST DAS MÖGLICH?!
HAB ICH ES EUCH NICHT GESAGT?!
HÄ? MOMENT MAL! HEISST DAS, WIR SIND JETZT ECHT EXMATRIKULIERT?
UND UNSER ABSCHLUSS? WIR HABEN NOCH NICHT MAL DIE RANG-ZWEI LIZENZ!

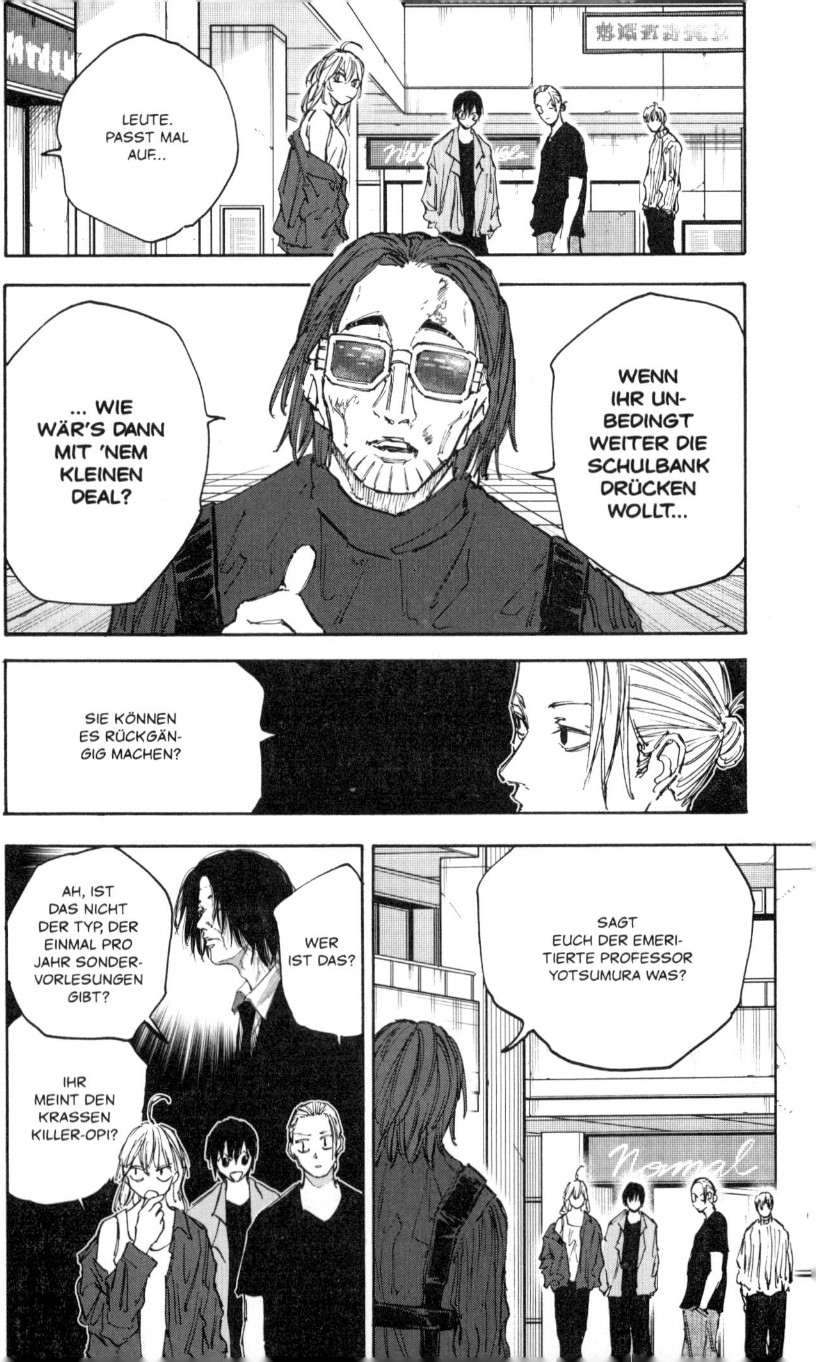
LEUTE. PASST MAL AUF...
WENN IHR UNBEDINGT WEITER DIE SCHULBANK DRÜCKEN WOLLT...
... WIE WÄR'S DANN MIT 'NEM KLEINEN DEAL?
SIE KÖNNEN ES RÜCKGÄNGIG MACHEN?
SAGT EUCH DER EMERITIERTE PROFESSOR YOTSUMURA WAS?
WER IST DAS?
AH, IST DAS NICHT DER TYP, DER EINMAL PRO JAHR SONDERVORLESUNGEN GIBT?
IHR MEINT DEN KRASSEN KILLER-OPI?

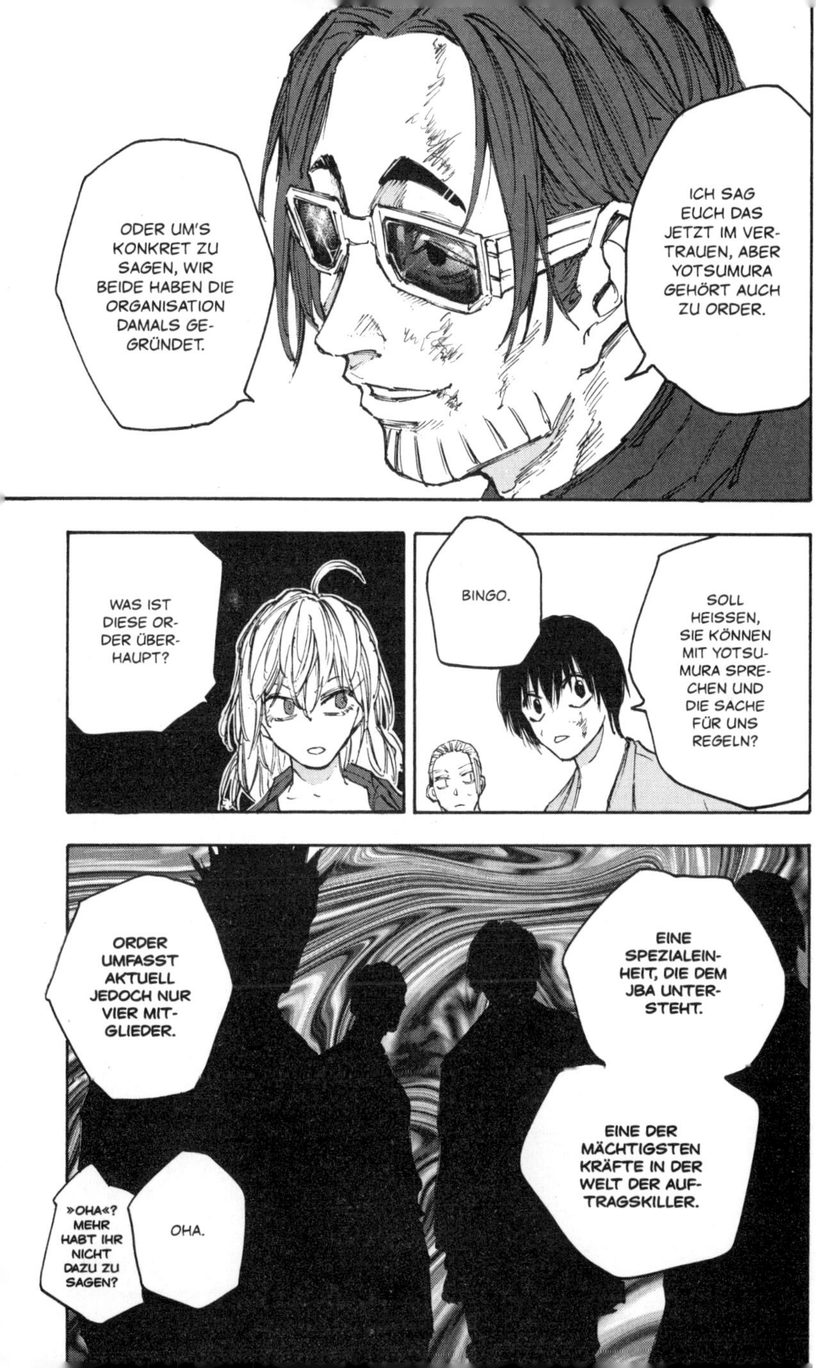
ICH SAG EUCH DAS JETZT IM VERTRAUEN, ABER YOTSUMURA GEHÖRT AUCH ZU ORDER.
ODER UM'S KONKRET ZU SAGEN, WIR BEIDE HABEN DIE ORGANISATION DAMALS GEGRÜNDET.
SOLL HEISSEN, SIE KÖNNEN MIT YOTSUMURA SPRECHEN UND DIE SACHE FÜR UNS REGELN?
BINGO.
WAS IST DIESE ORDER ÜBERHAUPT?
EINE SPEZIALEINHEIT, DIE DEM JBA UNTERSTEHT.
EINE DER MÄCHTIGSTEN KRÄFTE IN DER WELT DER AUFTRAGSKILLER.
ORDER UMFASST AKTUELL JEDOCH NUR VIER MITGLIEDER.
OHA.
»OHA«? MEHR HABT IHR NICHT DAZU ZU SAGEN?

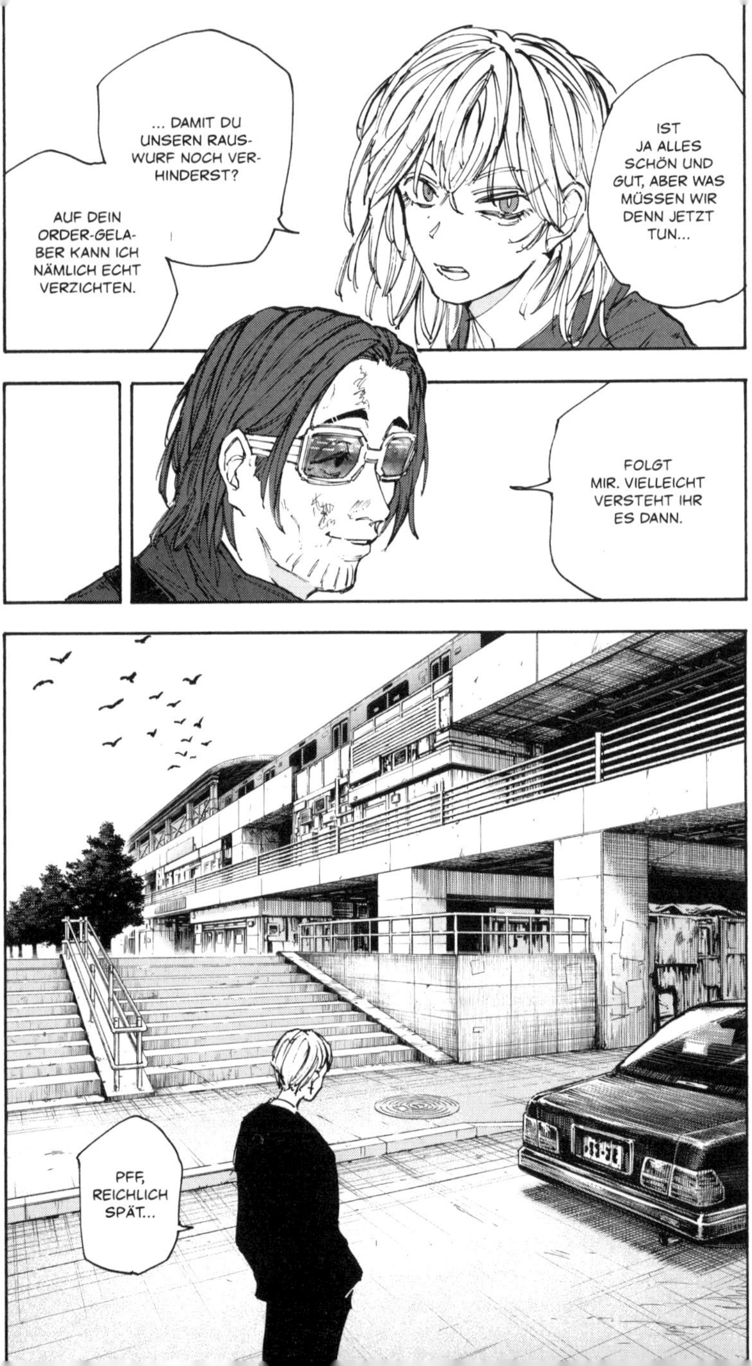
IST JA ALLES SCHÖN UND GUT, ABER WAS MÜSSEN WIR DENN JETZT TUN...
... DAMIT DU UNSERN RAUSWURF NOCH VERHINDERST?
AUF DEIN ORDER-GELABER KANN ICH NÄMLICH ECHT VERZICHTEN.
FOLGT MIR. VIELLEICHT VERSTEHT IHR ES DANN.
PFF, REICHLICH SPÄT...

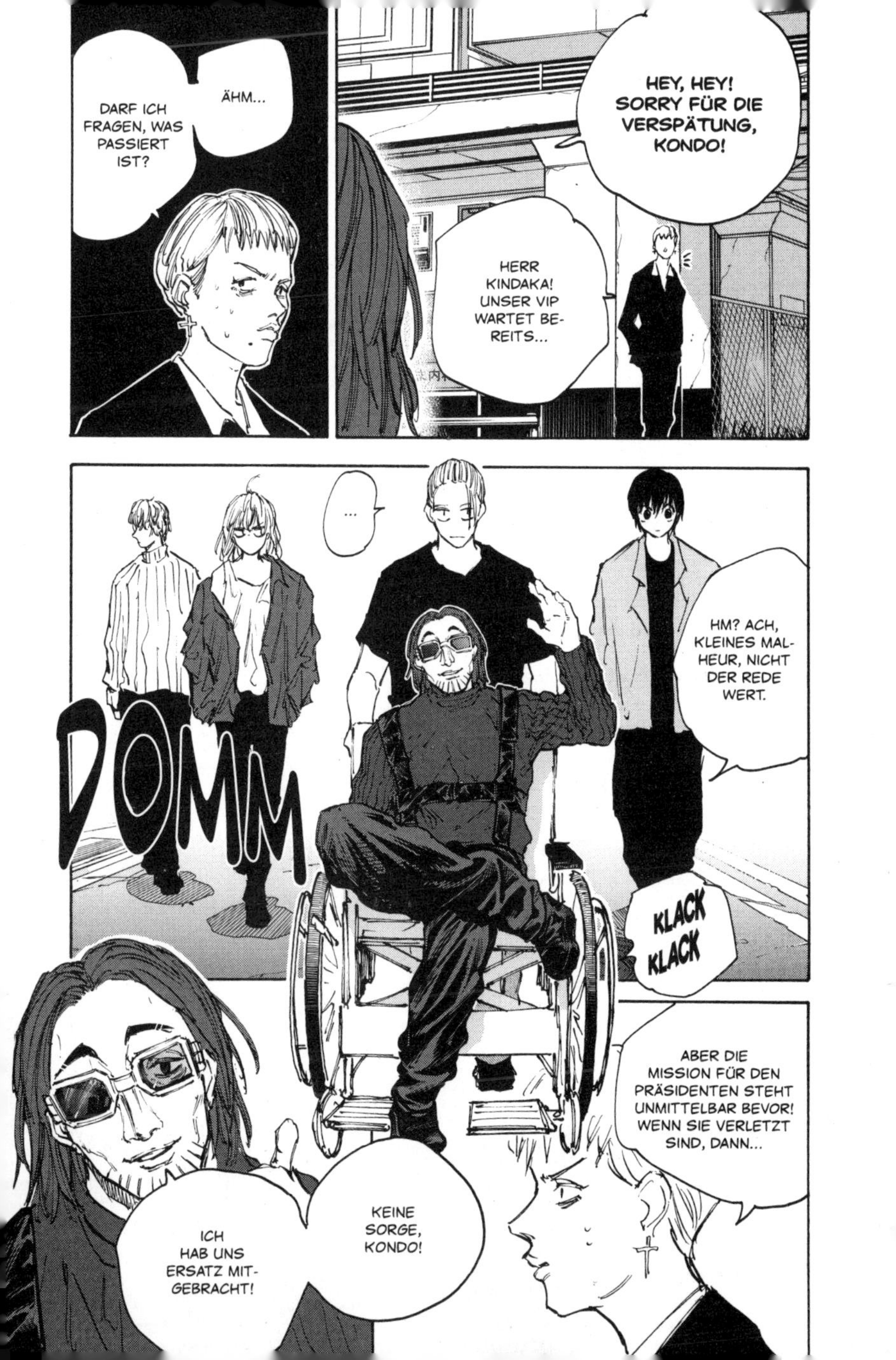
HEY, HEY! SORRY FÜR DIE VERSPÄTUNG, KONDO!
HERR KINDAKA! UNSER VIP WARTET BEREITS...
ÄHM...
DARF ICH FRAGEN, WAS PASSIERT IST?
...
HM? ACH, KLEINES MALHEUR, NICHT DER REDE WERT.
DOMM
KLACK KLACK
ABER DIE MISSION FÜR DEN PRÄSIDENTEN STEHT UNMITTELBAR BEVOR! WENN SIE VERLETZT SIND, DANN...
KEINE SORGE, KONDO!
ICH HAB UNS ERSATZ MITGEBRACHT!

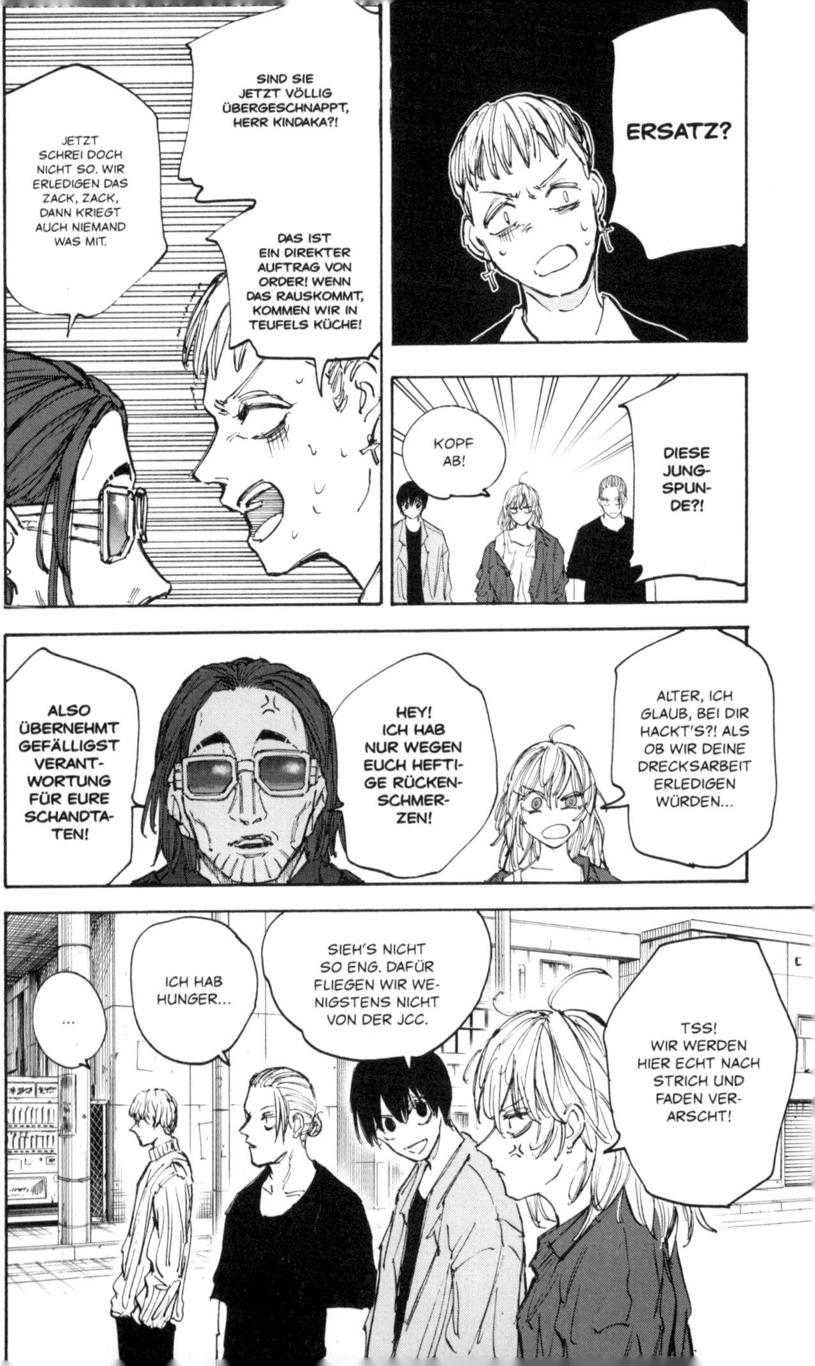
ERSATZ?
DIESE JUNG-
SPUN-
DE?!
KOPF
AB!
SIND SIE
JETZT VÖLLIG
ÜBERGESCHNAPPT,
HERR KINDAKA?!
DAS IST
EIN DIREKTER
AUFTRAG VON
ORDER! WENN
DAS RAUSKOMMT,
KOMMEN WIR IN
TEUFELS KÜCHE!
JETZT
SCHREI DOCH
NICHT SO. WIR
ERLEDIGEN DAS
ZACK, ZACK,
DANN KRIEGT
AUCH NIEMAND
WAS MIT.
ALTER, ICH
GLAUB, BEI DIR
HACKT'S?! ALS
OB WIR DEINE
DRECKSARBEIT
ERLEDIGEN
WÜRDEN...
HEY!
ICH HAB
NUR WEGEN
EUCH HEFTI-
GE RÜCKEN-
SCHMER-
ZEN!
ALSO
ÜBERNEHMT
GEFÄLLIGST
VERANT-
WORTUNG
FÜR EURE
SCHANDTA-
TEN!
TSS!
WIR WERDEN
HIER ECHT NACH
STRICH UND
FADEN VER-
ARSCHT!
SIEH'S NICHT
SO ENG. DAFÜR
FLIEGEN WIR WE-
NIGSTENS NICHT
VON DER JCC.
ICH HAB
HUNGER...
...

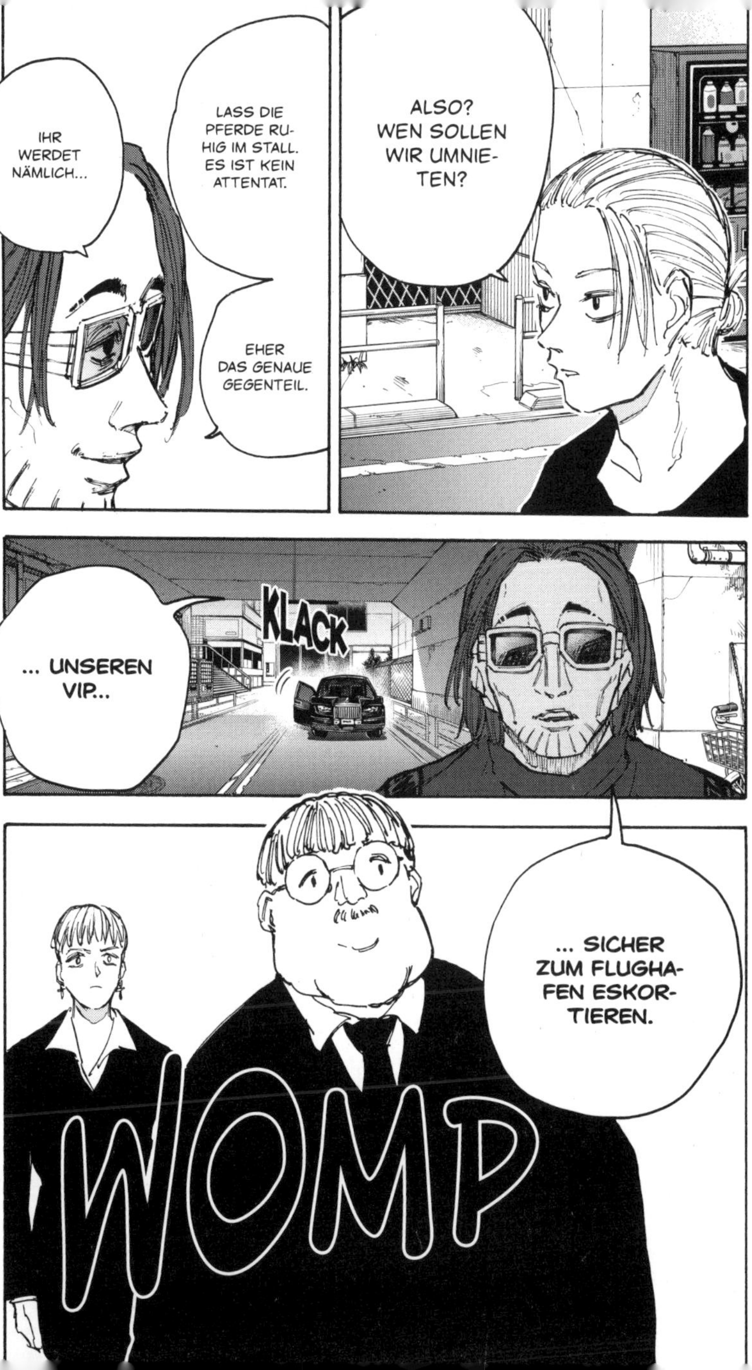
ALSO? WEN SOLLEN WIR UMNIETEN?
LASS DIE PFERDE RUHIG IM STALL. ES IST KEIN ATTENTAT.
EHER DAS GENAUE GEGENTEIL.
IHR WERDET NÄMLICH…
KLACK
… UNSEREN VIP…
… SICHER ZUM FLUGHAFEN ESKORTIEREN.
WOMP

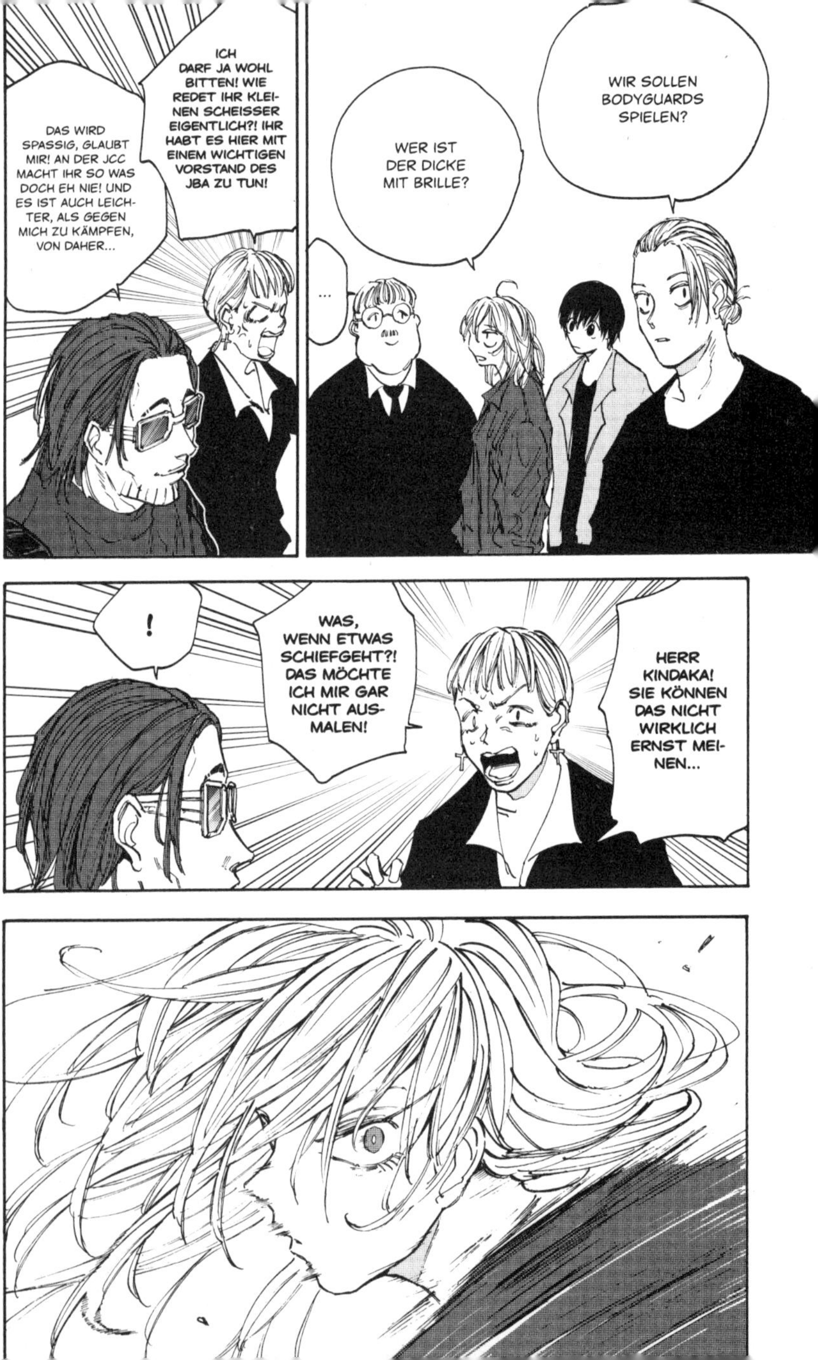
WIR SOLLEN BODYGUARDS SPIELEN?
WER IST DER DICKE MIT BRILLE?
...
ICH DARF JA WOHL BITTEN! WIE REDET IHR KLEINEN SCHEISSER EIGENTLICH?! IHR HABT ES HIER MIT EINEM WICHTIGEN VORSTAND DES JBA ZU TUN!
DAS WIRD SPASSIG, GLAUBT MIR! AN DER JCC MACHT IHR SO WAS DOCH EH NIE! UND ES IST AUCH LEICHTER, ALS GEGEN MICH ZU KÄMPFEN, VON DAHER...
HERR KINDAKA! SIE KÖNNEN DAS NICHT WIRKLICH ERNST MEINEN...
WAS, WENN ETWAS SCHIEFGEHT?! DAS MÖCHTE ICH MIR GAR NICHT AUSMALEN!
!

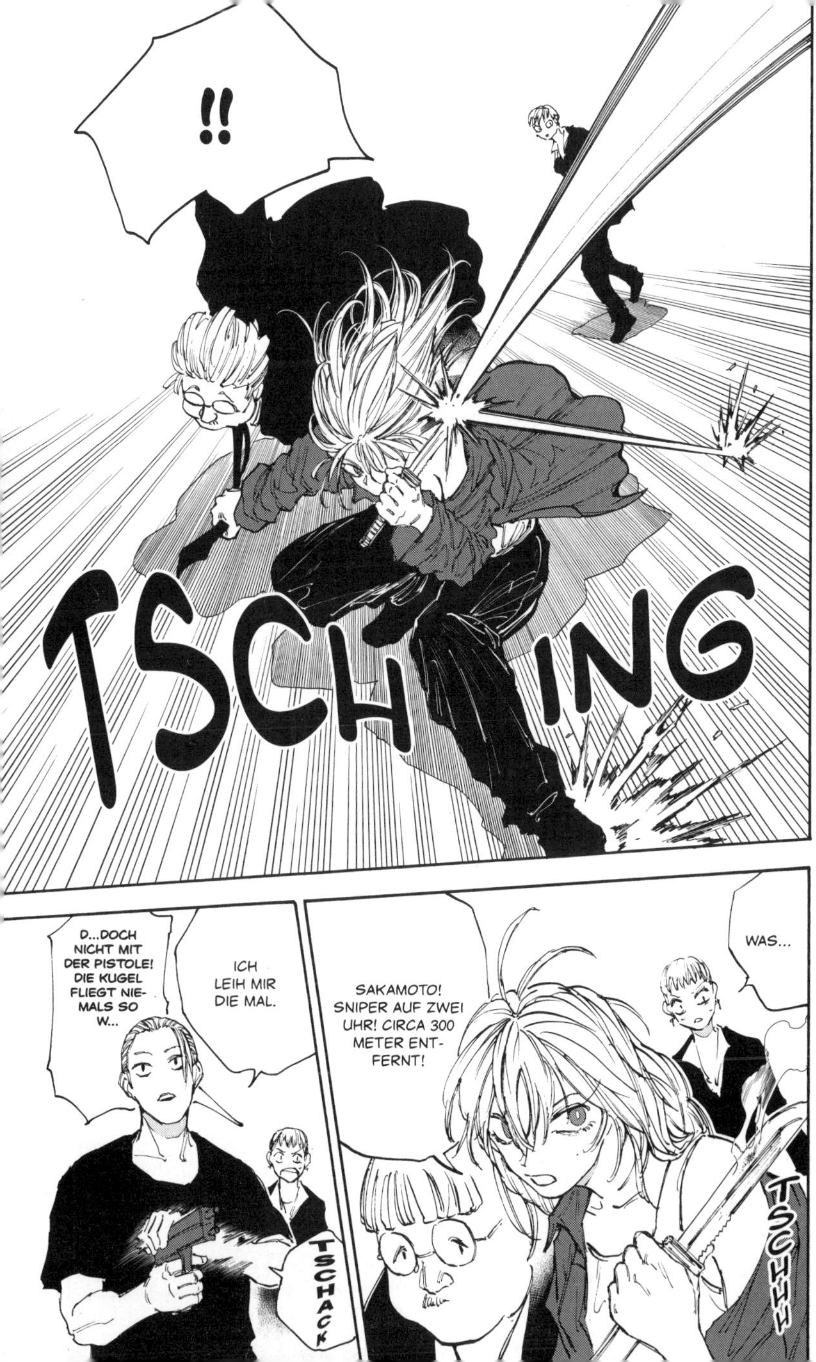
!!
TSCHING
WAS...
SAKAMOTO! SNIPER AUF ZWEI UHR! CIRCA 300 METER ENT-FERNT!
TSCHHH
ICH LEIH MIR DIE MAL.
D...DOCH NICHT MIT DER PISTOLE! DIE KUGEL FLIEGT NIE-MALS SO W...
TSCHACK

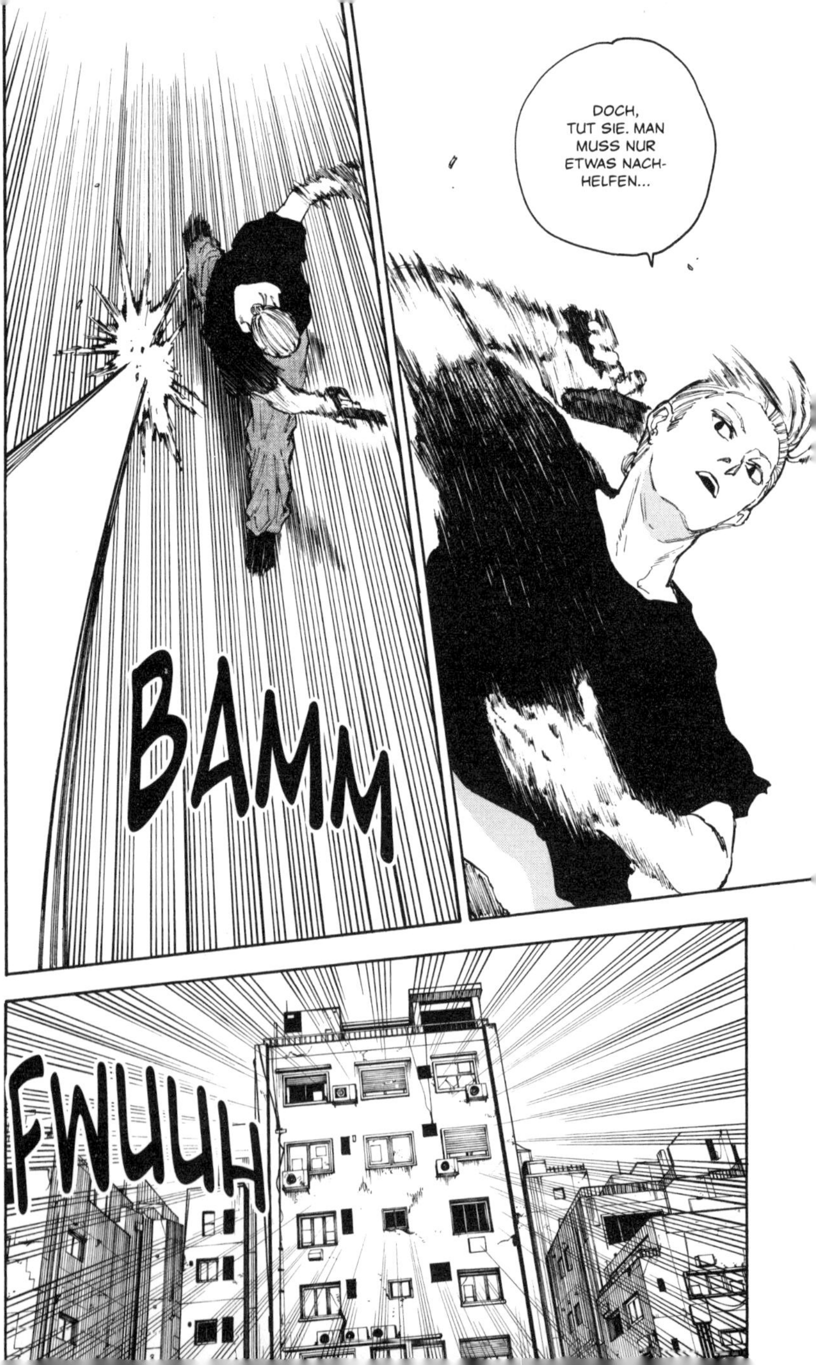
DOCH, TUT SIE. MAN MUSS NUR ETWAS NACH-HELFEN...
BAMM
FWUUH

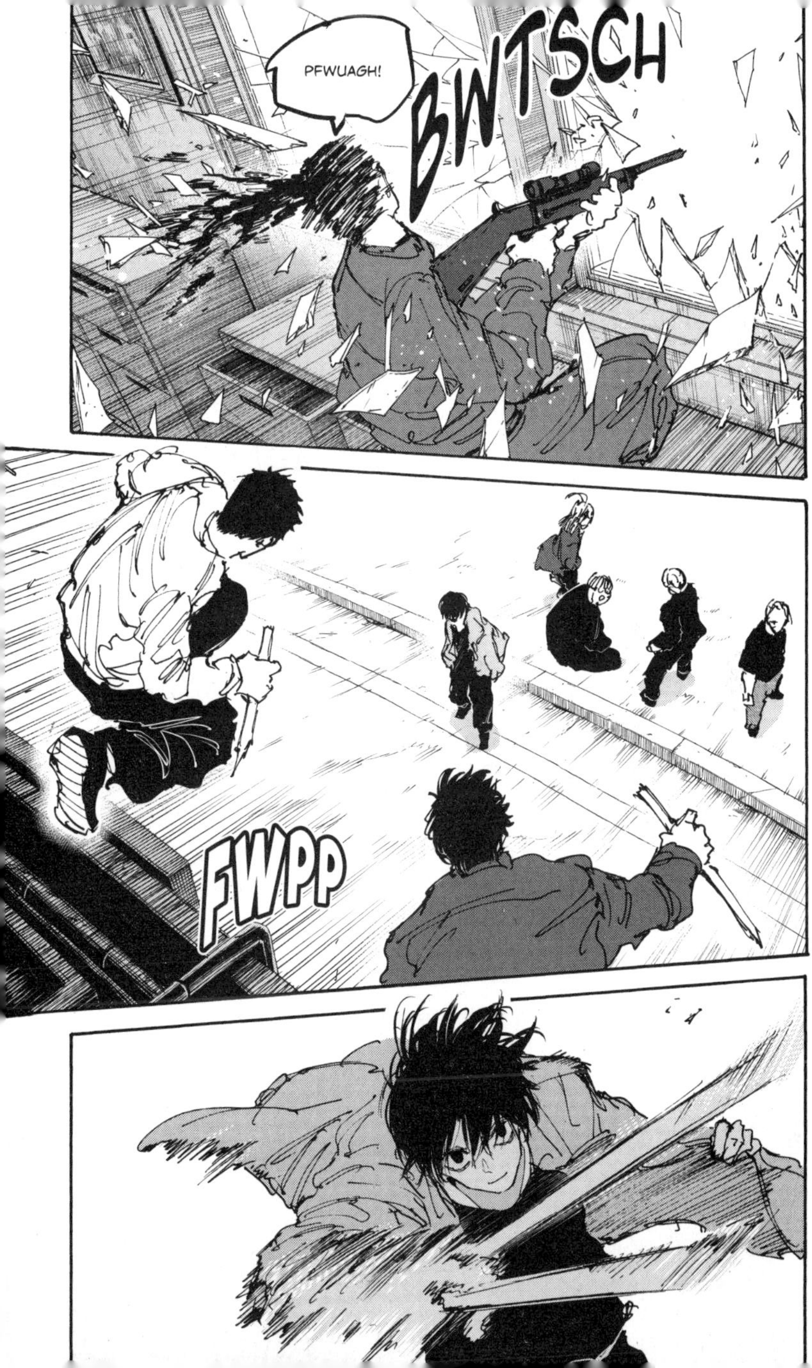
BWTSCH
PFWUAGH!
FWPP

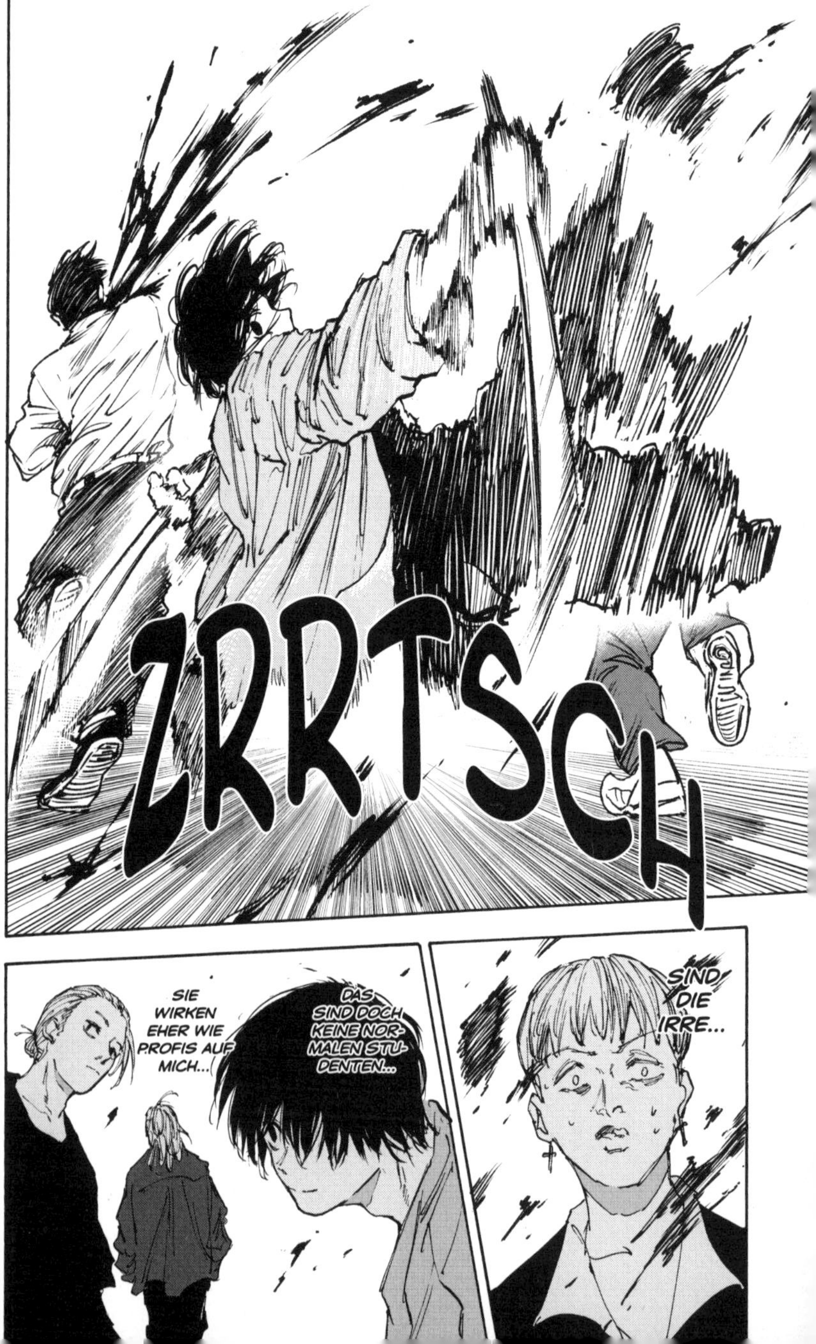
ZRRTSCH
SIND DIE IRRE...
DAS SIND DOCH KEINE NORMALEN STUDENTEN...
SIE WIRKEN EHER WIE PROFIS AUF MICH...!

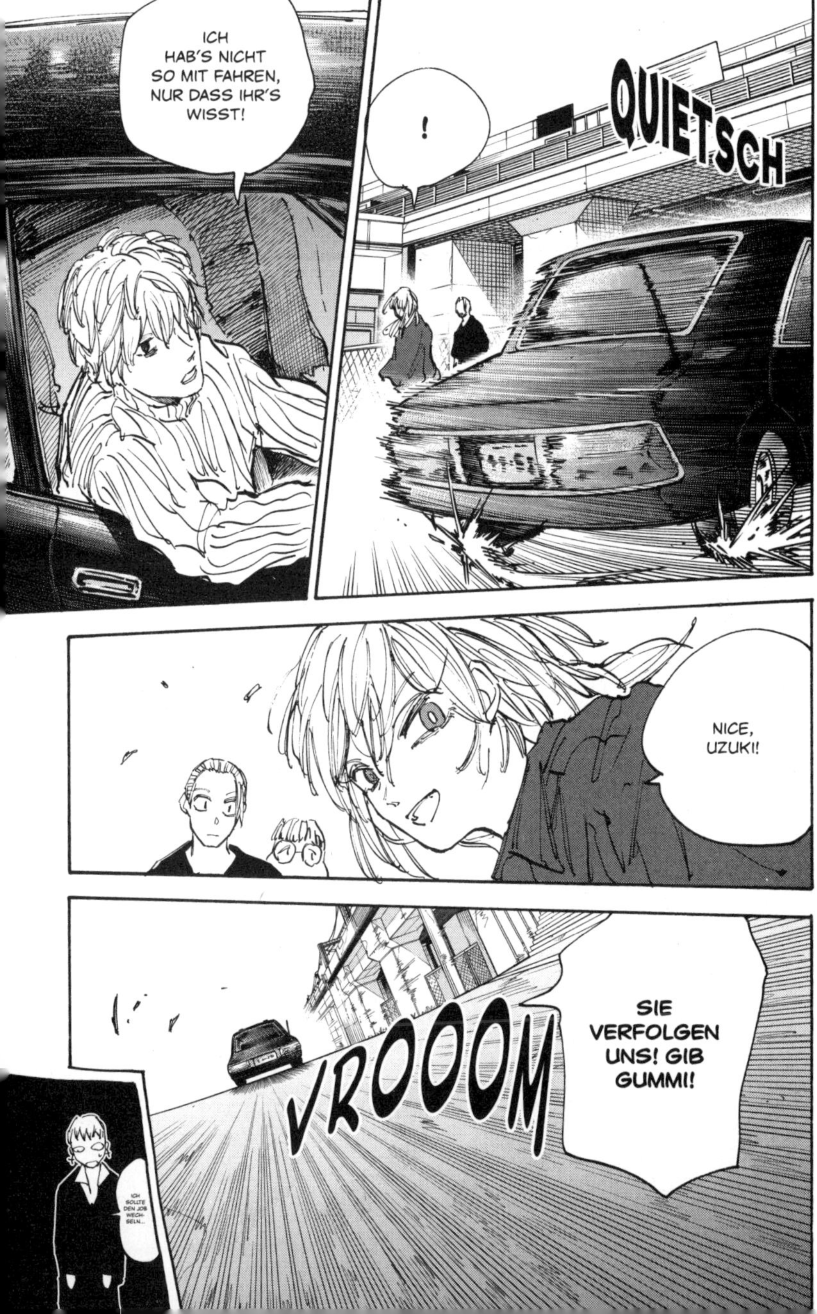
QUIETSCH
!
ICH HAB'S NICHT SO MIT FAHREN, NUR DASS IHR'S WISST!
NICE, UZUKI!
SIE VERFOLGEN UNS! GIB GUMMI!
VROOOM
ICH SOLLTE DEN JOB WECHSELN...

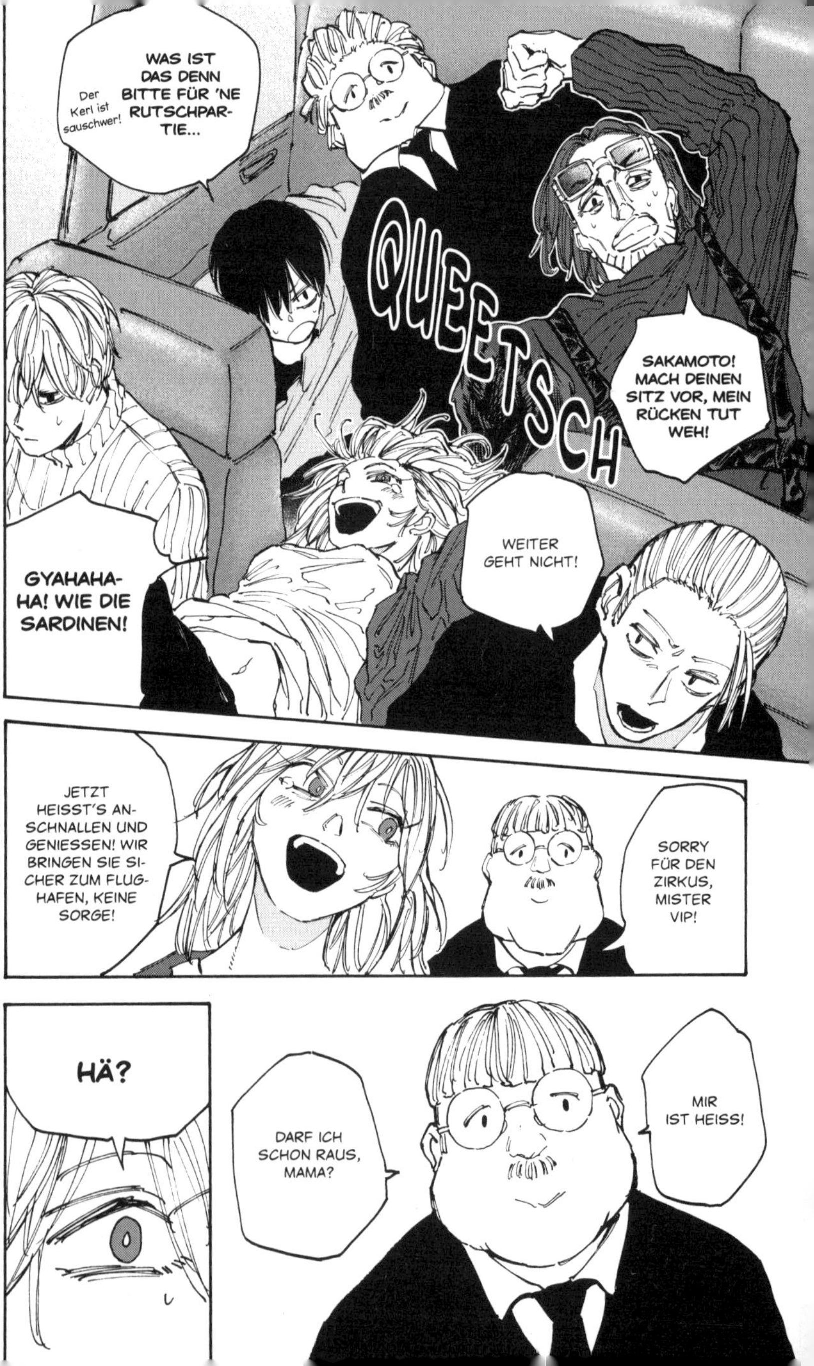

WAS IST DAS DENN BITTE FÜR 'NE RUTSCHPARTIE...
Der Kerl ist sauschwer!
QUEEETSCH
SAKAMOTO! MACH DEINEN SITZ VOR, MEIN RÜCKEN TUT WEH!
WEITER GEHT NICHT!
GYAHAHAHA! WIE DIE SARDINEN!
SORRY FÜR DEN ZIRKUS, MISTER VIP!
JETZT HEISST'S ANSCHNALLEN UND GENIESSEN! WIR BRINGEN SIE SICHER ZUM FLUGHAFEN, KEINE SORGE!
MIR IST HEISS!
DARF ICH SCHON RAUS, MAMA?
HÄ?

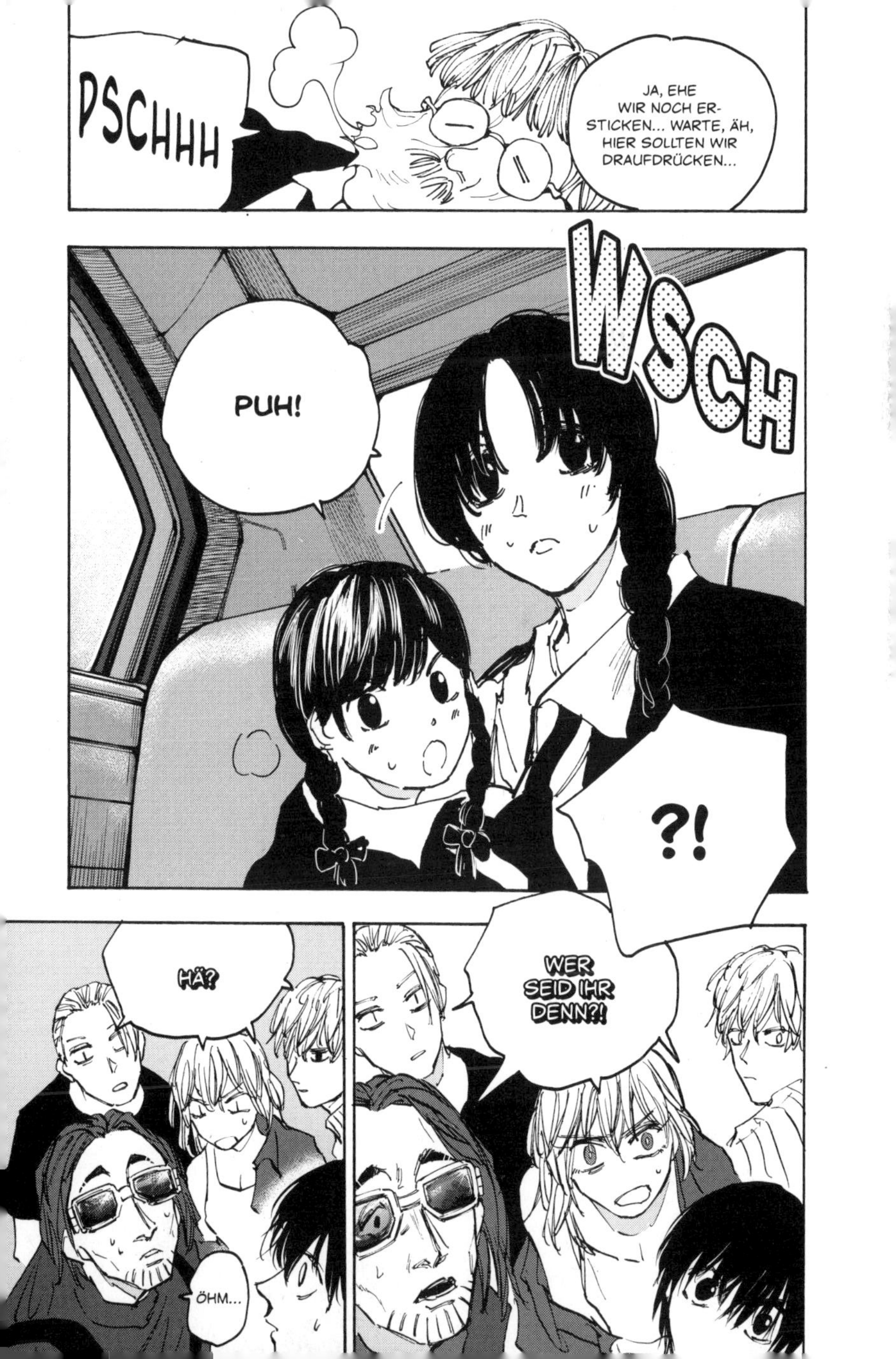
JA, EHE WIR NOCH ER-STICKEN... WARTE, ÄH, HIER SOLLTEN WIR DRAUFDRÜCKEN...
PSCHHH
WSCH
PUH!
?!
WER SEID IHR DENN?!
HÄ?
ÖHM...

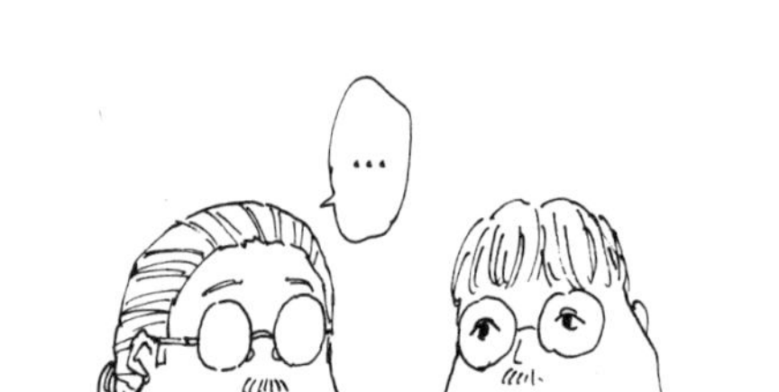

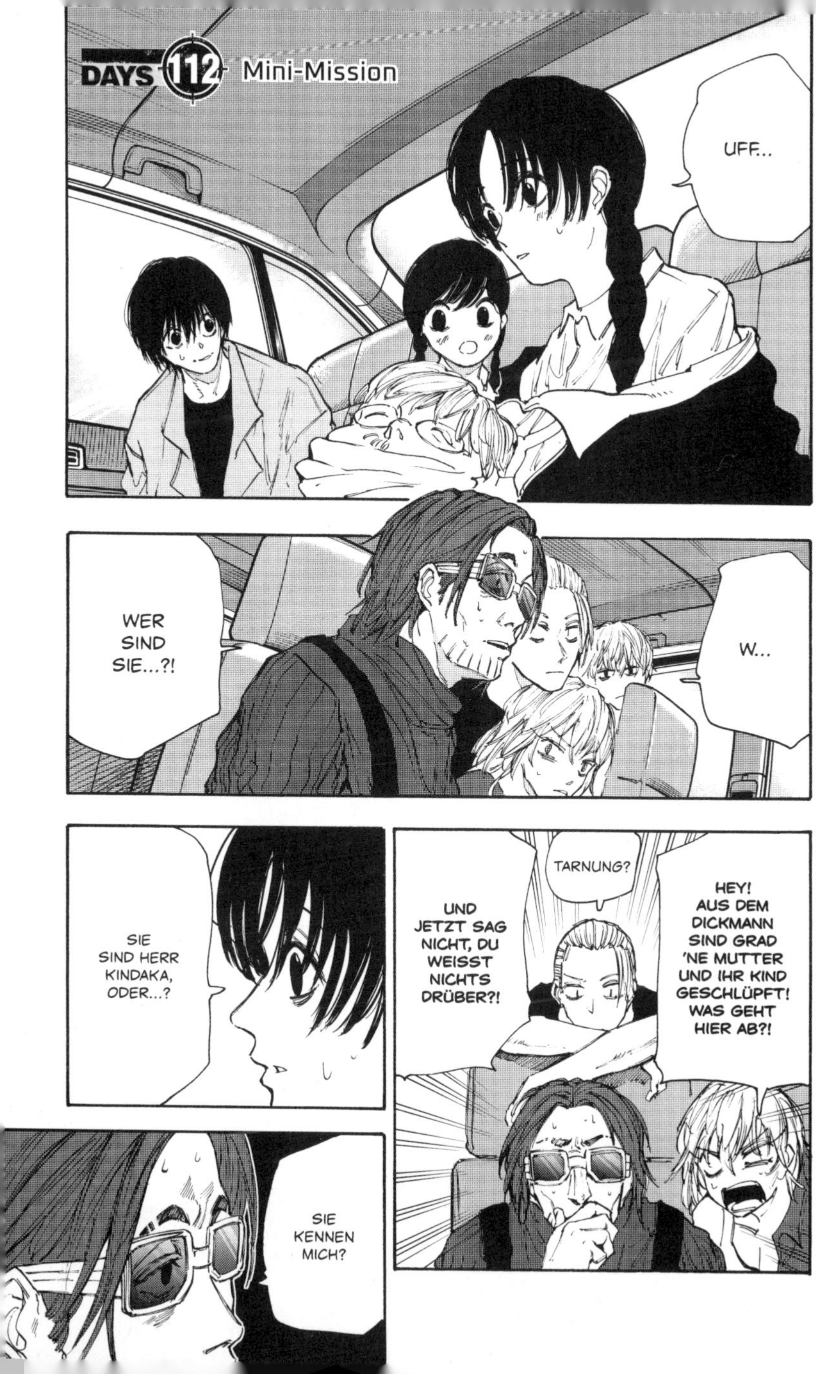
DAYS 112 Mini-Mission
UFF...
W...
WER SIND SIE...?!
HEY! AUS DEM DICKMANN SIND GRAD 'NE MUTTER UND IHR KIND GESCHLÜPFT! WAS GEHT HIER AB?!
TARNUNG?
UND JETZT SAG NICHT, DU WEISST NICHTS DRÜBER?!
SIE SIND HERR KINDAKA, ODER...?
SIE KENNEN MICH?

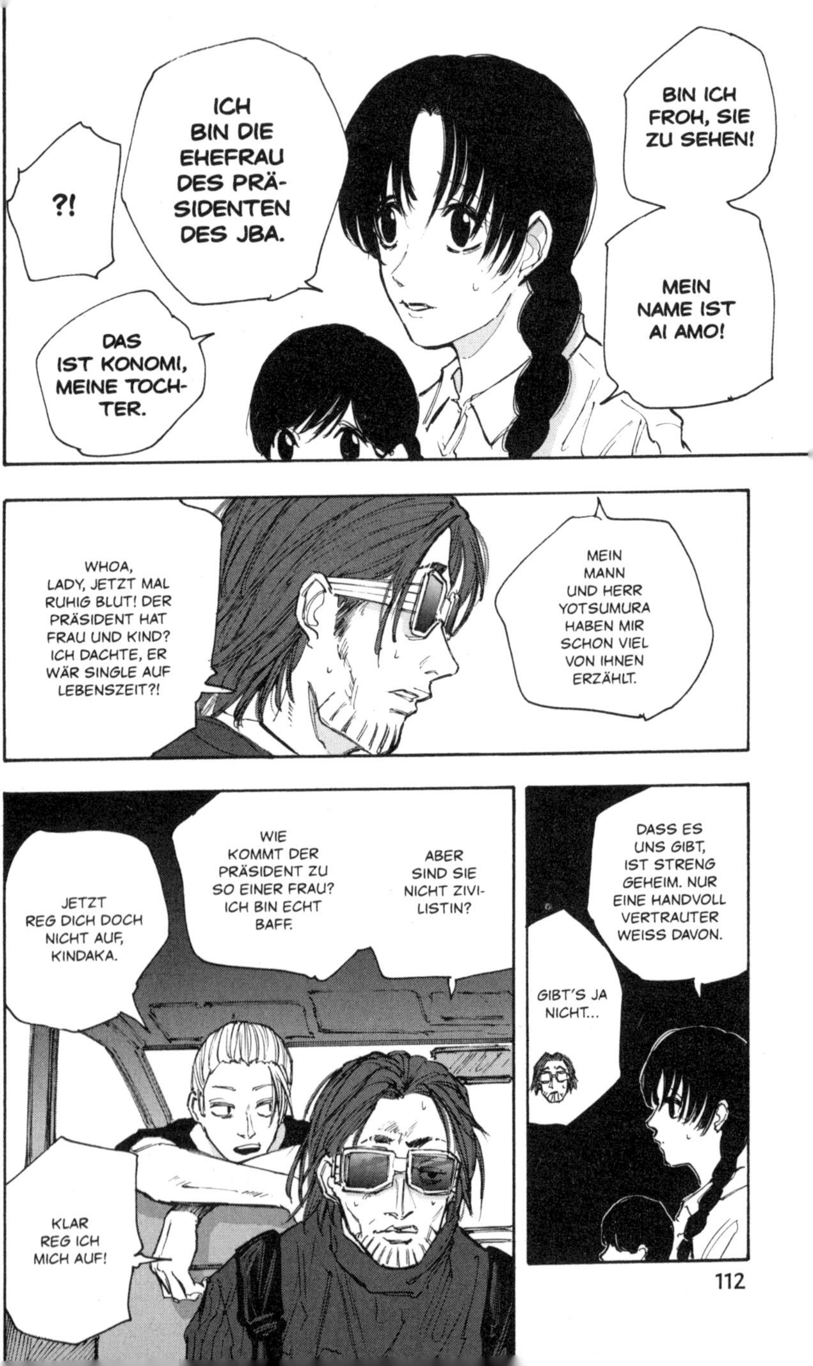
BIN ICH FROH, SIE ZU SEHEN!
MEIN NAME IST AI AMO!
ICH BIN DIE EHEFRAU DES PRÄSIDENTEN DES JBA.
?!
DAS IST KONOMI, MEINE TOCHTER.
MEIN MANN UND HERR YOTSUMURA HABEN MIR SCHON VIEL VON IHNEN ERZÄHLT.
WHOA, LADY, JETZT MAL RUHIG BLUT! DER PRÄSIDENT HAT FRAU UND KIND? ICH DACHTE, ER WÄR SINGLE AUF LEBENSZEIT?!
DASS ES UNS GIBT, IST STRENG GEHEIM. NUR EINE HANDVOLL VERTRAUTER WEISS DAVON.
GIBT'S JA NICHT...
ABER SIND SIE NICHT ZIVILISTIN?
WIE KOMMT DER PRÄSIDENT ZU SO EINER FRAU? ICH BIN ECHT BAFF.
JETZT REG DICH DOCH NICHT AUF, KINDAKA.
KLAR REG ICH MICH AUF!

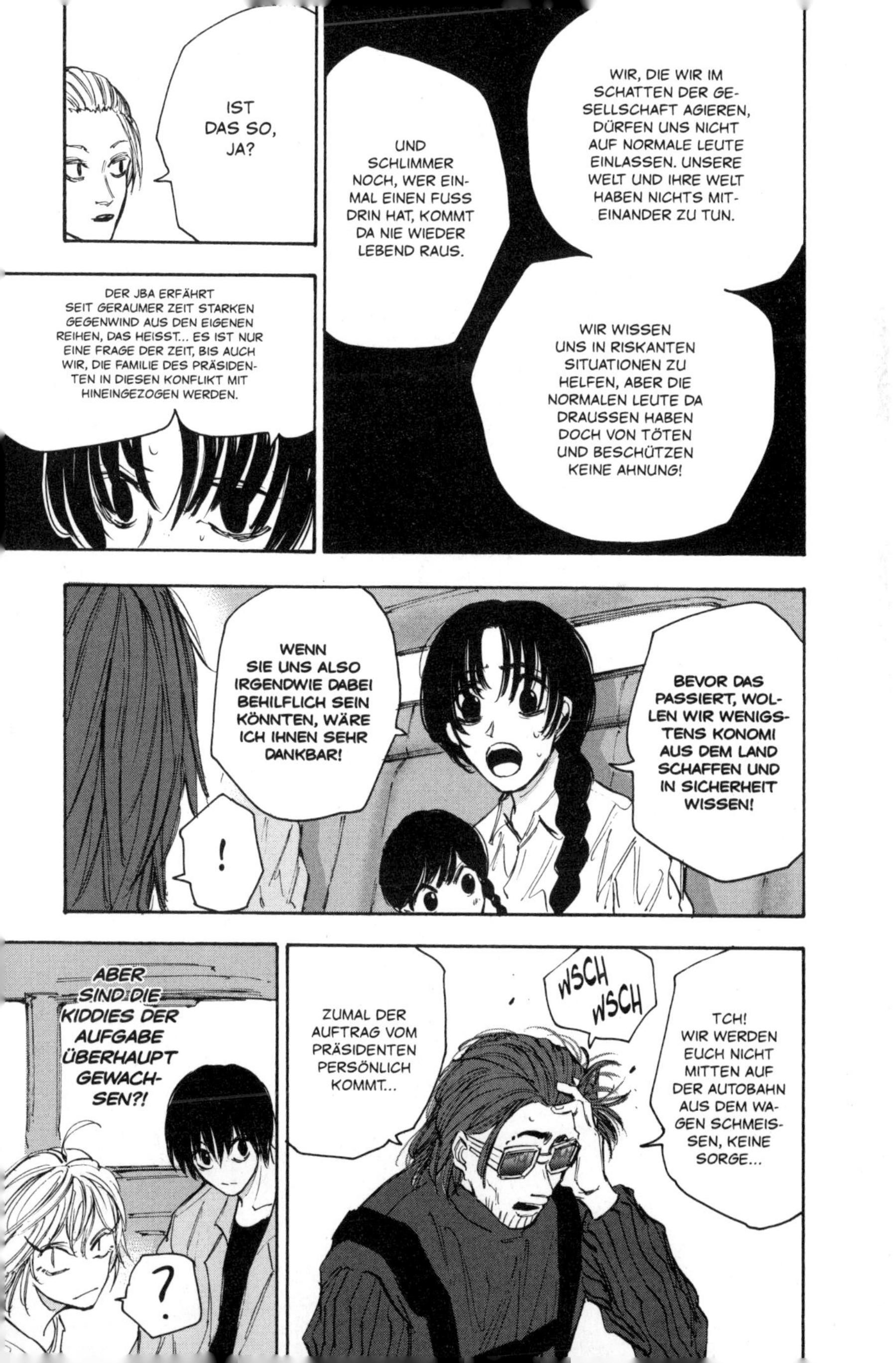
WIR, DIE WIR IM SCHATTEN DER GESELLSCHAFT AGIEREN, DÜRFEN UNS NICHT AUF NORMALE LEUTE EINLASSEN. UNSERE WELT UND IHRE WELT HABEN NICHTS MITEINANDER ZU TUN.
UND SCHLIMMER NOCH, WER EINMAL EINEN FUSS DRIN HAT, KOMMT DA NIE WIEDER LEBEND RAUS.
WIR WISSEN UNS IN RISKANTEN SITUATIONEN ZU HELFEN, ABER DIE NORMALEN LEUTE DA DRAUSSEN HABEN DOCH VON TÖTEN UND BESCHÜTZEN KEINE AHNUNG!
IST DAS SO, JA?
DER JBA ERFÄHRT SEIT GERAUMER ZEIT STARKEN GEGENWIND AUS DEN EIGENEN REIHEN, DAS HEISST... ES IST NUR EINE FRAGE DER ZEIT, BIS AUCH WIR, DIE FAMILIE DES PRÄSIDENTEN IN DIESEN KONFLIKT MIT HINEINGEZOGEN WERDEN.
BEVOR DAS PASSIERT, WOLLEN WIR WENIGSTENS KONOMI AUS DEM LAND SCHAFFEN UND IN SICHERHEIT WISSEN!
WENN SIE UNS ALSO IRGENDWIE DABEI BEHILFLICH SEIN KÖNNTEN, WÄRE ICH IHNEN SEHR DANKBAR!
!
TCH! WIR WERDEN EUCH NICHT MITTEN AUF DER AUTOBAHN AUS DEM WAGEN SCHMEISSEN, KEINE SORGE...
WSCH WSCH
ZUMAL DER AUFTRAG VOM PRÄSIDENTEN PERSÖNLICH KOMMT...
ABER SIND DIE KIDDIES DER AUFGABE ÜBERHAUPT GEWACHSEN?!
?

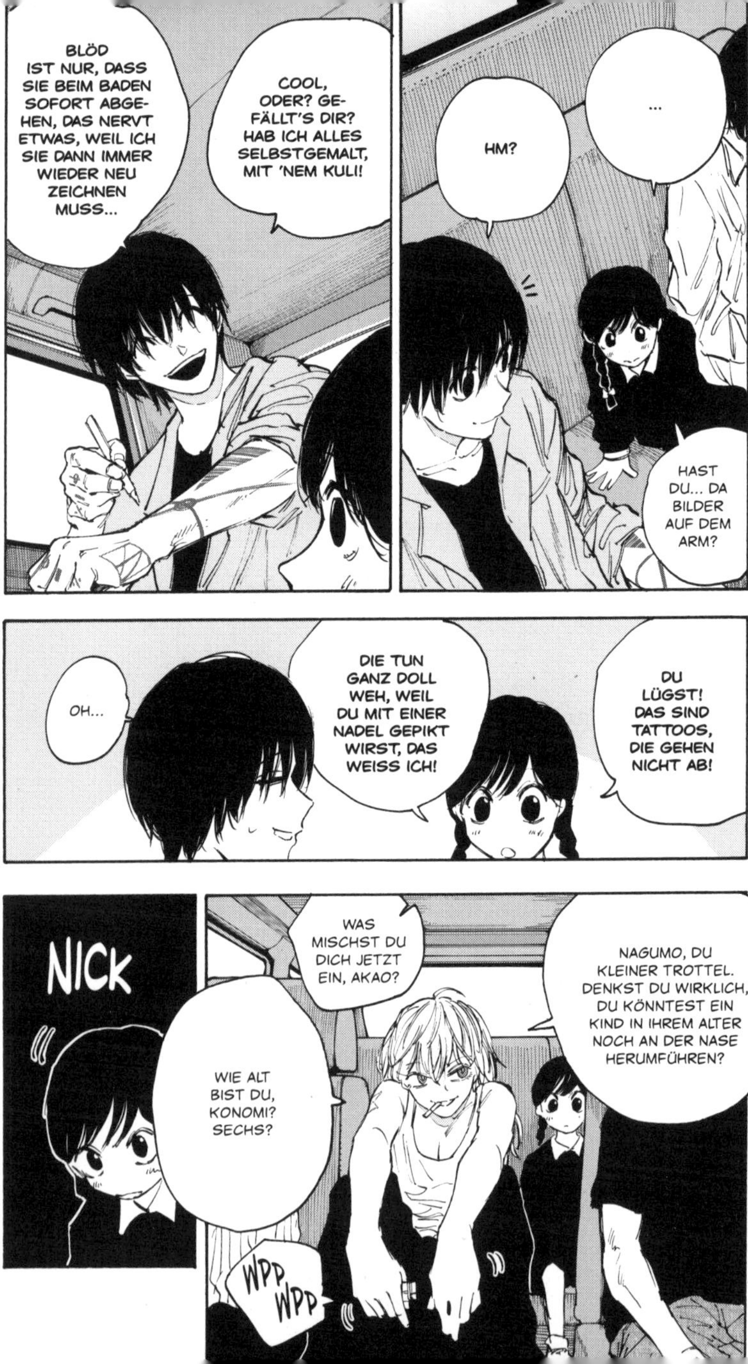
...
HM?
HAST DU... DA BILDER AUF DEM ARM?
COOL, ODER? GEFÄLLT'S DIR? HAB ICH ALLES SELBSTGEMALT, MIT 'NEM KULI!
BLÖD IST NUR, DASS SIE BEIM BADEN SOFORT ABGEHEN, DAS NERVT ETWAS, WEIL ICH SIE DANN IMMER WIEDER NEU ZEICHNEN MUSS...
DU LÜGST! DAS SIND TATTOOS, DIE GEHEN NICHT AB!
DIE TUN GANZ DOLL WEH, WEIL DU MIT EINER NADEL GEPIKT WIRST, DAS WEISS ICH!
OH...
NAGUMO, DU KLEINER TROTTEL. DENKST DU WIRKLICH, DU KÖNNTEST EIN KIND IN IHREM ALTER NOCH AN DER NASE HERUMFÜHREN?
WAS MISCHST DU DICH JETZT EIN, AKAO?
WIE ALT BIST DU, KONOMI? SECHS?
WPP WPP
NICK

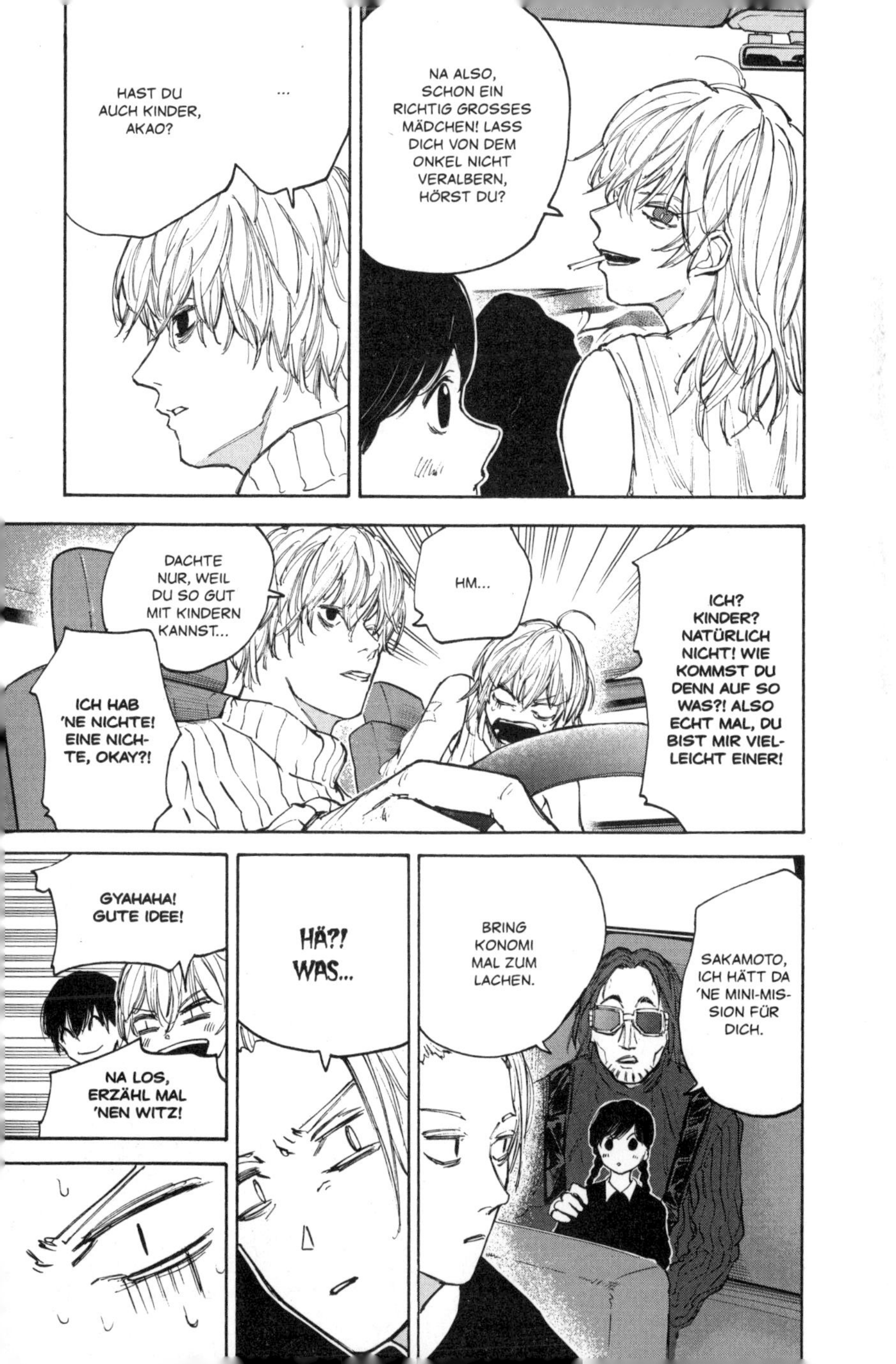
NA ALSO, SCHON EIN RICHTIG GROSSES MÄDCHEN! LASS DICH VON DEM ONKEL NICHT VERALBERN, HÖRST DU?
...
HAST DU AUCH KINDER, AKAO?
ICH? KINDER? NATÜRLICH NICHT! WIE KOMMST DU DENN AUF SO WAS?! ALSO ECHT MAL, DU BIST MIR VIEL-LEICHT EINER!
HM...
DACHTE NUR, WEIL DU SO GUT MIT KINDERN KANNST...
ICH HAB 'NE NICHTE! EINE NICH-TE, OKAY?!
SAKAMOTO, ICH HÄTT DA 'NE MINI-MIS-SION FÜR DICH.
BRING KONOMI MAL ZUM LACHEN.
HÄ?! WAS...
GYAHAHA! GUTE IDEE!
NA LOS, ERZÄHL MAL 'NEN WITZ!

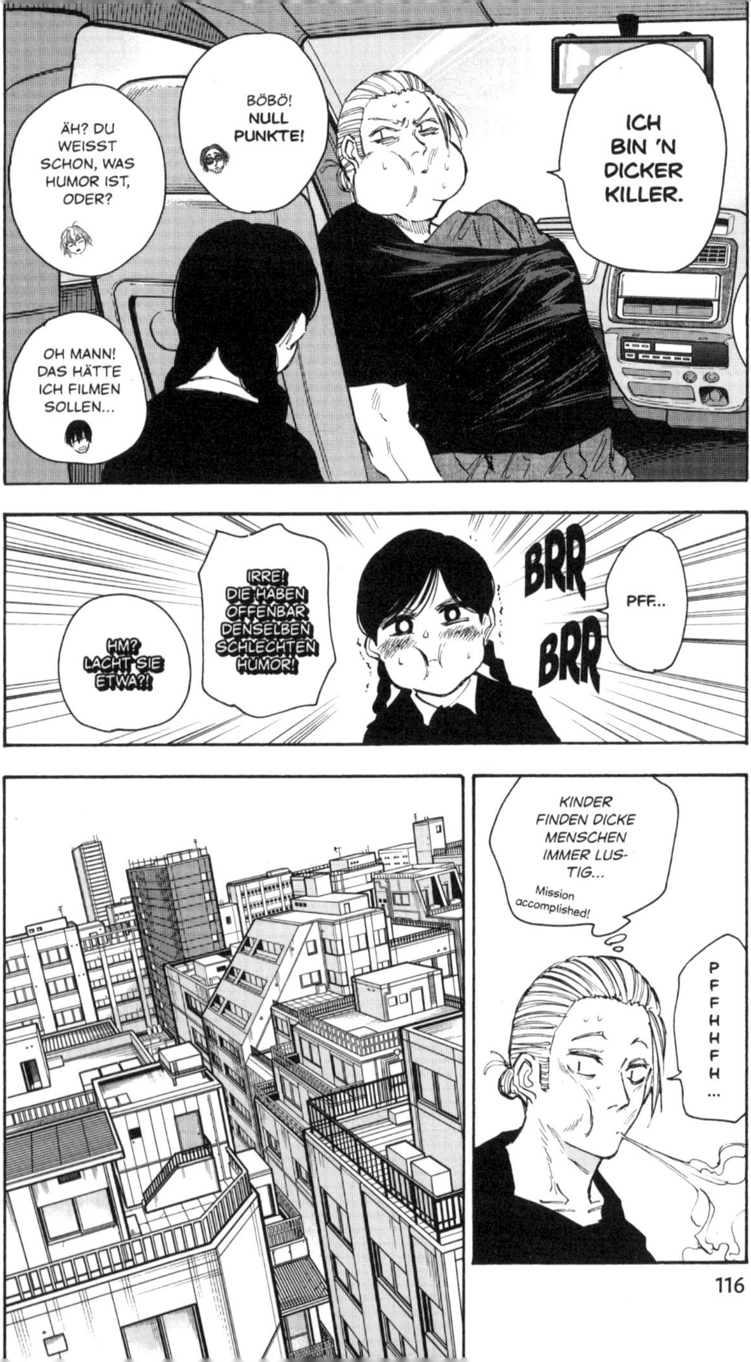
ICH BIN 'N DICKER KILLER.
BÖBÖ! NULL PUNKTE!
ÄH? DU WEISST SCHON, WAS HUMOR IST, ODER?
OH MANN! DAS HÄTTE ICH FILMEN SOLLEN...
PFF...
BRR
BRR
IRRE! DIE HABEN OFFENBAR DENSELBEN SCHLECHTEN HUMOR!
HM? LACHT SIE ETWA?!
PFFHHFH...
KINDER FINDEN DICKE MENSCHEN IMMER LUS-TIG...
Mission accomplished!

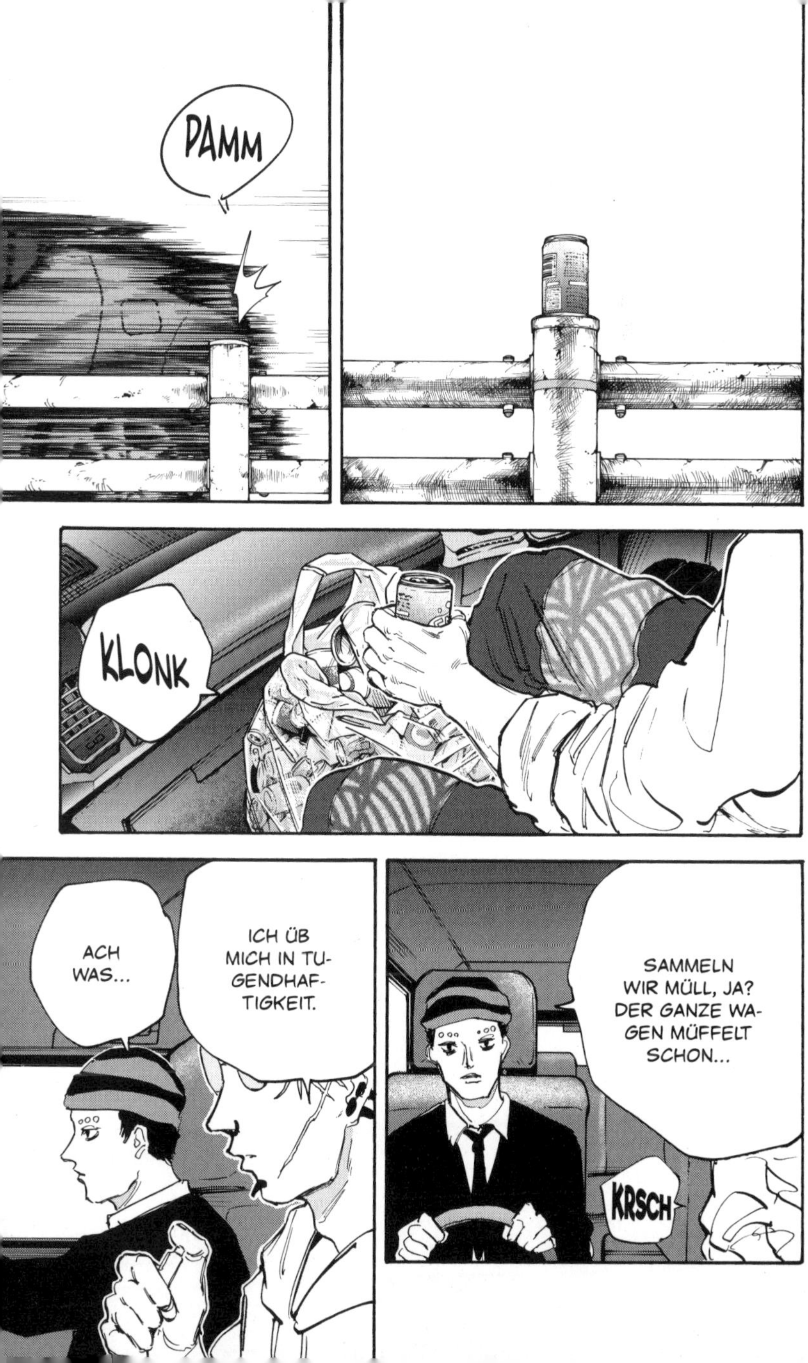
PAMM
KLONK
SAMMELN WIR MÜLL, JA? DER GANZE WAGEN MÜFFELT SCHON...
KRSCH
ICH ÜB MICH IN TUGENDHAFTIGKEIT.
ACH WAS...

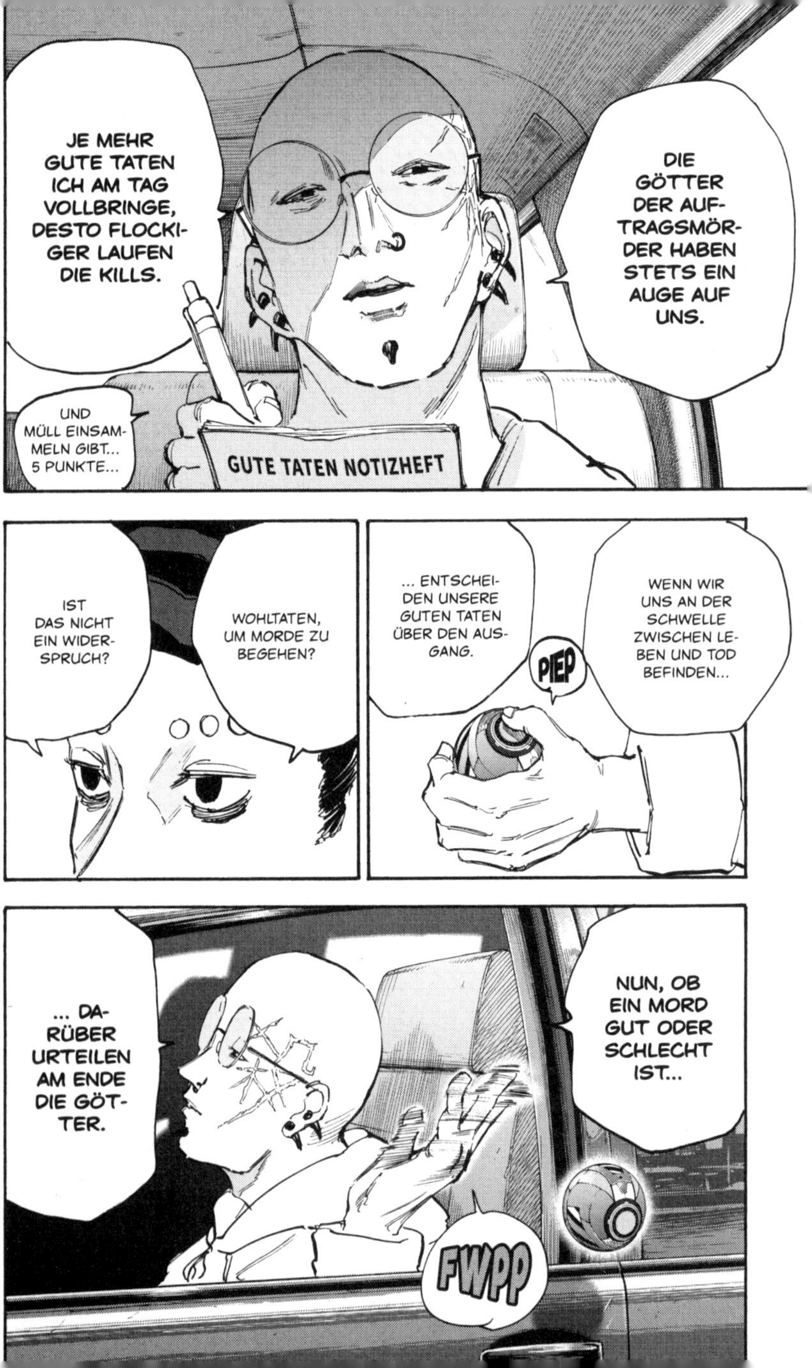
DIE GÖTTER DER AUFTRAGSMÖRDER HABEN STETS EIN AUGE AUF UNS.
JE MEHR GUTE TATEN ICH AM TAG VOLLBRINGE, DESTO FLOCKIGER LAUFEN DIE KILLS.
UND MÜLL EINSAMMELN GIBT... 5 PUNKTE...
GUTE TATEN NOTIZHEFT
WENN WIR UNS AN DER SCHWELLE ZWISCHEN LEBEN UND TOD BEFINDEN...
PIEP
... ENTSCHEIDEN UNSERE GUTEN TATEN ÜBER DEN AUSGANG.
WOHLTATEN, UM MORDE ZU BEGEHEN?
IST DAS NICHT EIN WIDERSPRUCH?
NUN, OB EIN MORD GUT ODER SCHLECHT IST...
... DARÜBER URTEILEN AM ENDE DIE GÖTTER.
FWPP

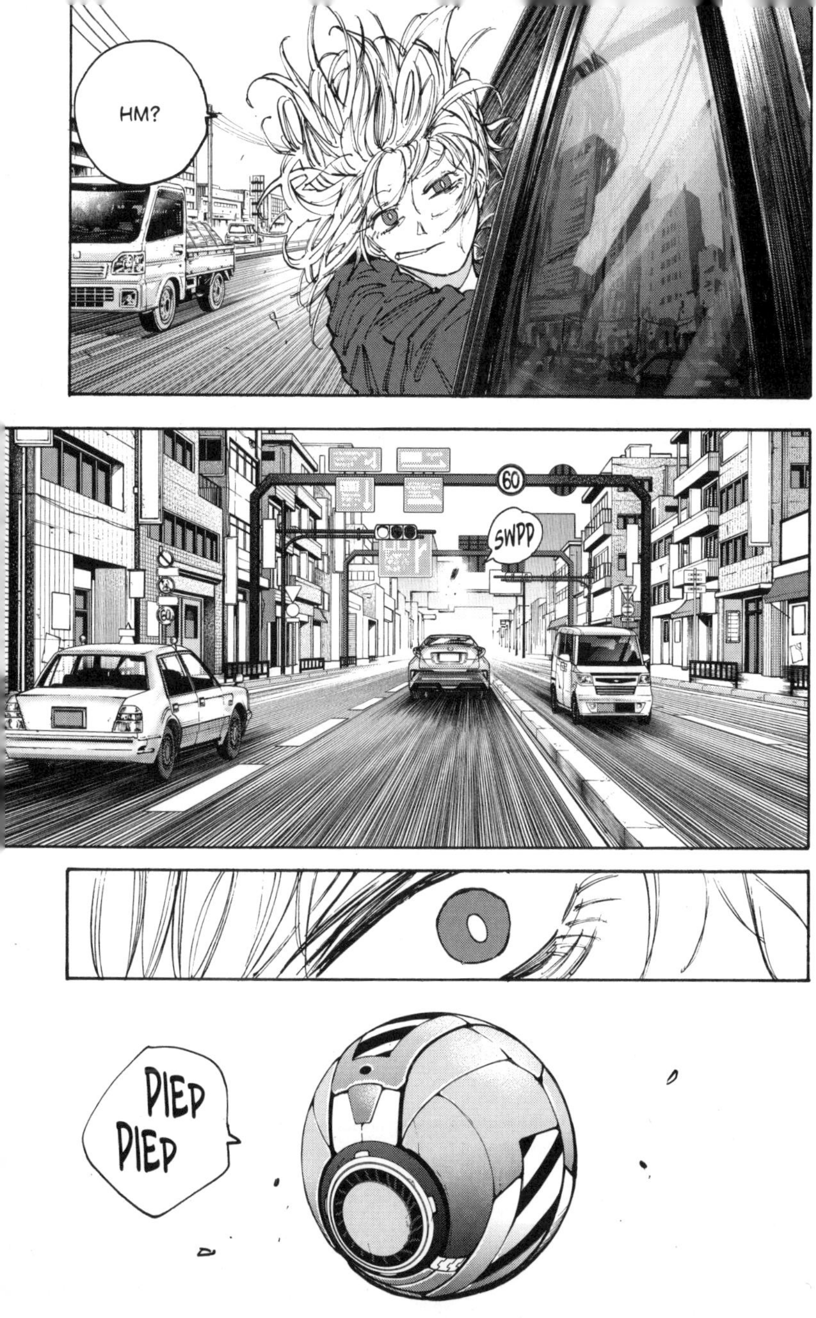
HM?
SWPP
DIEP
DIEP

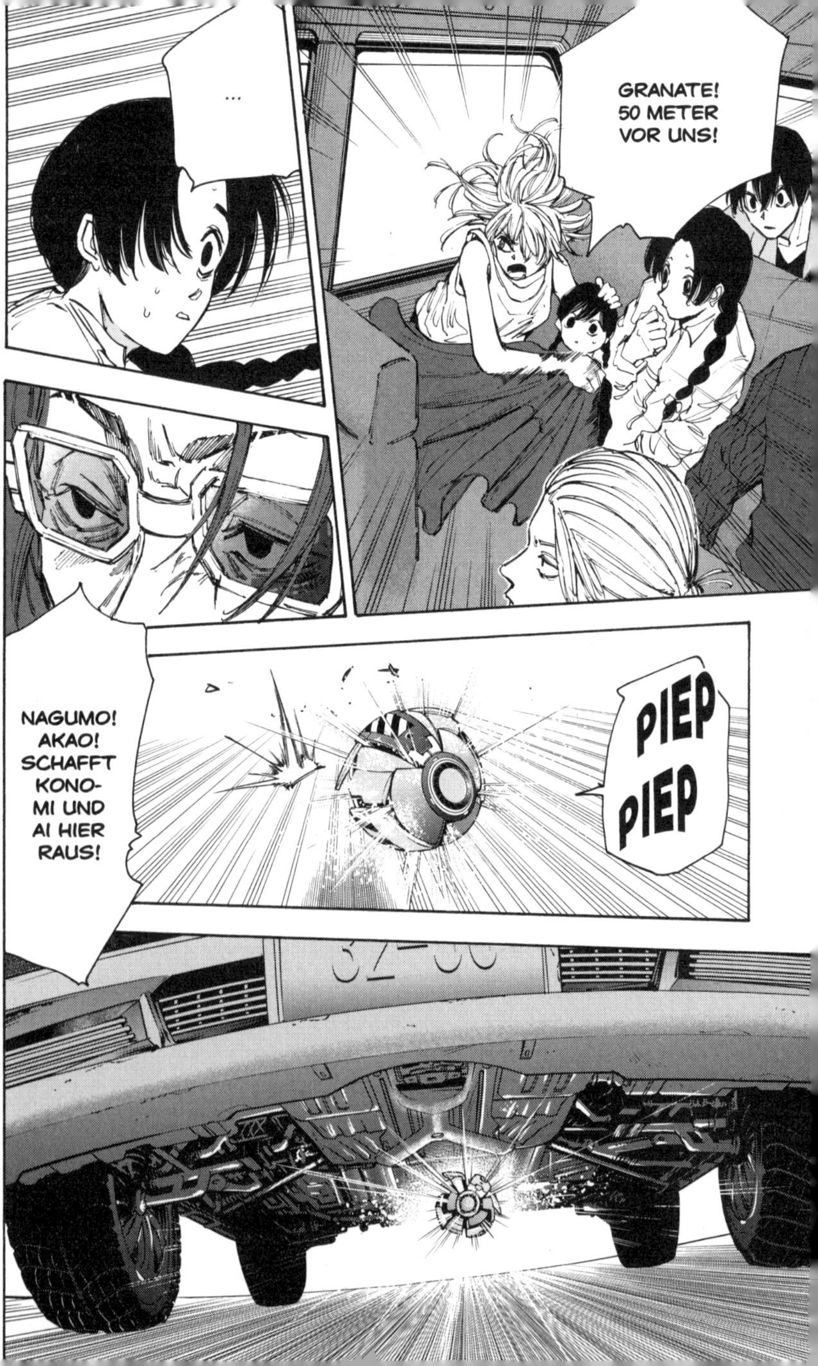
GRANATE! 50 METER VOR UNS!
...
PIEP PIEP
NAGUMO! AKAO! SCHAFFT KONO-MI UND AI HIER RAUS!

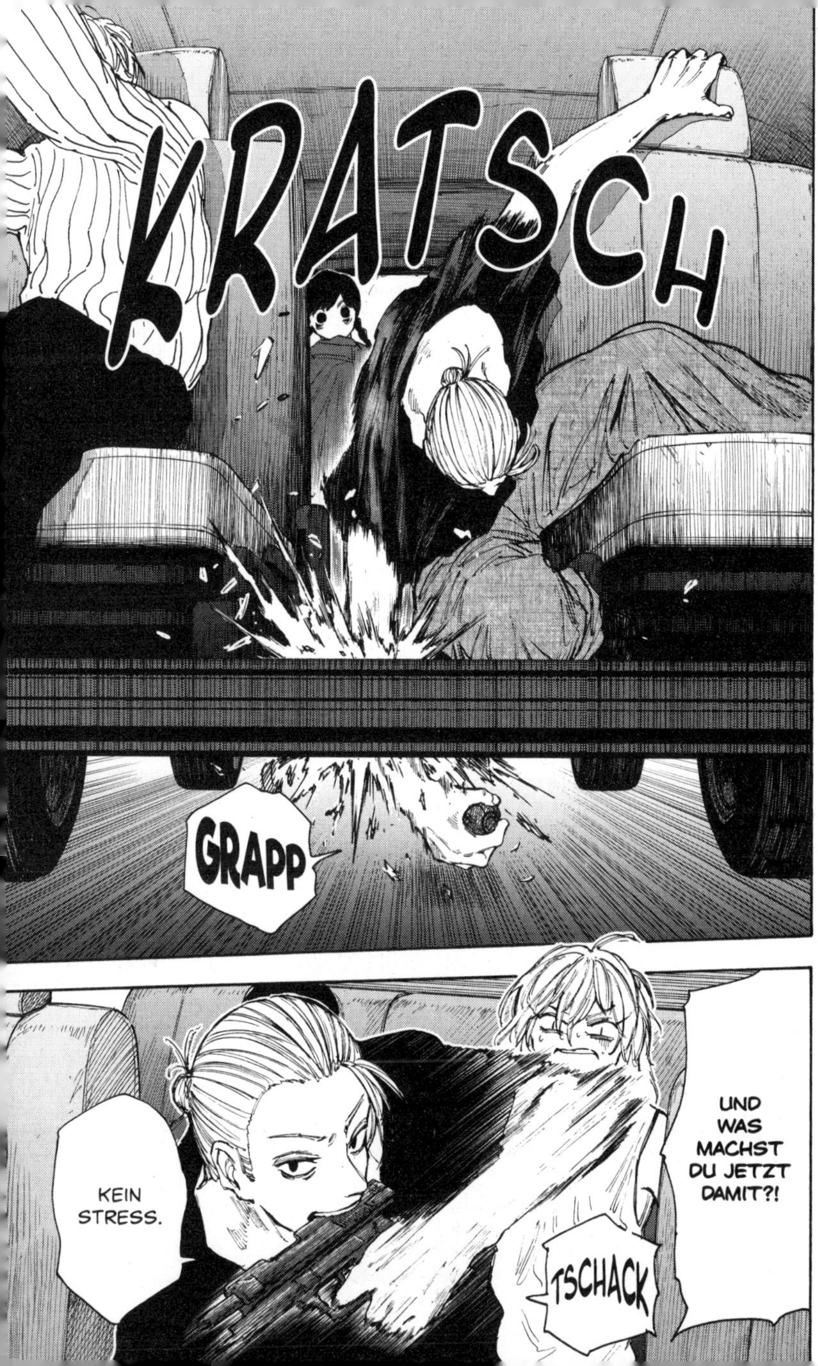
KRATSCH
GRAPP
UND WAS MACHST DU JETZT DAMIT?!
KEIN STRESS.
TSCHACK

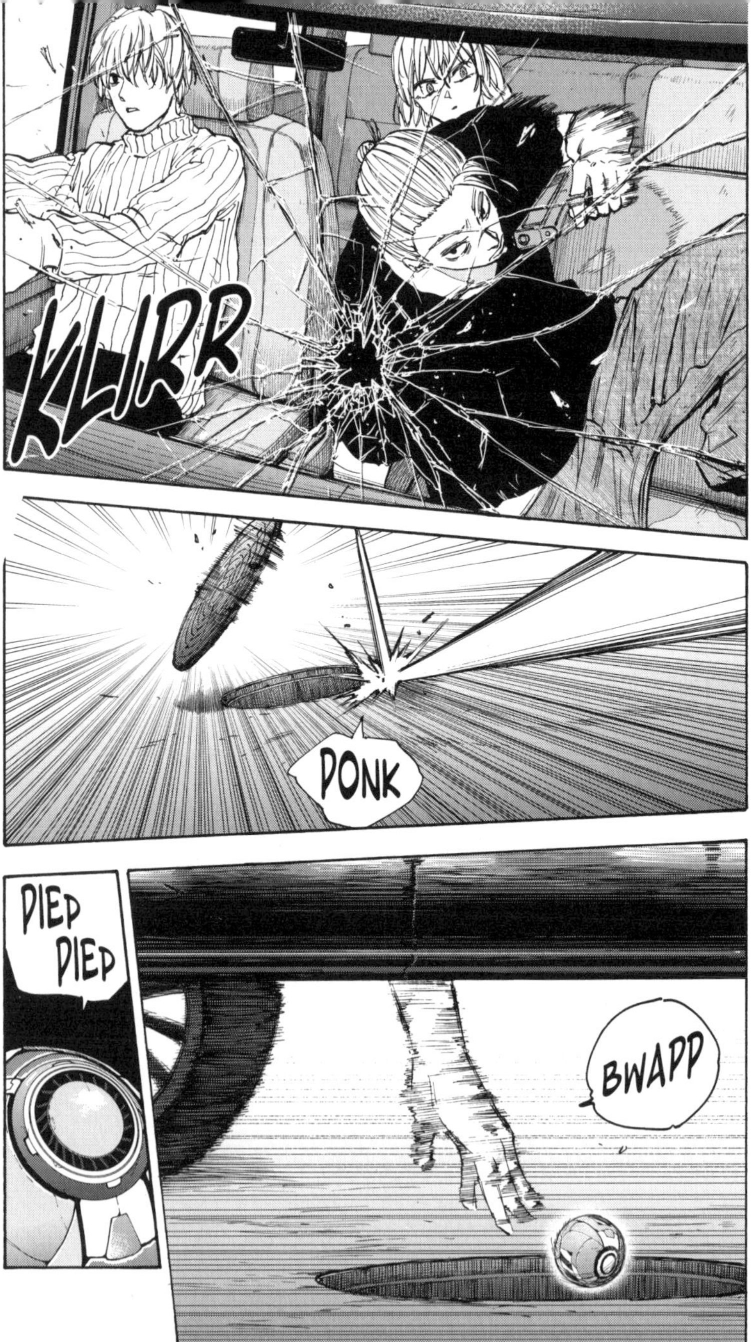
KLIRR
PONK
BWAPP
PIEP
PIEP

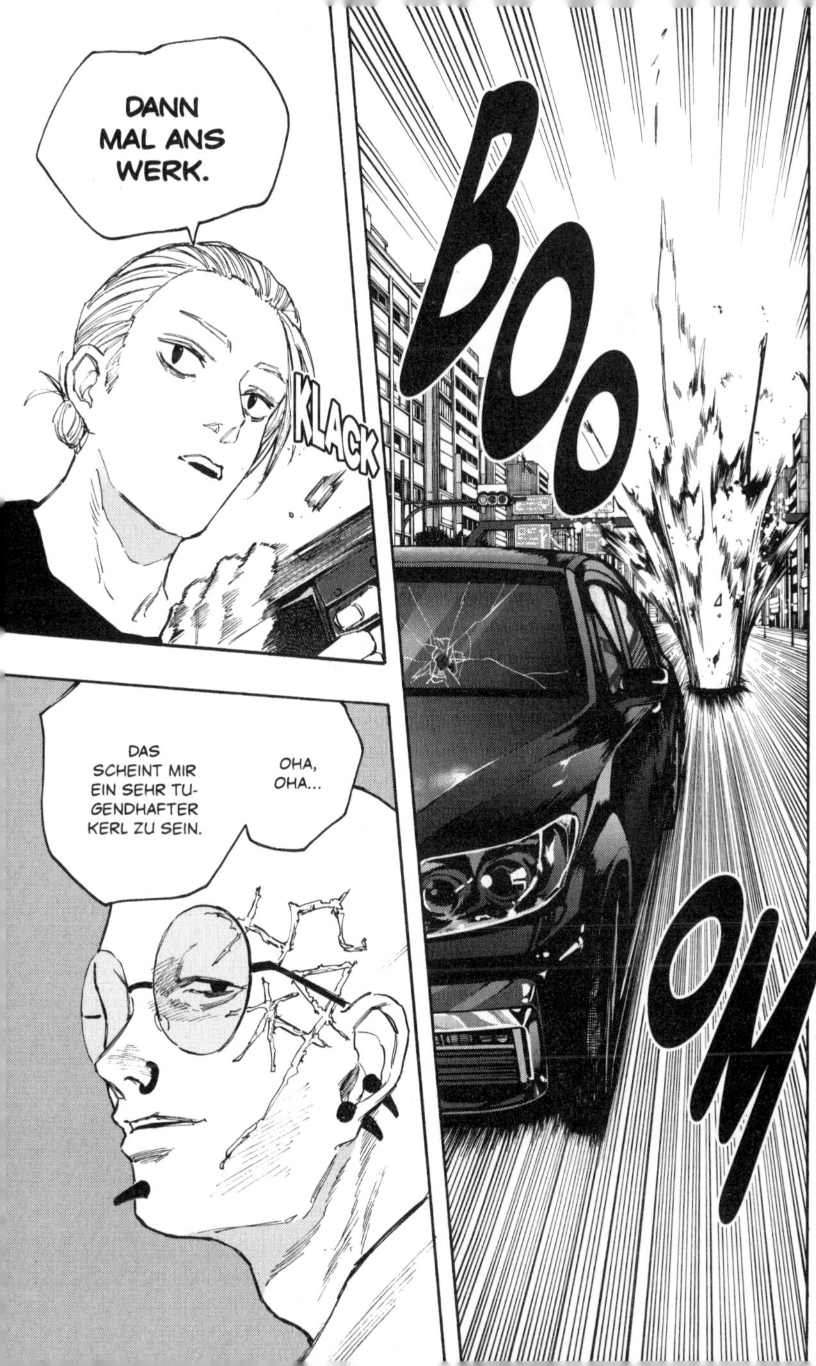
BOOOOM
DANN MAL ANS WERK.
KLACK
OHA, OHA...
DAS SCHEINT MIR EIN SEHR TUGENDHAFTER KERL ZU SEIN.

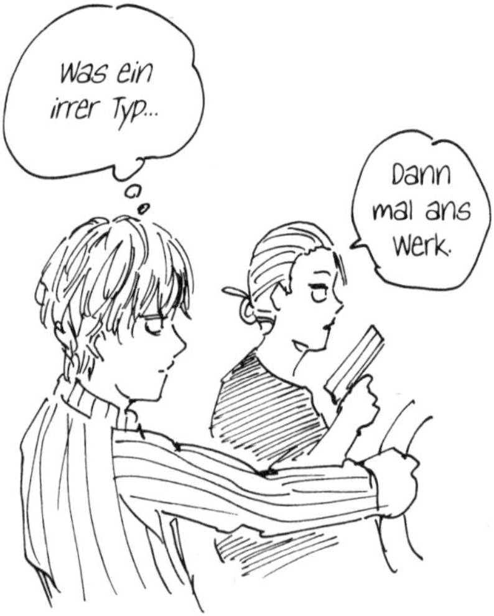
Dann mal ans Werk.
Was ein irrer Typ...

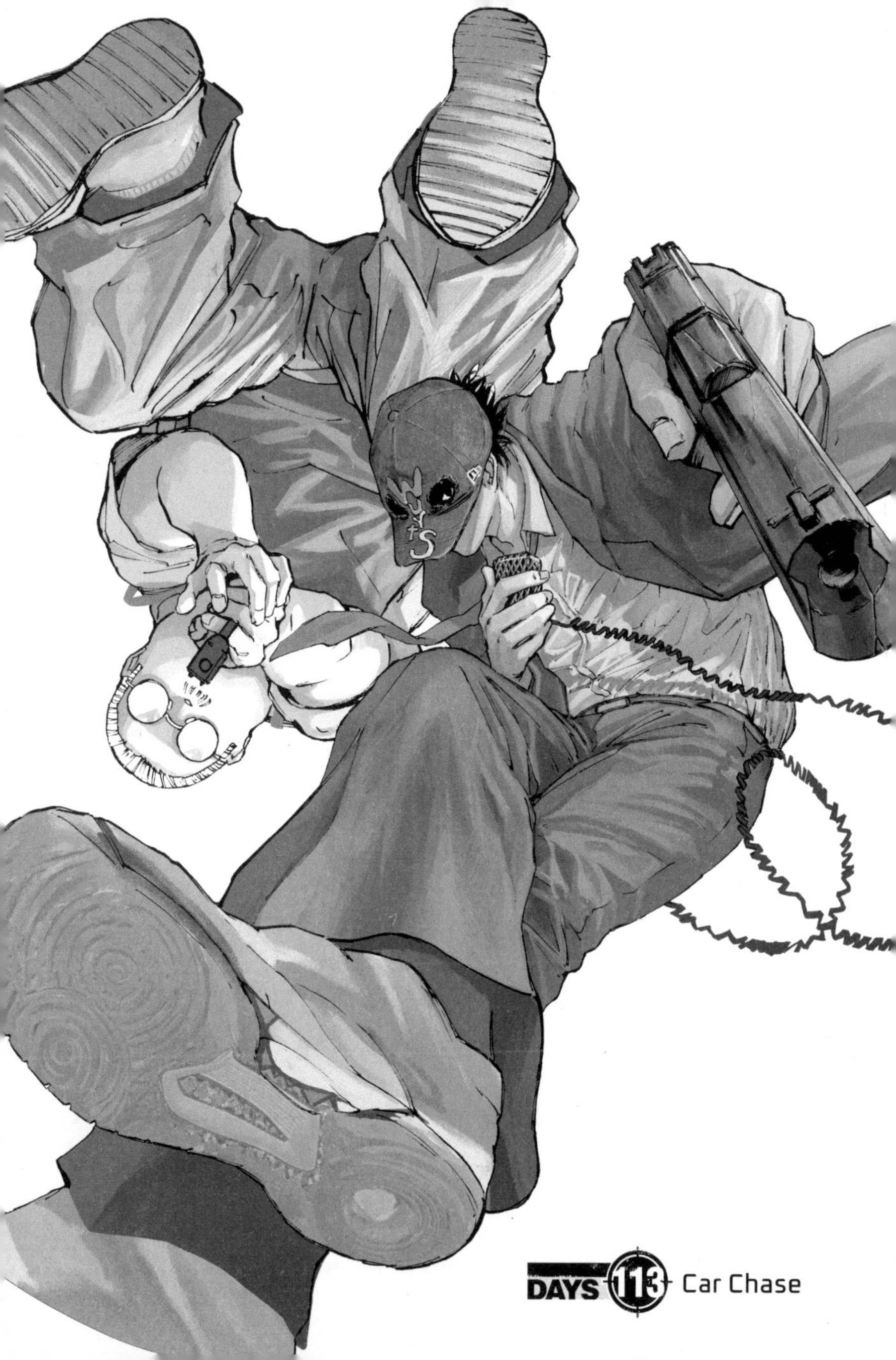

DAYS 113 Car Chase

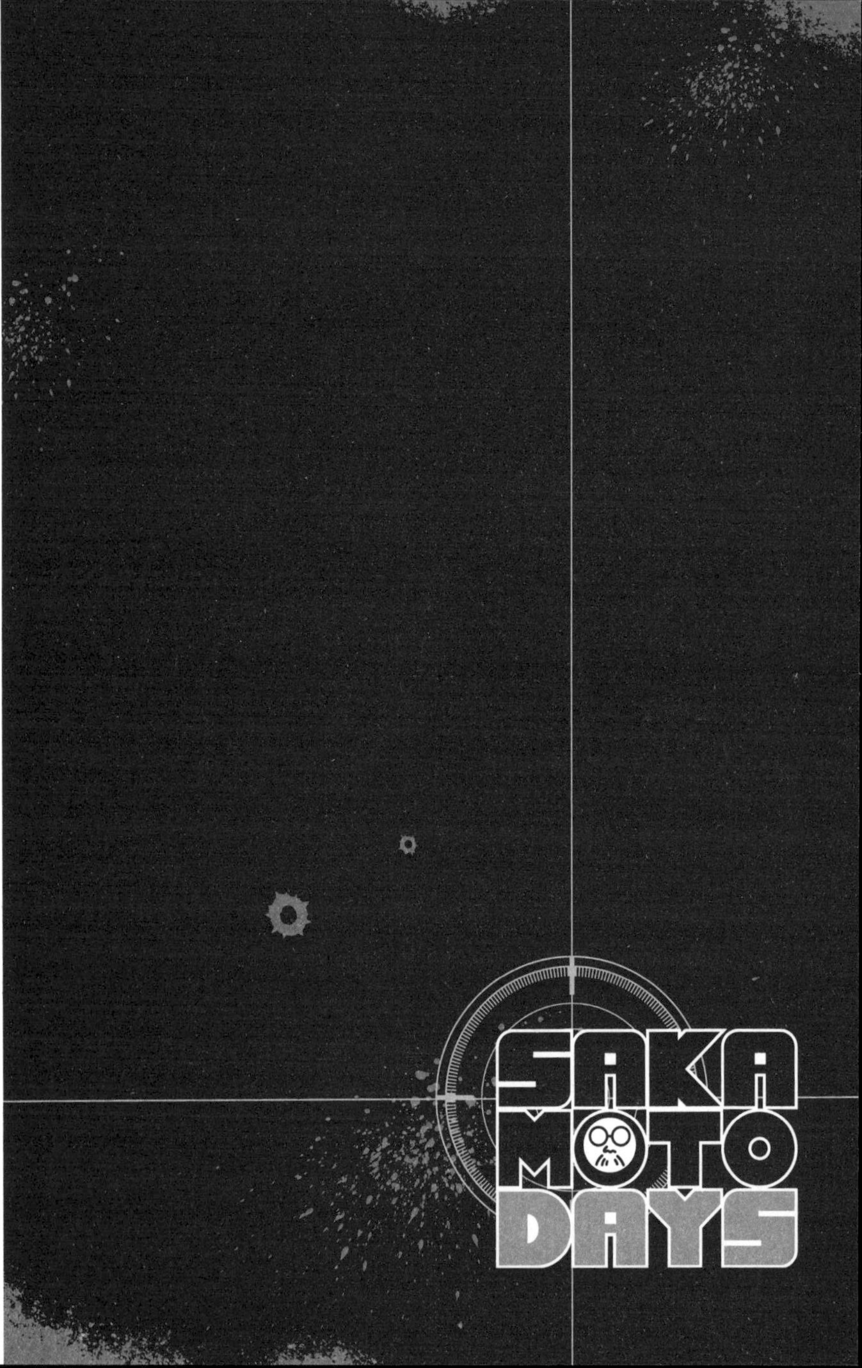
SAKAMOTO DAYS

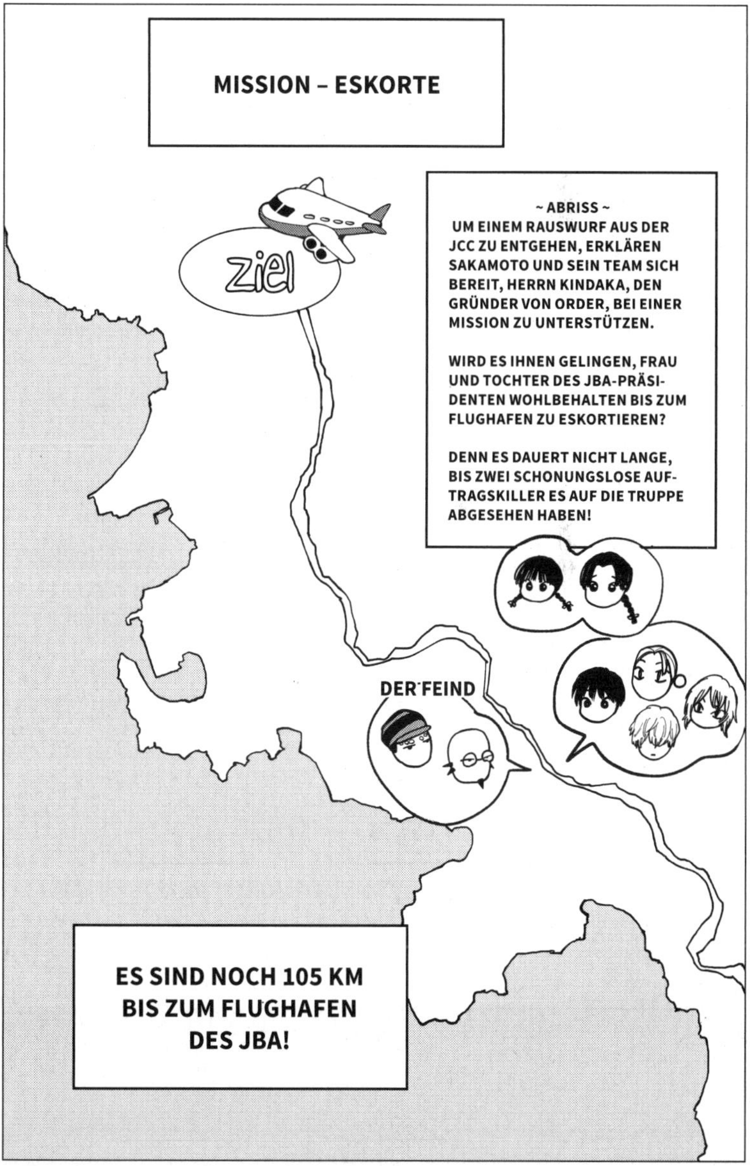
MISSION – ESKORTE
~ ABRISS ~
UM EINEM RAUSWURF AUS DER JCC ZU ENTGEHEN, ERKLÄREN SAKAMOTO UND SEIN TEAM SICH BEREIT, HERRN KINDAKA, DEN GRÜNDER VON ORDER, BEI EINER MISSION ZU UNTERSTÜTZEN.
WIRD ES IHNEN GELINGEN, FRAU UND TOCHTER DES JBA-PRÄSIDENTEN WOHLBEHALTEN BIS ZUM FLUGHAFEN ZU ESKORTIEREN?
DENN ES DAUERT NICHT LANGE, BIS ZWEI SCHONUNGSLOSE AUFTRAGSKILLER ES AUF DIE TRUPPE ABGESEHEN HABEN!
ziel
DER FEIND
ES SIND NOCH 105 KM BIS ZUM FLUGHAFEN DES JBA!

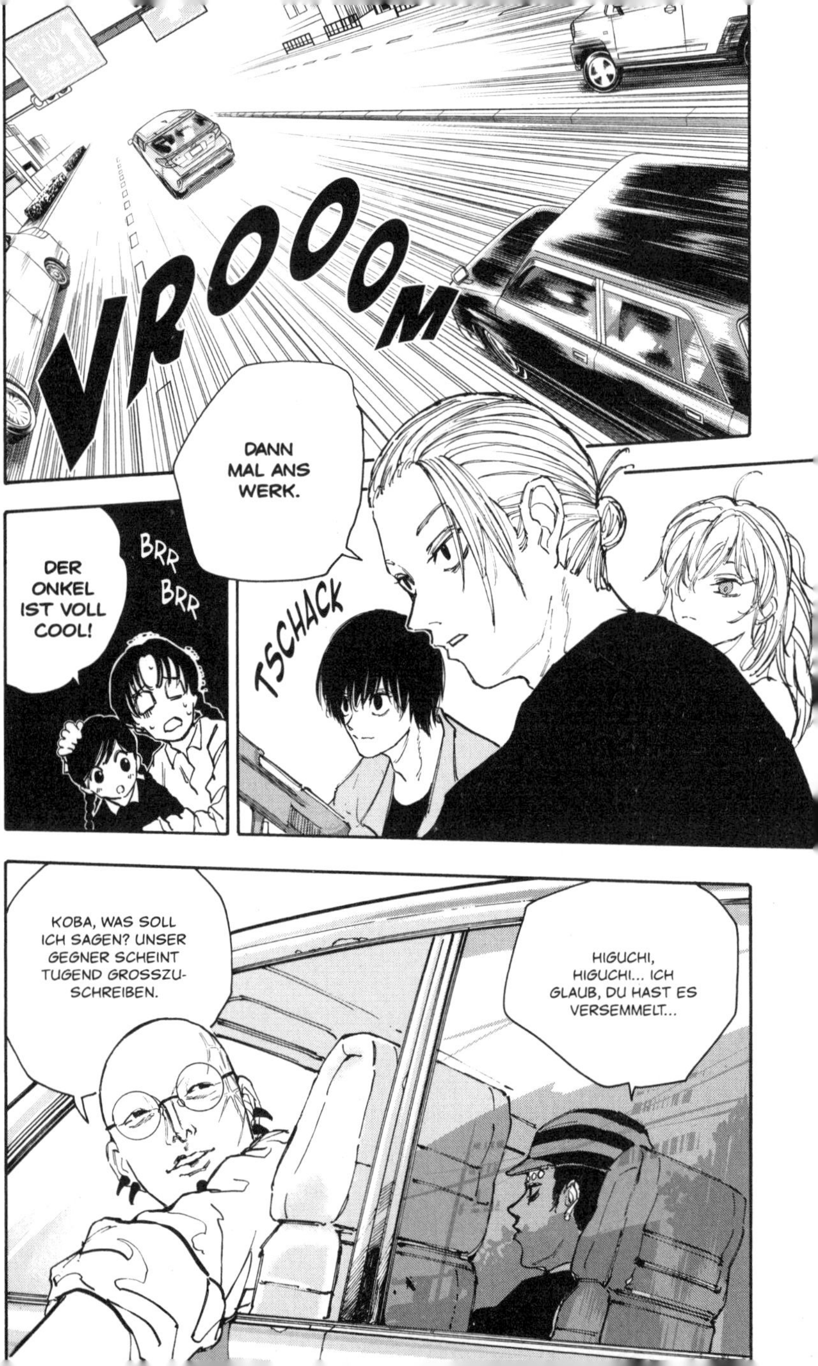
VROOOM
DANN MAL ANS WERK.
TSCHACK
BRR BRR
DER ONKEL IST VOLL COOL!
HIGUCHI, HIGUCHI... ICH GLAUB, DU HAST ES VERSEMMELT...
KOBA, WAS SOLL ICH SAGEN? UNSER GEGNER SCHEINT TUGEND GROSSZU-SCHREIBEN.

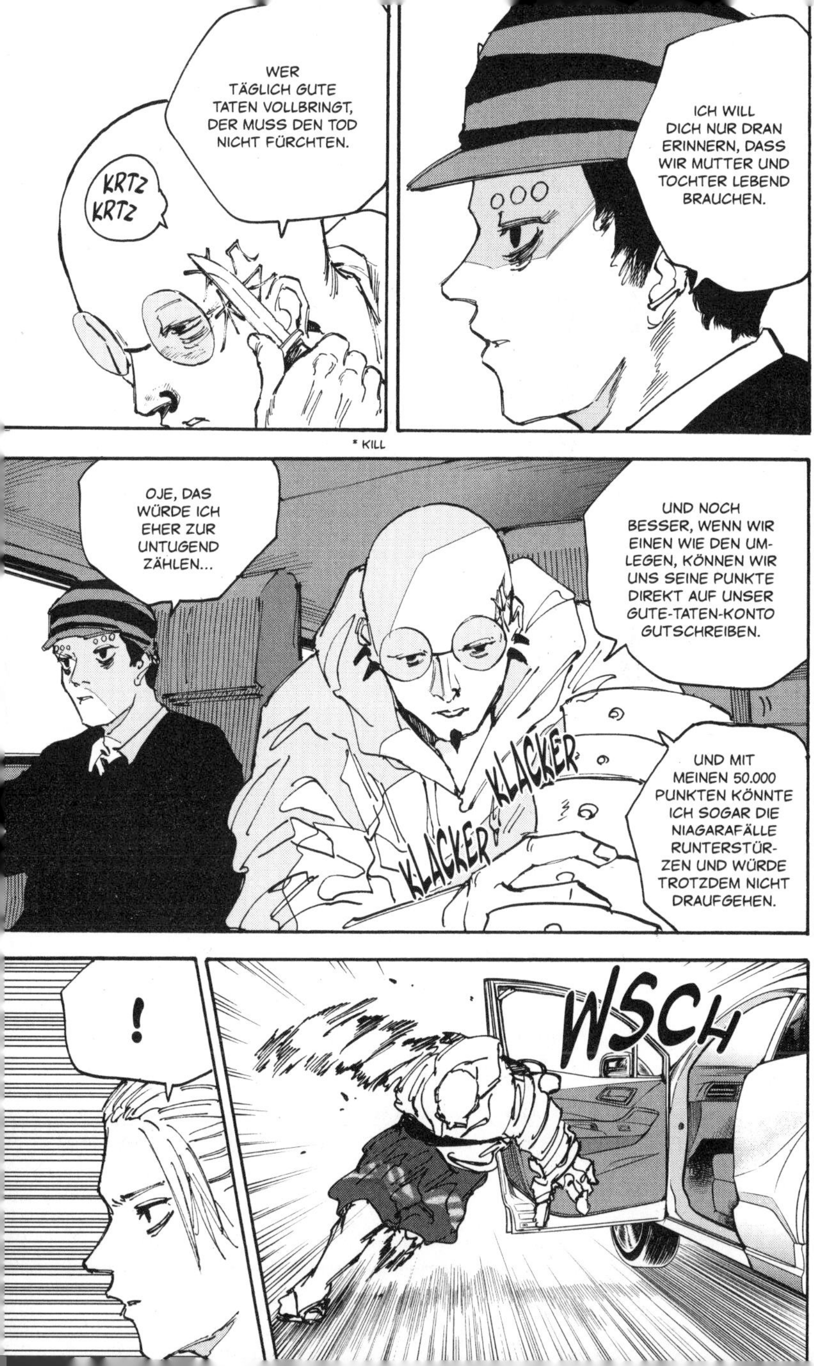

ICH WILL DICH NUR DRAN ERINNERN, DASS WIR MUTTER UND TOCHTER LEBEND BRAUCHEN.
WER TÄGLICH GUTE TATEN VOLLBRINGT, DER MUSS DEN TOD NICHT FÜRCHTEN.
KRTZ KRTZ
* KILL
UND NOCH BESSER, WENN WIR EINEN WIE DEN UM-LEGEN, KÖNNEN WIR UNS SEINE PUNKTE DIREKT AUF UNSER GUTE-TATEN-KONTO GUTSCHREIBEN.
OJE, DAS WÜRDE ICH EHER ZUR UNTUGEND ZÄHLEN…
UND MIT MEINEN 50.000 PUNKTEN KÖNNTE ICH SOGAR DIE NIAGARAFÄLLE RUNTERSTÜR-ZEN UND WÜRDE TROTZDEM NICHT DRAUFGEHEN.
KLACKER KLACKER
KLACKER
WSCH
!

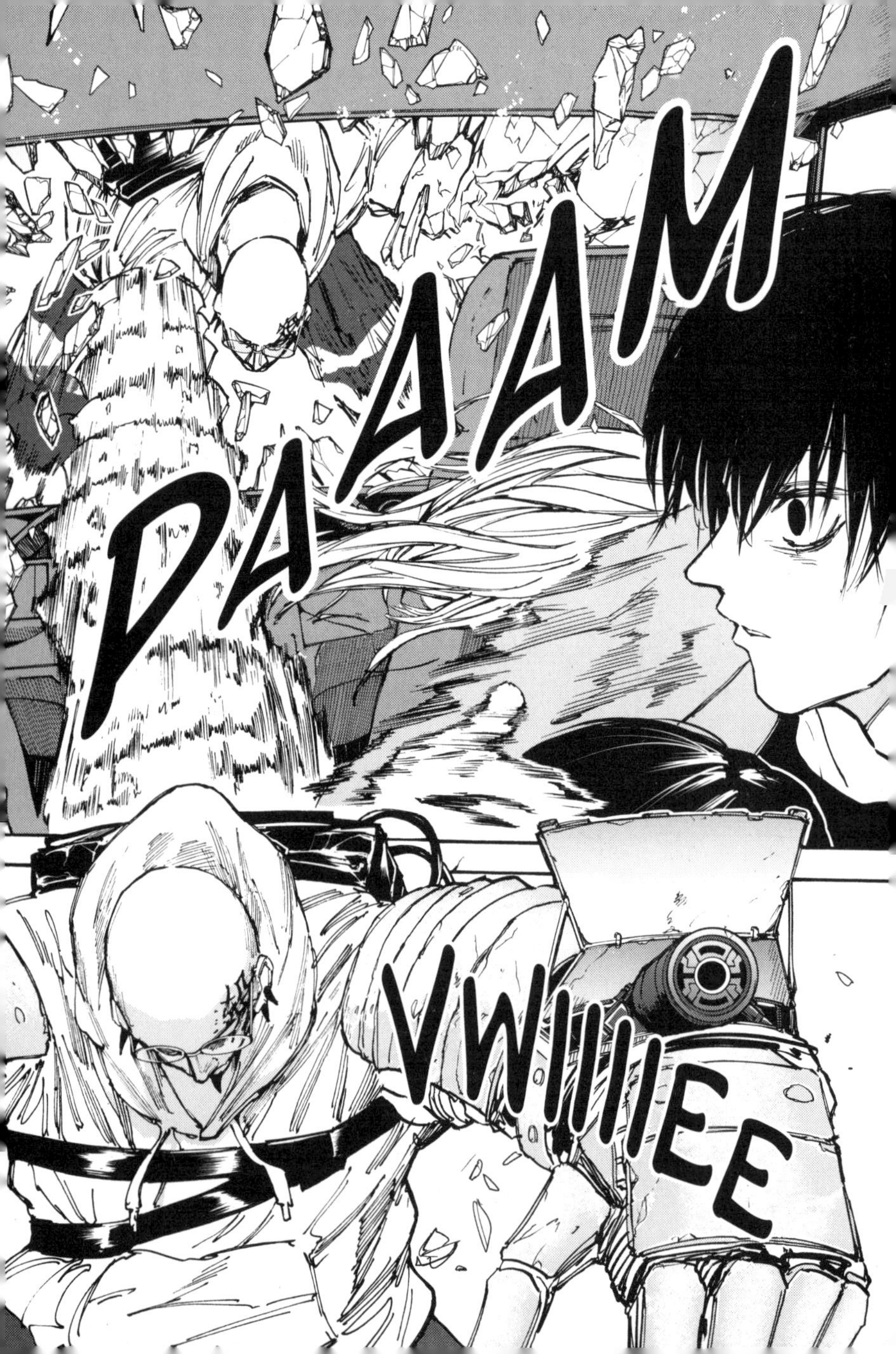
DAAAM
VWIIIIEE

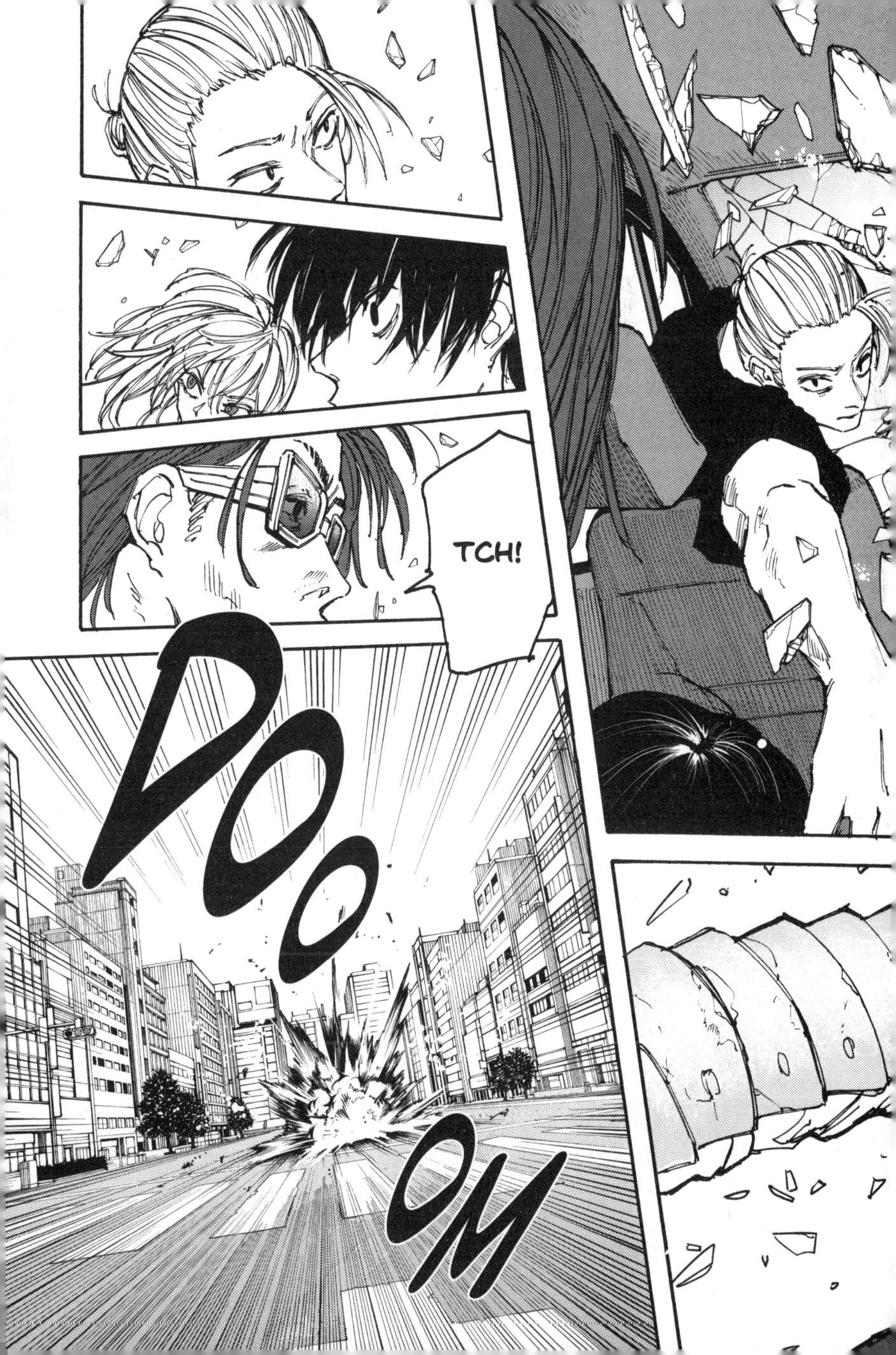
TCH!
DOOOOM

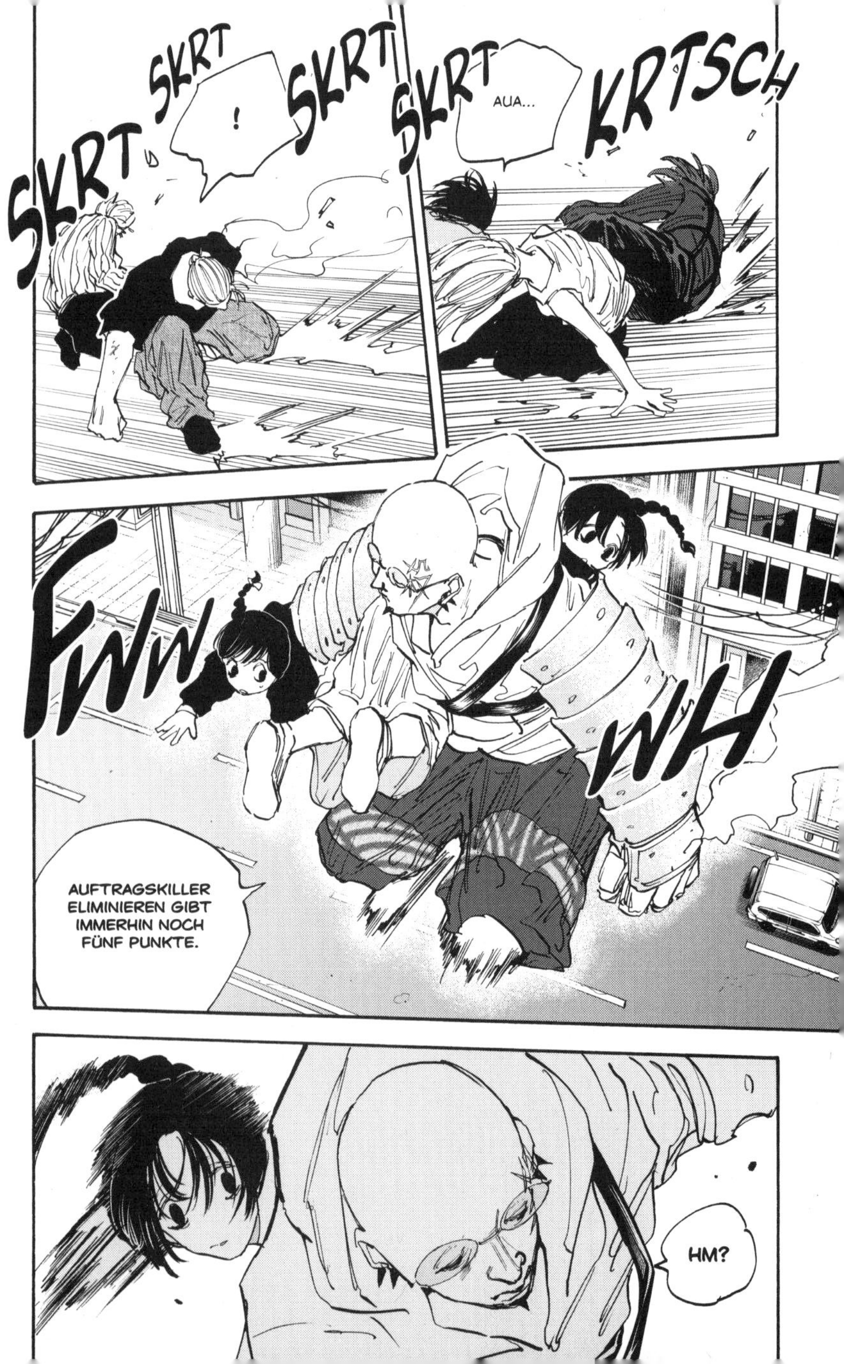
SKRT
KRTSCH
AUA...
SKRT
SKRT
!
SKRT
FWW
WH
AUFTRAGSKILLER ELIMINIEREN GIBT IMMERHIN NOCH FÜNF PUNKTE.
HM?

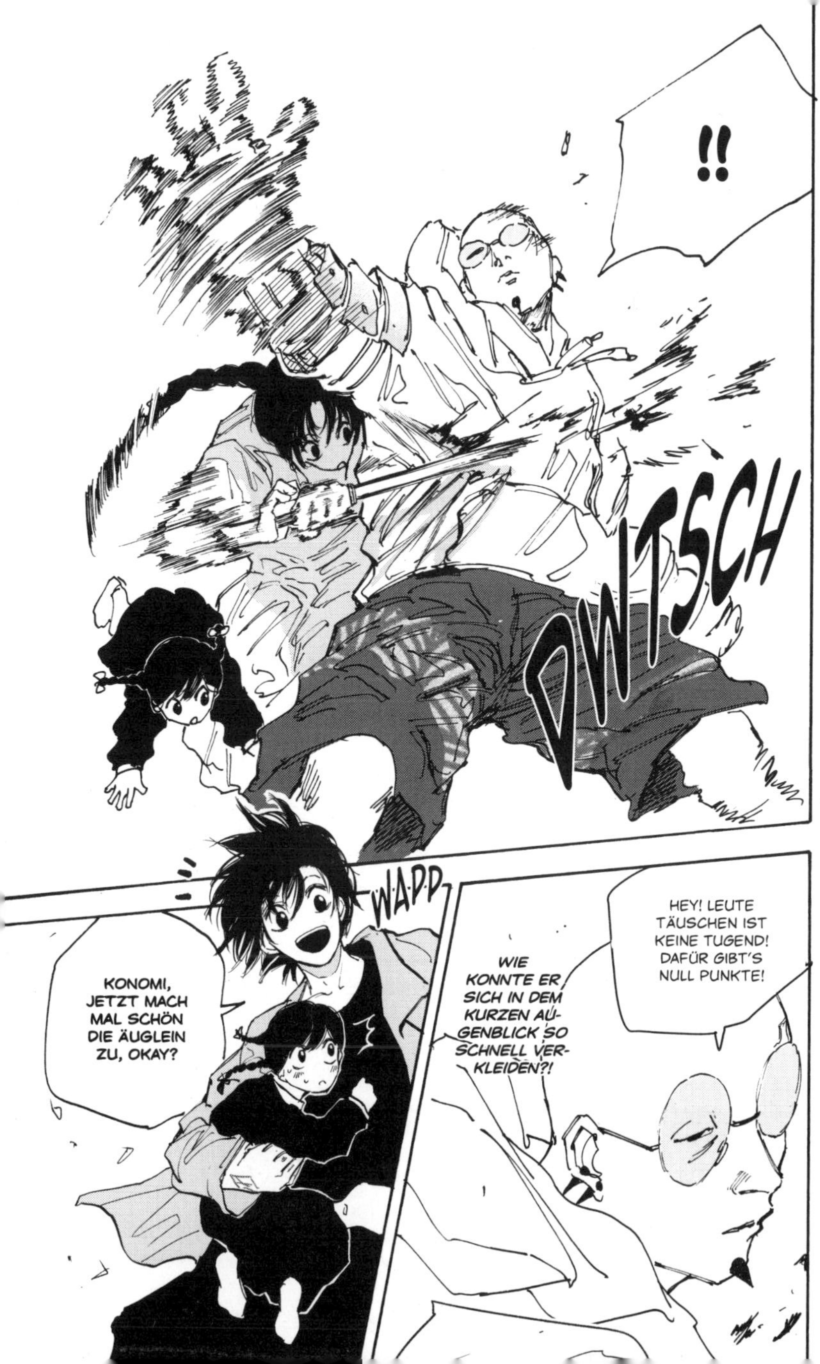
!!
DWTSCH
WADP
HEY! LEUTE TÄUSCHEN IST KEINE TUGEND! DAFÜR GIBT'S NULL PUNKTE!
WIE KONNTE ER SICH IN DEM KURZEN AU-GENBLICK SO SCHNELL VER-KLEIDEN?!
KONOMI, JETZT MACH MAL SCHÖN DIE ÄUGLEIN ZU, OKAY?

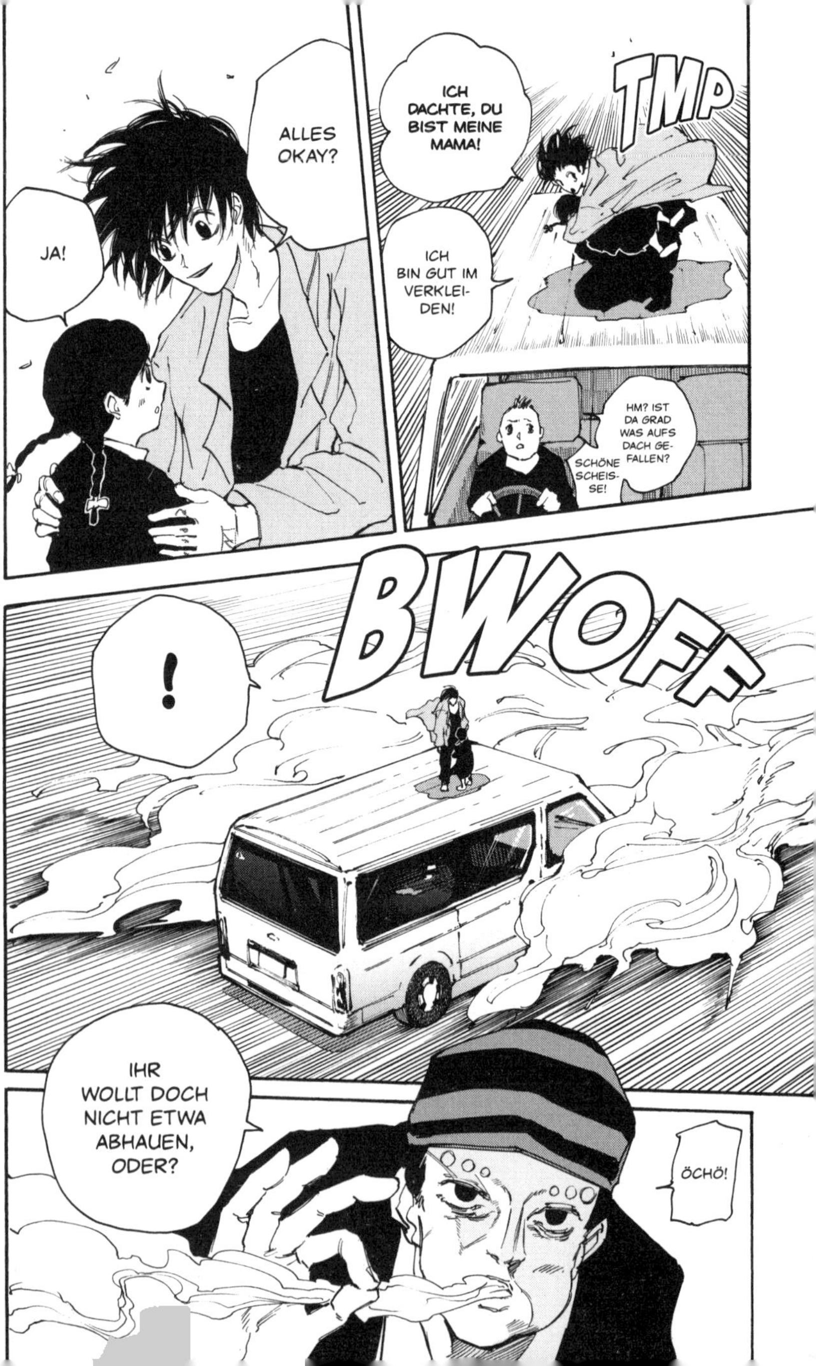
TMP
ICH DACHTE, DU BIST MEINE MAMA!
ICH BIN GUT IM VERKLEI-DEN!
HM? IST DA GRAD WAS AUFS DACH GE-FALLEN?
SCHÖNE SCHEIS-SE!
ALLES OKAY?
JA!
BWOFF
!
ÖCHÖ!
IHR WOLLT DOCH NICHT ETWA ABHAUEN, ODER?

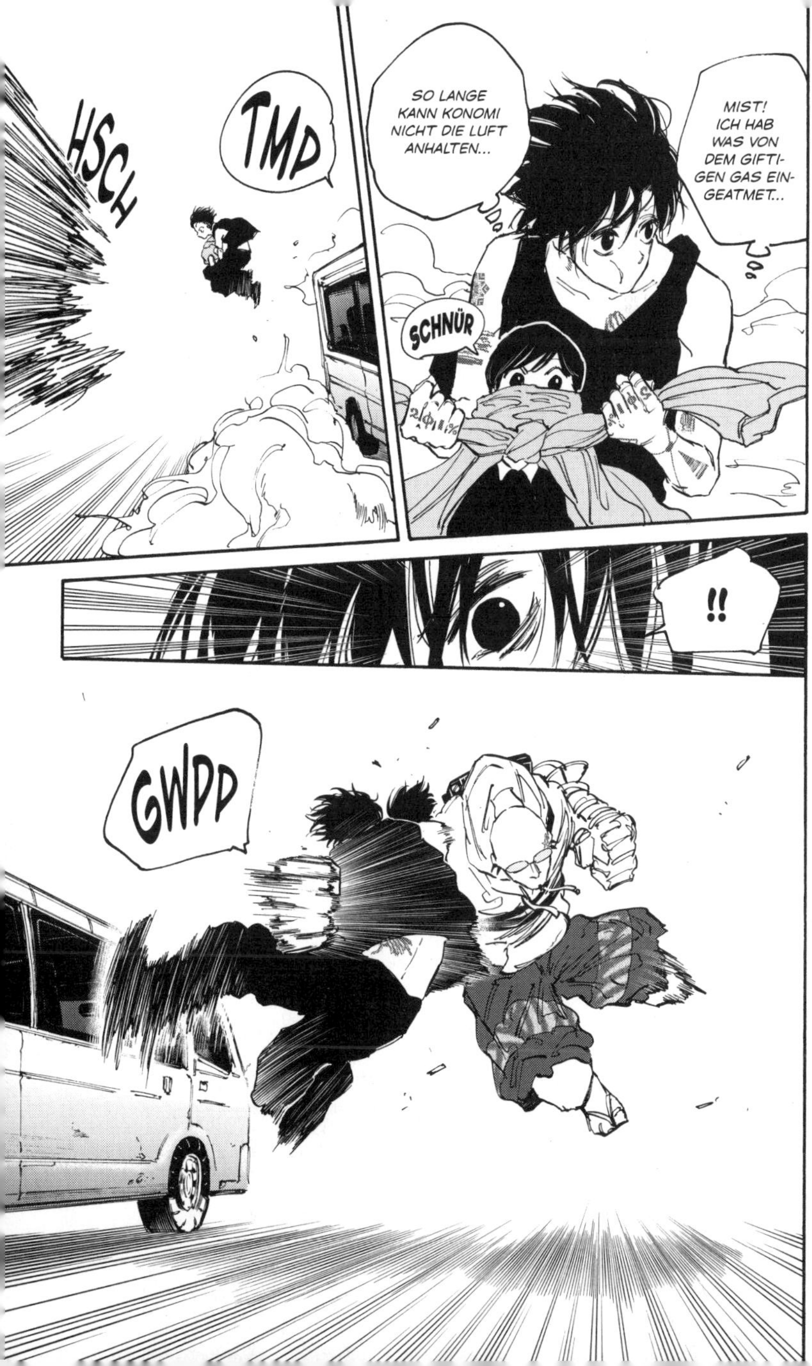
MIST! ICH HAB WAS VON DEM GIFTIGEN GAS EINGEATMET...
SO LANGE KANN KONOMI NICHT DIE LUFT ANHALTEN...
SCHNÜR
TMP
HSCH
!!
GWPP

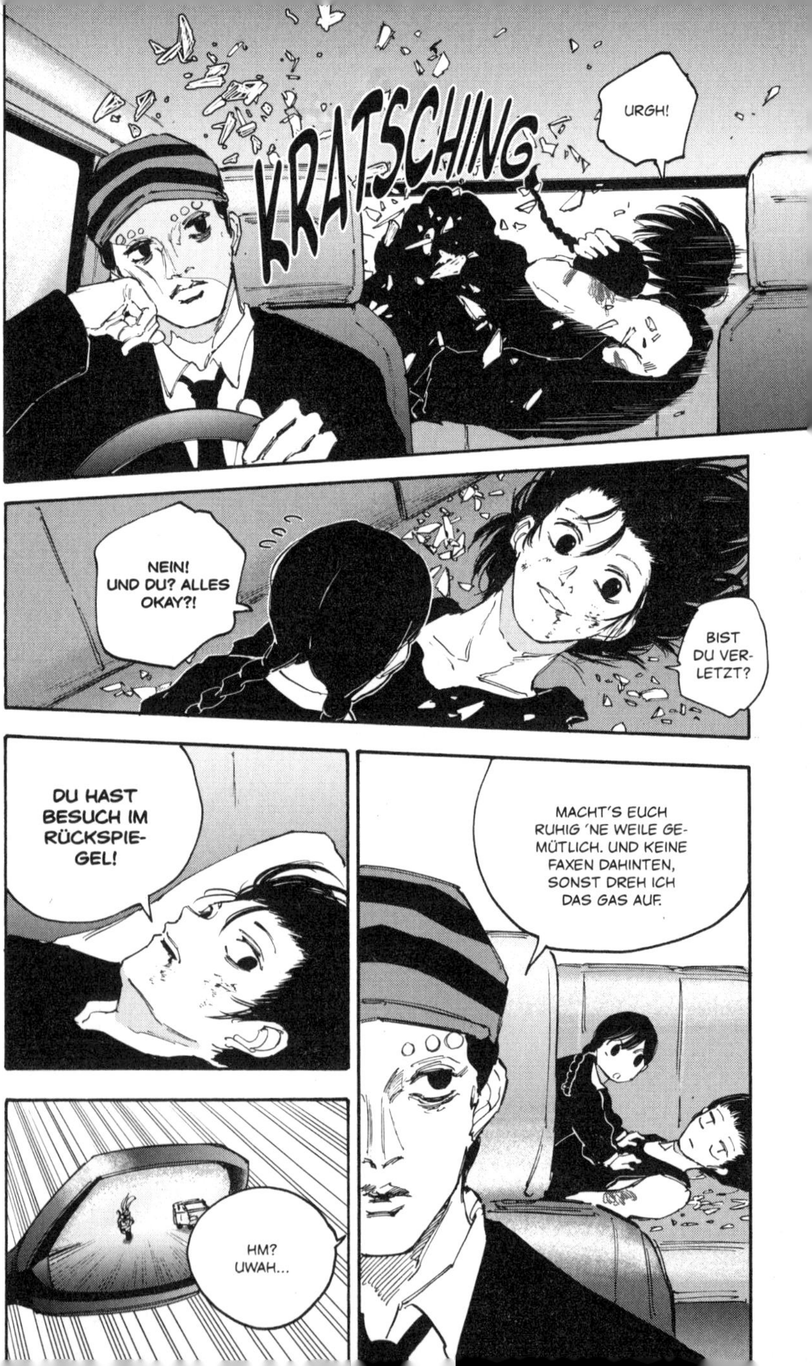
KRATSCHING
URGH!
BIST DU VERLETZT?
NEIN! UND DU? ALLES OKAY?!
MACHT'S EUCH RUHIG 'NE WEILE GEMÜTLICH. UND KEINE FAXEN DAHINTEN, SONST DREH ICH DAS GAS AUF.
DU HAST BESUCH IM RÜCKSPIEGEL!
HM? UWAH...

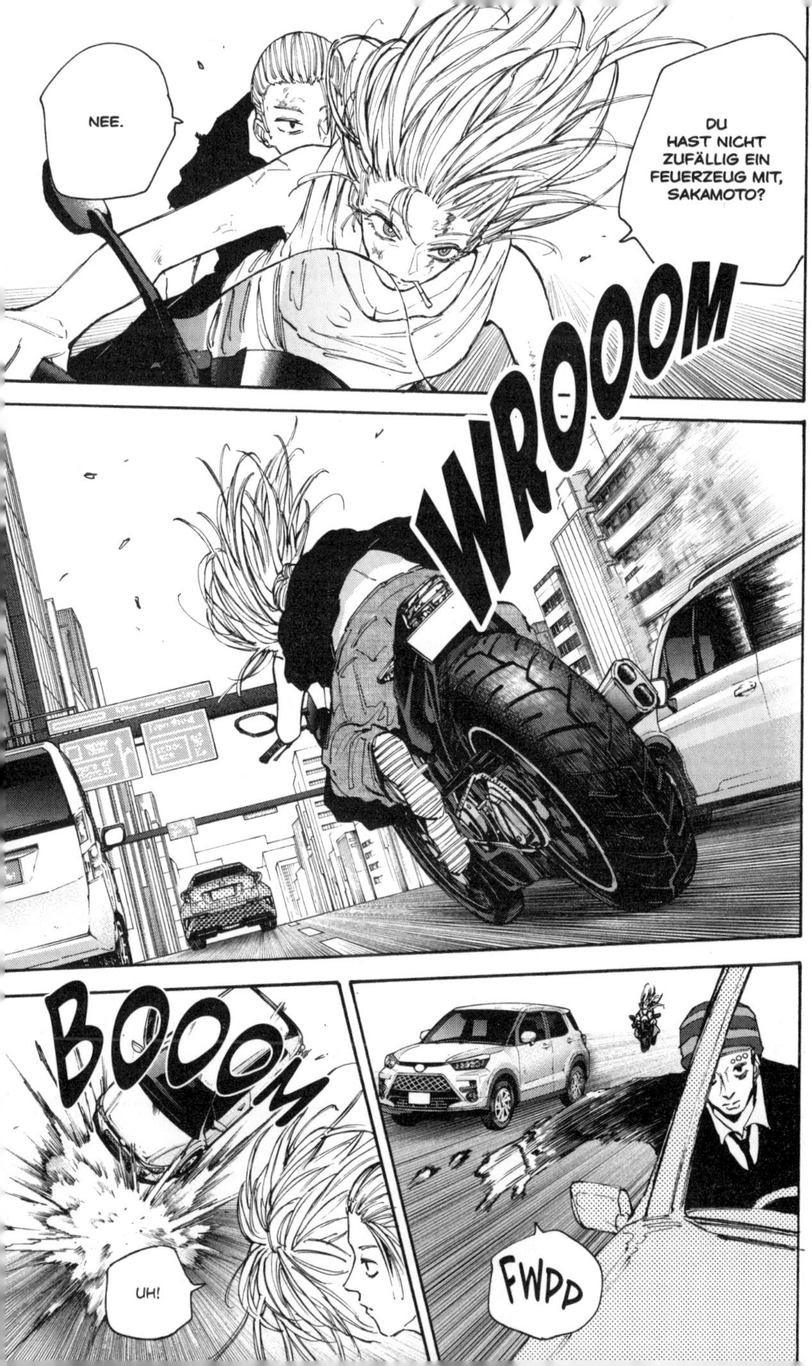
DU HAST NICHT ZUFÄLLIG EIN FEUERZEUG MIT, SAKAMOTO?
NEE.
WROOOM
FWPP
BOOOM
UH!

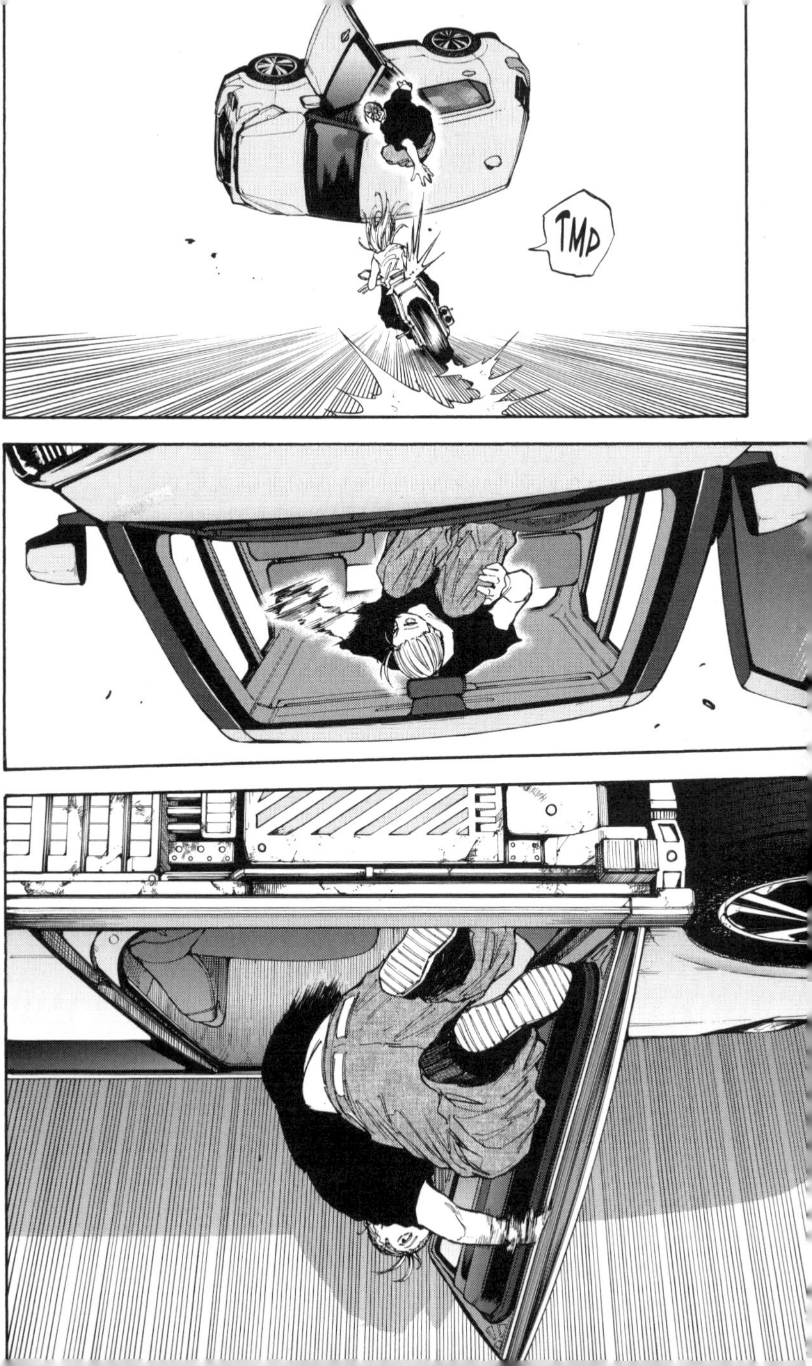
TMP

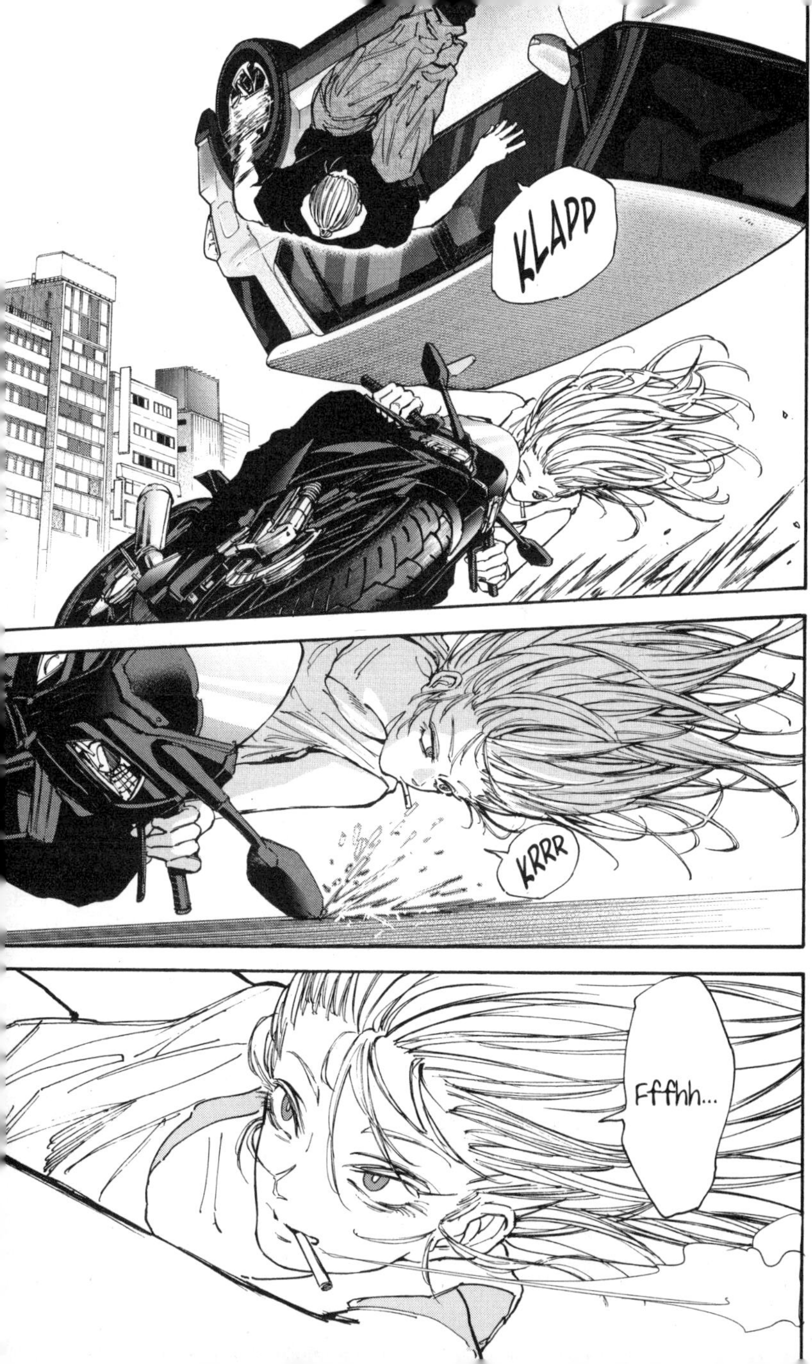
KLAPP
KRRR
Fffhh...

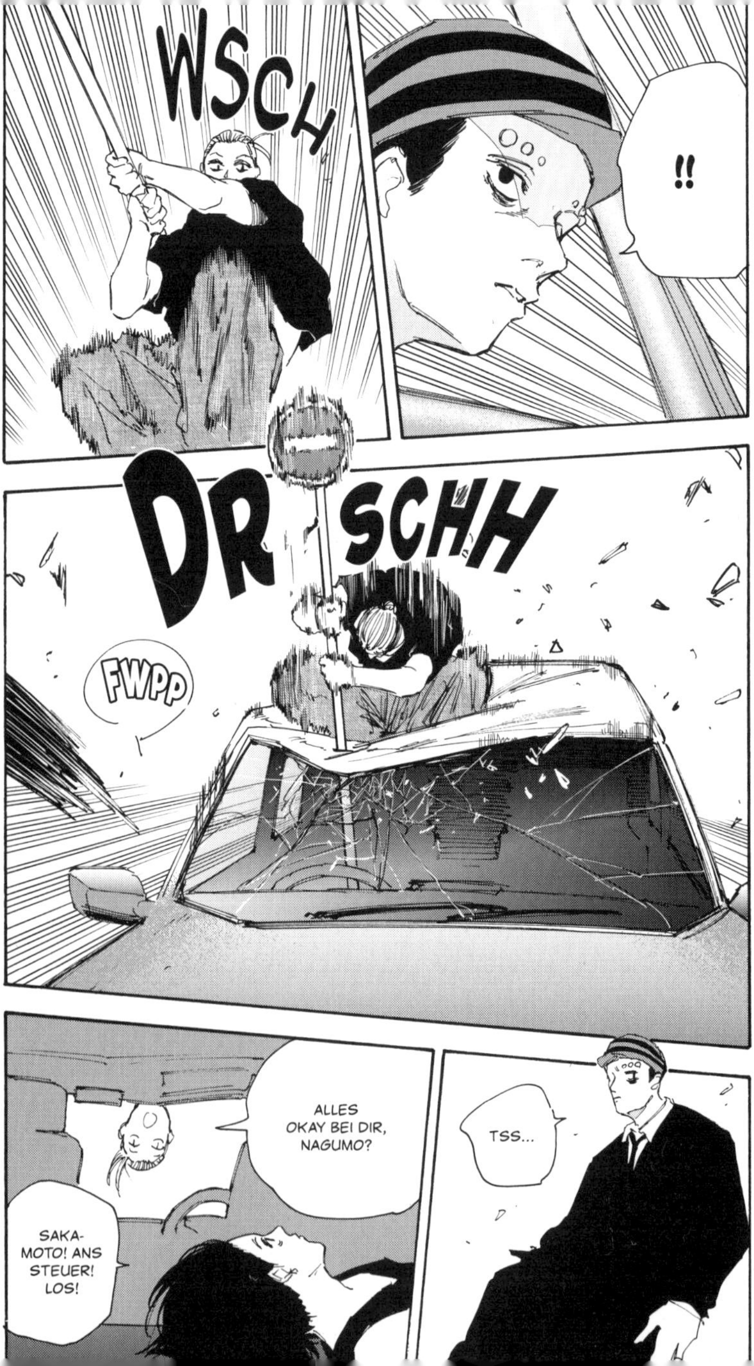
!!
WSCH
DRSCHH
FWPP
TSS...
ALLES OKAY BEI DIR, NAGUMO?
SAKA-MOTO! ANS STEUER! LOS!

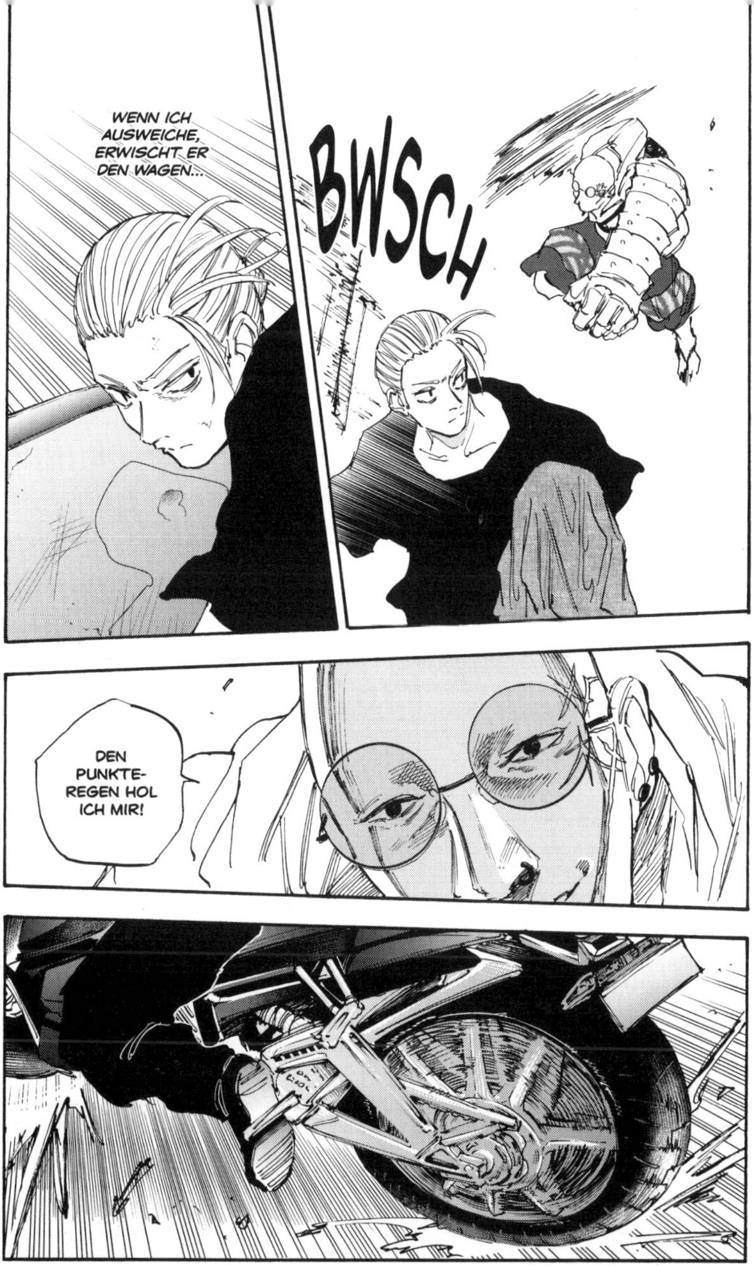
BWSCH
WENN ICH AUSWEICHE, ERWISCHT ER DEN WAGEN...
DEN PUNKTE-REGEN HOL ICH MIR!

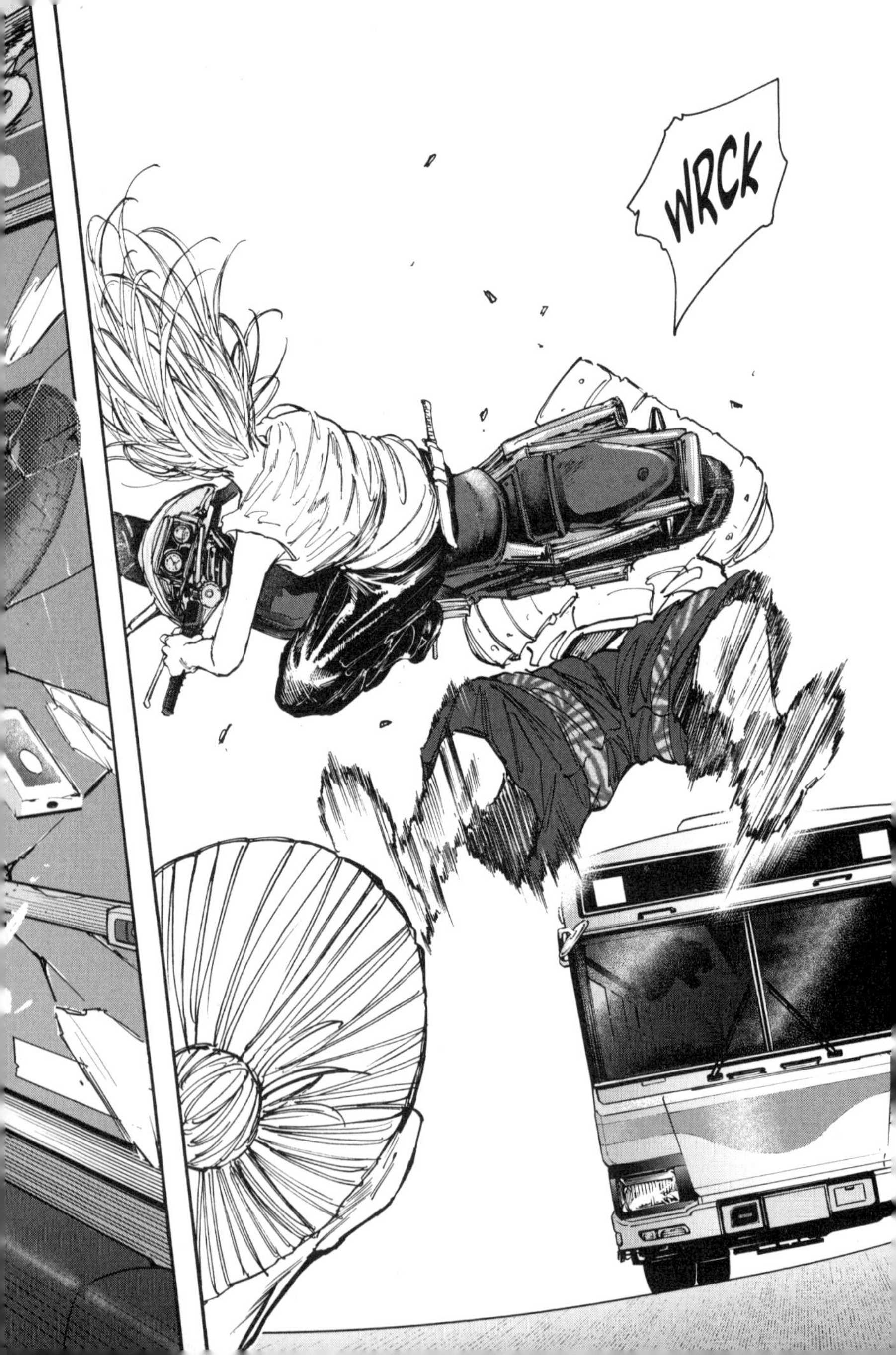
WRCK

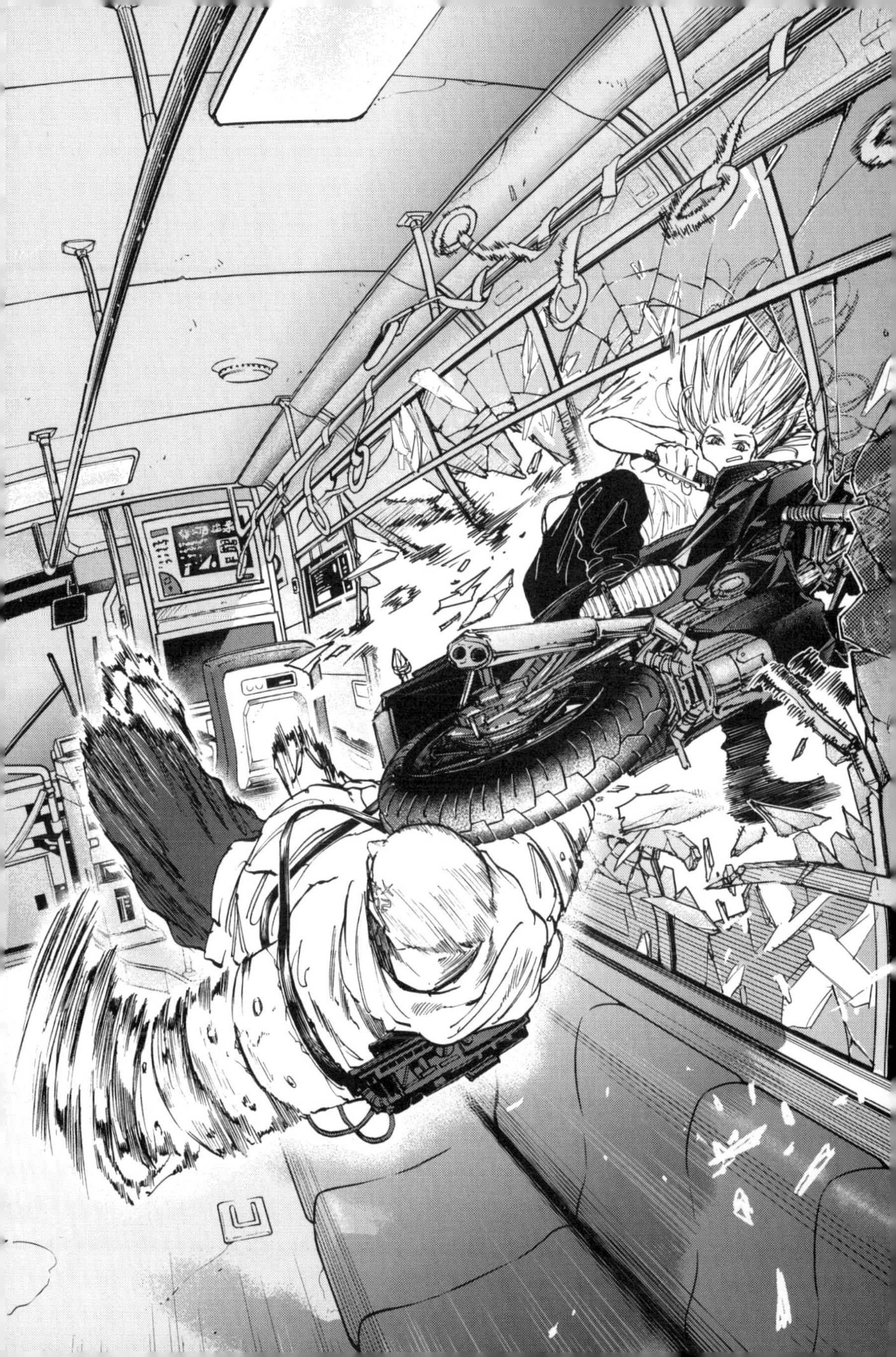

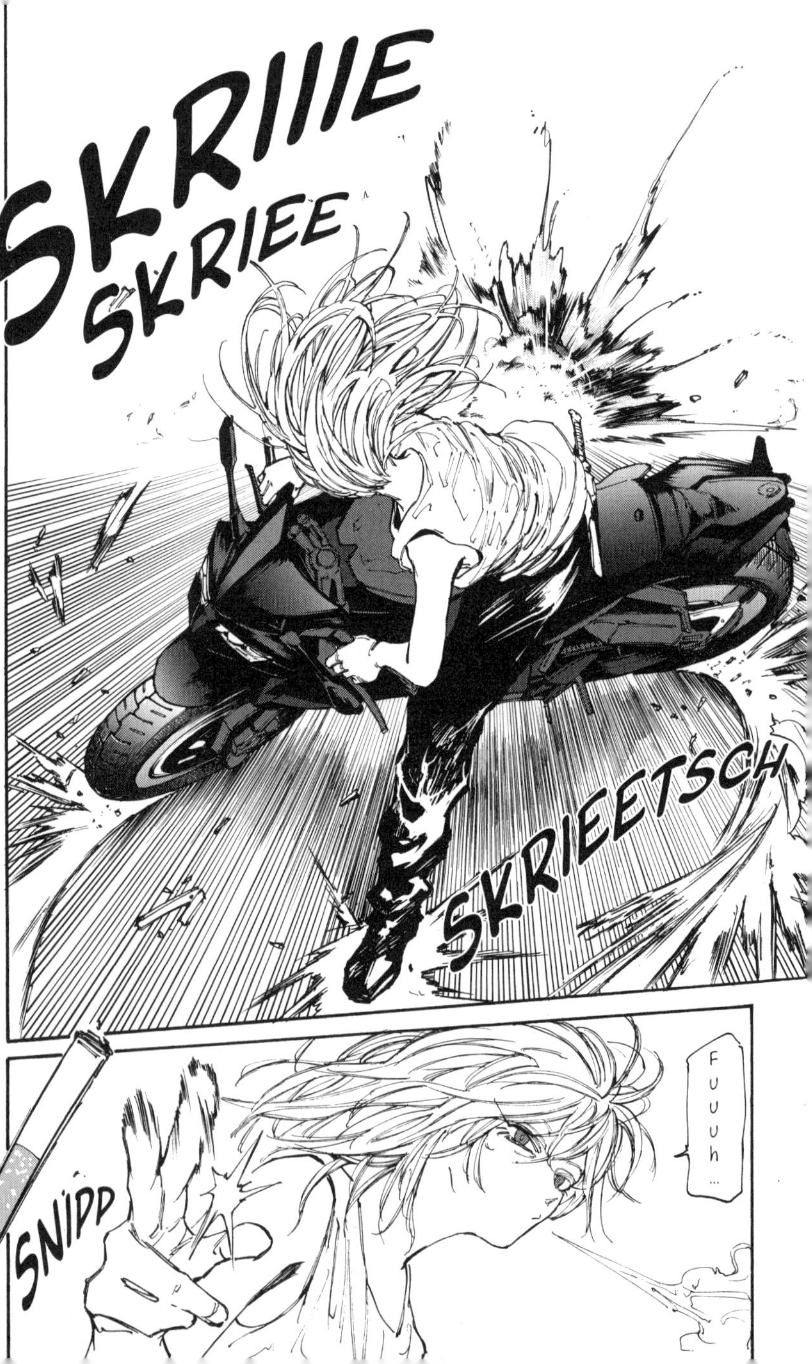
SKRIIIE
SKRIEE
SKRIEETSCH
Fuuuh ...
SNIPP

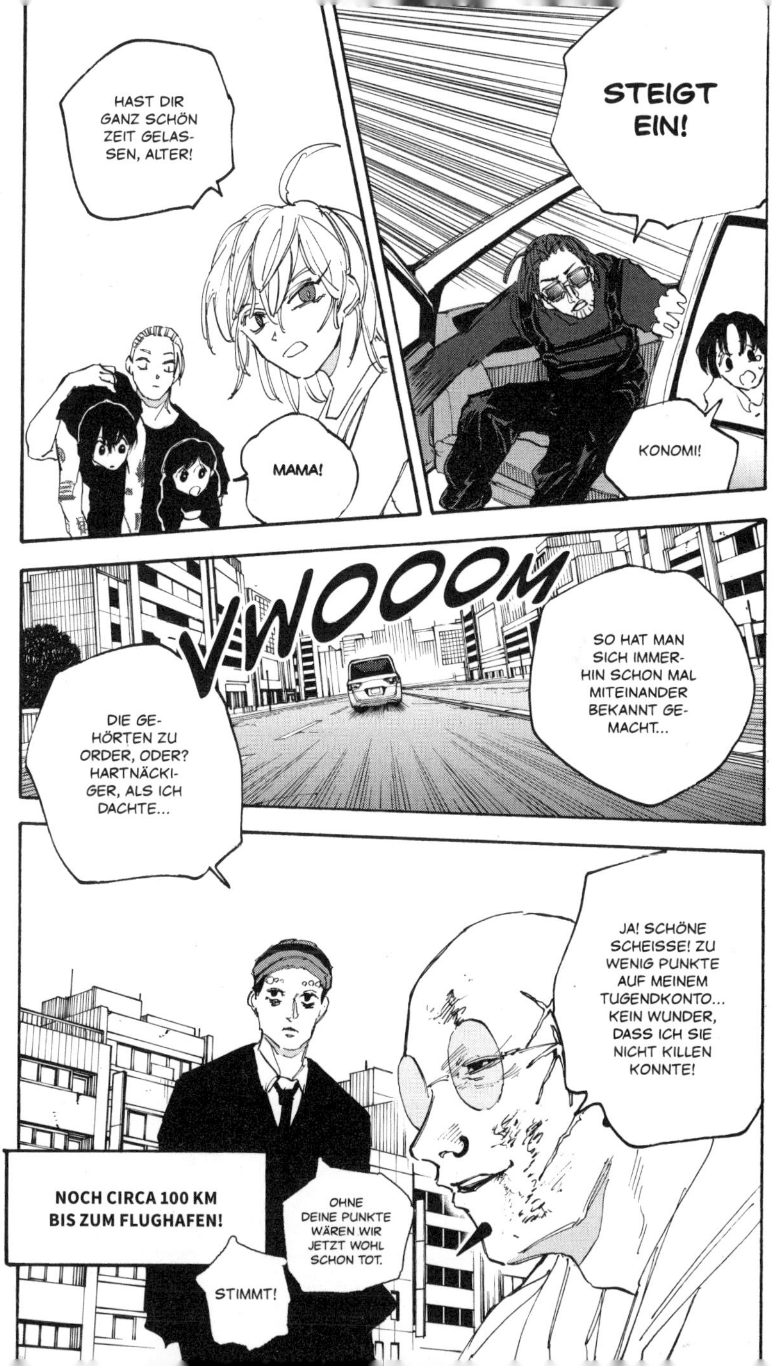
STEIGT EIN!
KONOMI!
HAST DIR GANZ SCHÖN ZEIT GELAS- SEN, ALTER!
MAMA!
VWOOOM
SO HAT MAN SICH IMMER- HIN SCHON MAL MITEINANDER BEKANNT GE- MACHT...
DIE GE- HÖRTEN ZU ORDER, ODER? HARTNÄCKI- GER, ALS ICH DACHTE...
JA! SCHÖNE SCHEISSE! ZU WENIG PUNKTE AUF MEINEM TUGENDKONTO... KEIN WUNDER, DASS ICH SIE NICHT KILLEN KONNTE!
OHNE DEINE PUNKTE WÄREN WIR JETZT WOHL SCHON TOT.
STIMMT!
NOCH CIRCA 100 KM BIS ZUM FLUGHAFEN!

Higuchi

Charakter, der von den tugendhaften Pachinkosüchtigen inspiriert ist.

Kann man schon mögen.

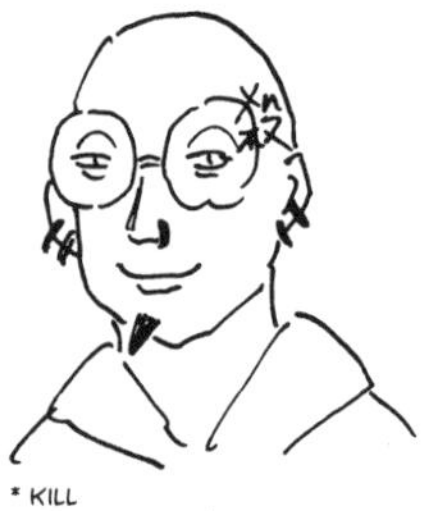

* KILL

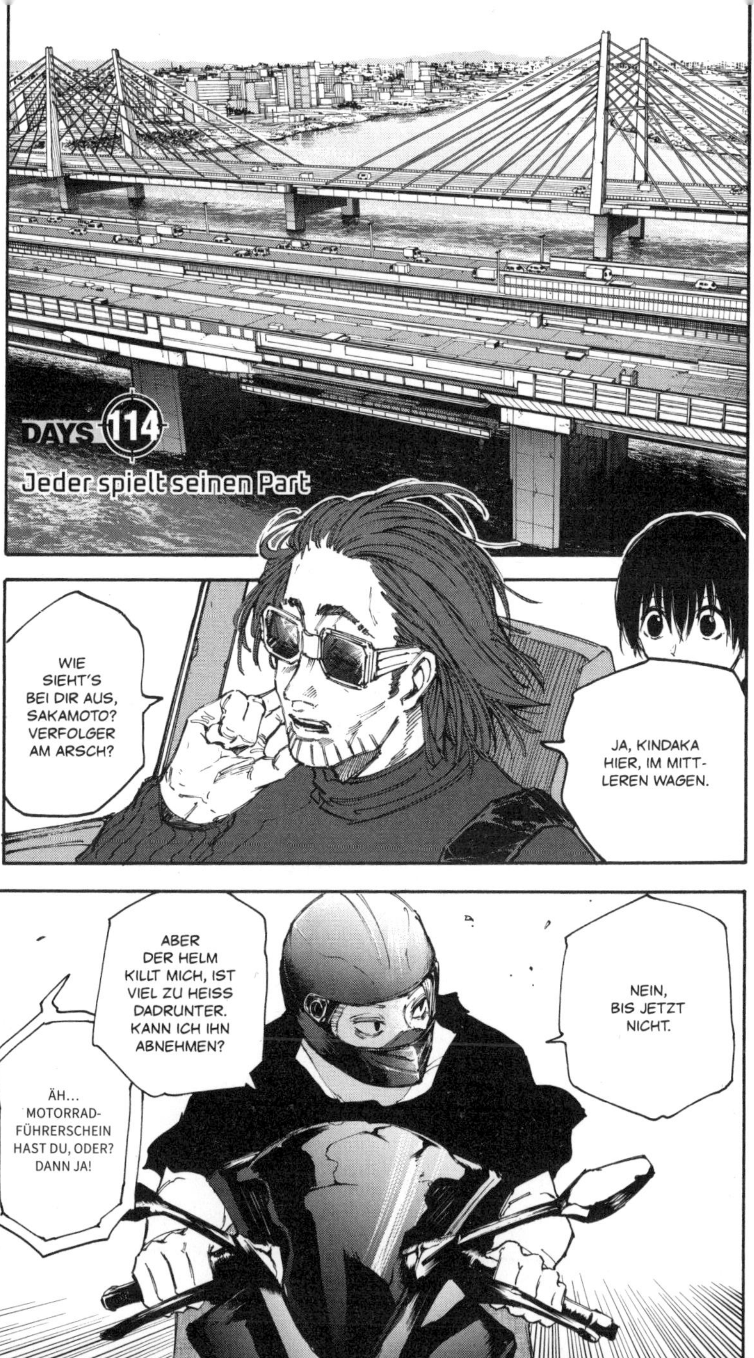
DAYS 114
Jeder spielt seinen Part
JA, KINDAKA HIER, IM MITTLEREN WAGEN.
WIE SIEHT'S BEI DIR AUS, SAKAMOTO? VERFOLGER AM ARSCH?
NEIN, BIS JETZT NICHT.
ABER DER HELM KILLT MICH, IST VIEL ZU HEISS DADRUNTER. KANN ICH IHN ABNEHMEN?
ÄH… MOTORRAD-FÜHRERSCHEIN HAST DU, ODER? DANN JA!

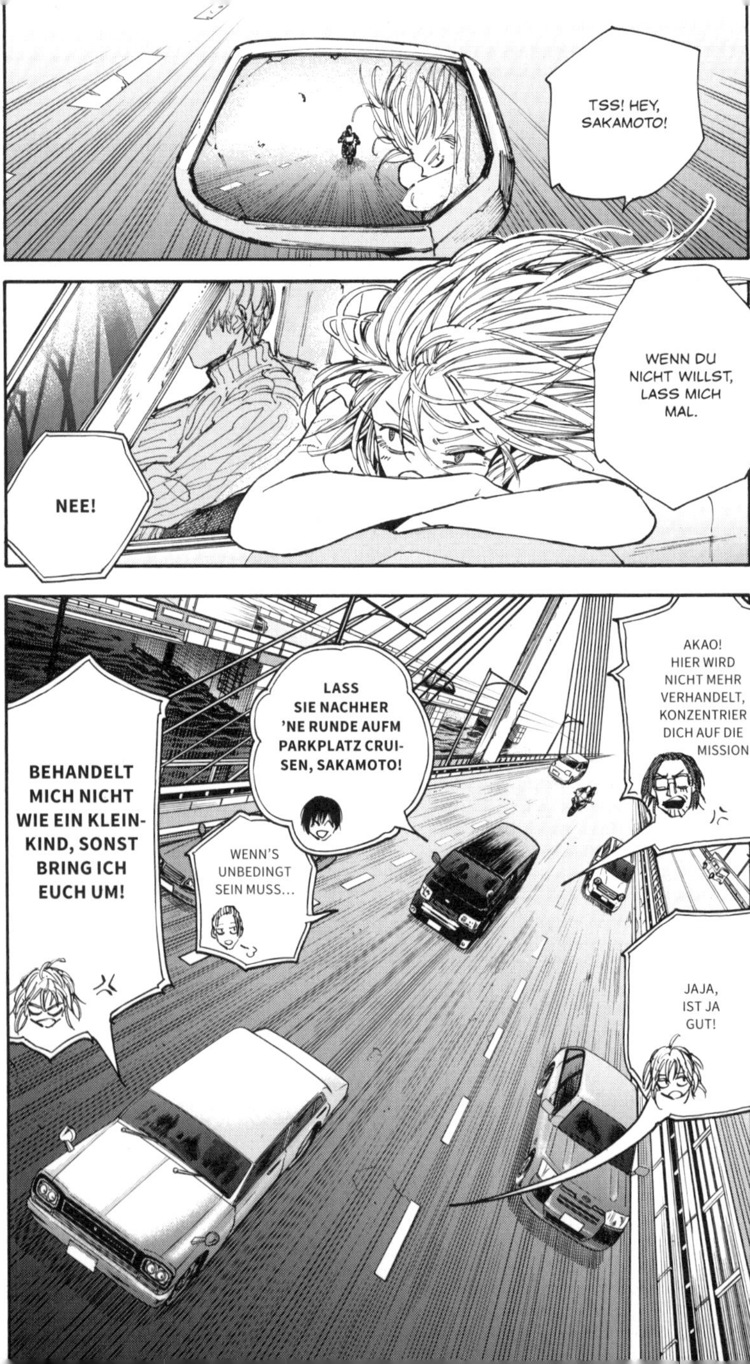
TSS! HEY, SAKAMOTO!
WENN DU NICHT WILLST, LASS MICH MAL.
NEE!
AKAO! HIER WIRD NICHT MEHR VERHANDELT, KONZENTRIER DICH AUF DIE MISSION!
LASS SIE NACHHER 'NE RUNDE AUFM PARKPLATZ CRUI-SEN, SAKAMOTO!
WENN'S UNBEDINGT SEIN MUSS…
BEHANDELT MICH NICHT WIE EIN KLEIN-KIND, SONST BRING ICH EUCH UM!
JAJA, IST JA GUT!

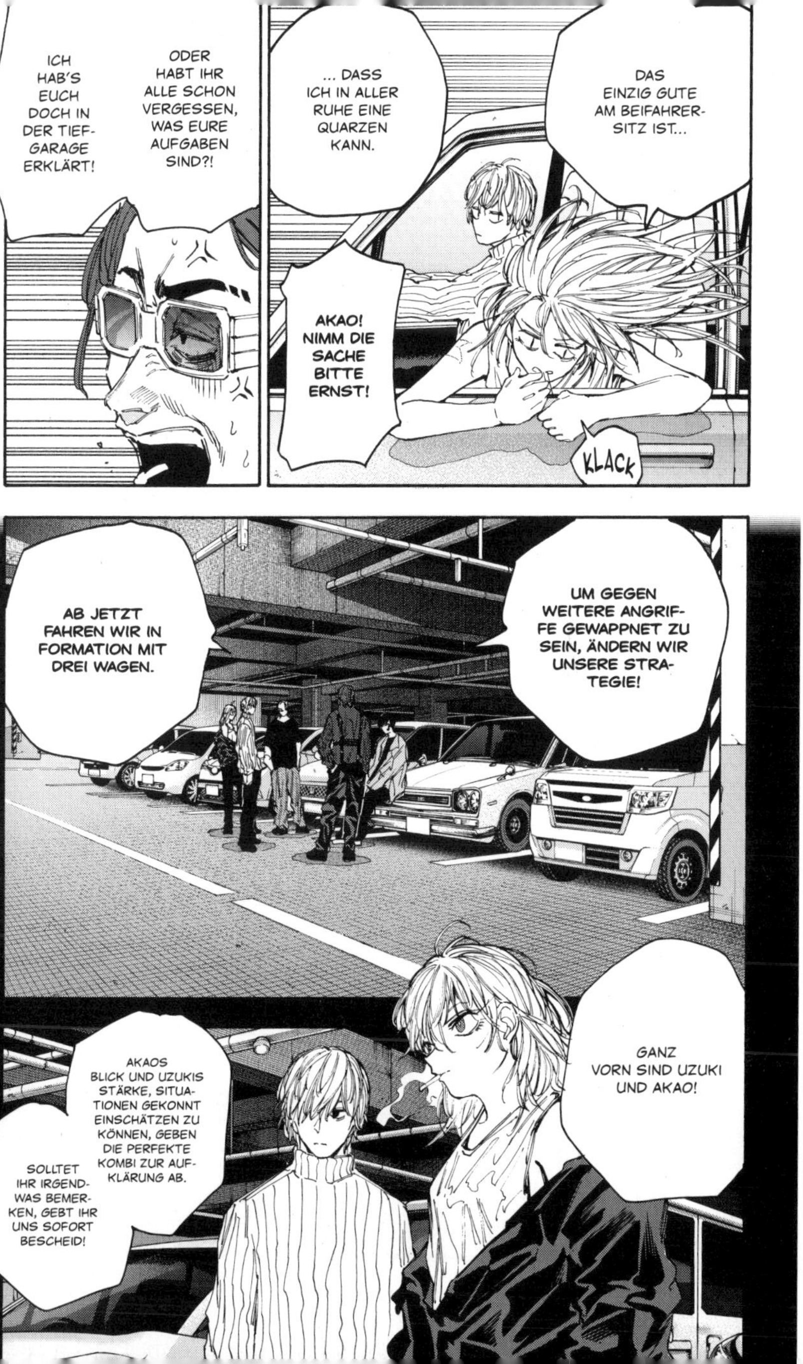
DAS EINZIG GUTE AM BEIFAHRERSITZ IST...
... DASS ICH IN ALLER RUHE EINE QUARZEN KANN.
KLACK
AKAO! NIMM DIE SACHE BITTE ERNST!
ODER HABT IHR ALLE SCHON VERGESSEN, WAS EURE AUFGABEN SIND?!
ICH HAB'S EUCH DOCH IN DER TIEFGARAGE ERKLÄRT!
UM GEGEN WEITERE ANGRIFFE GEWAPPNET ZU SEIN, ÄNDERN WIR UNSERE STRATEGIE!
AB JETZT FAHREN WIR IN FORMATION MIT DREI WAGEN.
GANZ VORN SIND UZUKI UND AKAO!
AKAOS BLICK UND UZUKIS STÄRKE, SITUATIONEN GEKONNT EINSCHÄTZEN ZU KÖNNEN, GEBEN DIE PERFEKTE KOMBI ZUR AUFKLÄRUNG AB.
SOLLTET IHR IRGENDWAS BEMERKEN, GEBT IHR UNS SOFORT BESCHEID!

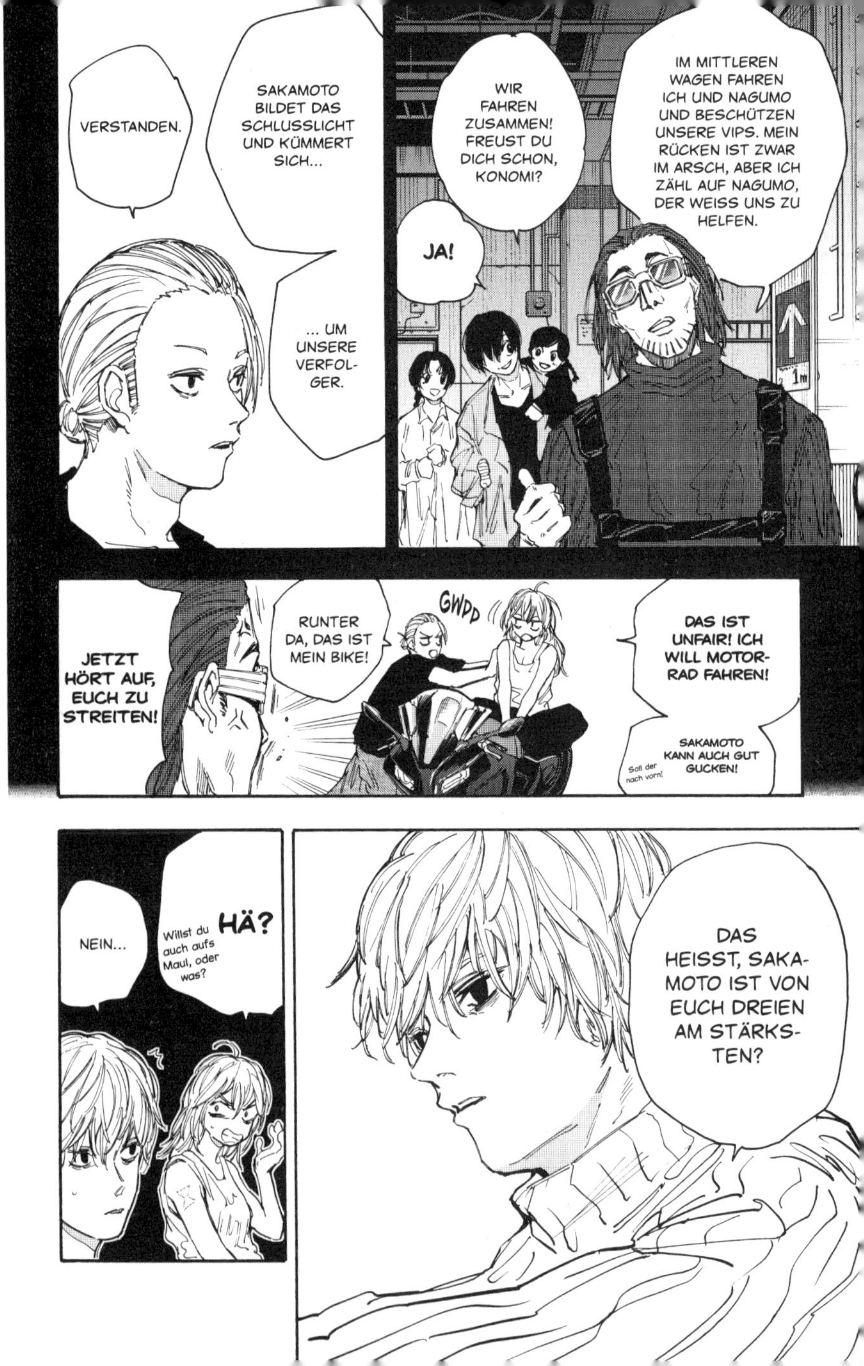
IM MITTLEREN WAGEN FAHREN ICH UND NAGUMO UND BESCHÜTZEN UNSERE VIPS. MEIN RÜCKEN IST ZWAR IM ARSCH, ABER ICH ZÄHL AUF NAGUMO, DER WEISS UNS ZU HELFEN.
WIR FAHREN ZUSAMMEN! FREUST DU DICH SCHON, KONOMI?
JA!
SAKAMOTO BILDET DAS SCHLUSSLICHT UND KÜMMERT SICH...
... UM UNSERE VERFOLGER.
VERSTANDEN.
DAS IST UNFAIR! ICH WILL MOTORRAD FAHREN!
SAKAMOTO KANN AUCH GUT GUCKEN!
Soll der nach vorn!
GWDD
RUNTER DA, DAS IST MEIN BIKE!
JETZT HÖRT AUF, EUCH ZU STREITEN!
DAS HEISST, SAKAMOTO IST VON EUCH DREIEN AM STÄRKSTEN?
HÄ?
Willst du auch aufs Maul, oder was?
NEIN...

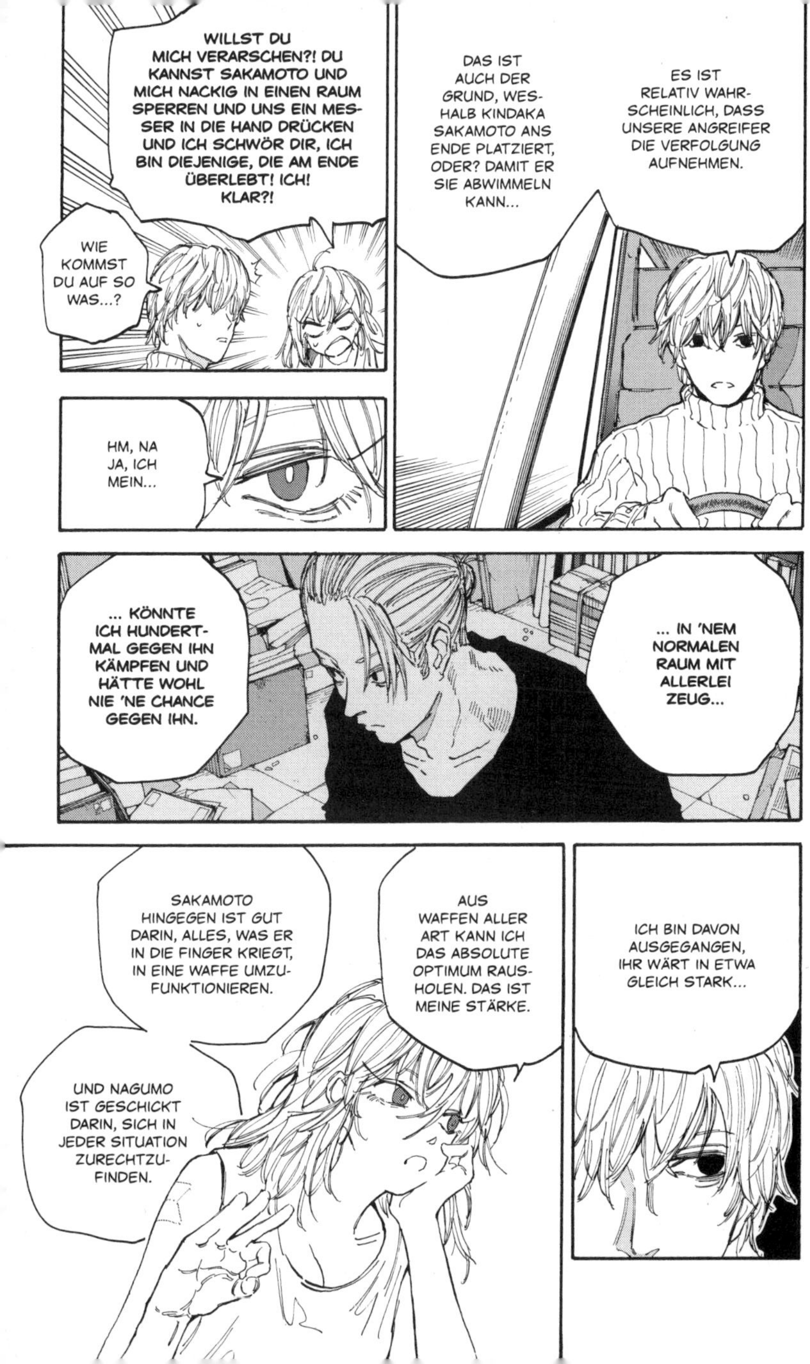

ES IST RELATIV WAHRSCHEINLICH, DASS UNSERE ANGREIFER DIE VERFOLGUNG AUFNEHMEN.
DAS IST AUCH DER GRUND, WESHALB KINDAKA SAKAMOTO ANS ENDE PLATZIERT, ODER? DAMIT ER SIE ABWIMMELN KANN...
WILLST DU MICH VERARSCHEN?! DU KANNST SAKAMOTO UND MICH NACKIG IN EINEN RAUM SPERREN UND UNS EIN MESSER IN DIE HAND DRÜCKEN UND ICH SCHWÖR DIR, ICH BIN DIEJENIGE, DIE AM ENDE ÜBERLEBT! ICH! KLAR?!
WIE KOMMST DU AUF SO WAS...?
HM, NA JA, ICH MEIN...
... IN 'NEM NORMALEN RAUM MIT ALLERLEI ZEUG...
... KÖNNTE ICH HUNDERTMAL GEGEN IHN KÄMPFEN UND HÄTTE WOHL NIE 'NE CHANCE GEGEN IHN.
ICH BIN DAVON AUSGEGANGEN, IHR WÄRT IN ETWA GLEICH STARK...
AUS WAFFEN ALLER ART KANN ICH DAS ABSOLUTE OPTIMUM RAUSHOLEN. DAS IST MEINE STÄRKE.
SAKAMOTO HINGEGEN IST GUT DARIN, ALLES, WAS ER IN DIE FINGER KRIEGT, IN EINE WAFFE UMZUFUNKTIONIEREN.
UND NAGUMO IST GESCHICKT DARIN, SICH IN JEDER SITUATION ZURECHTZUFINDEN.

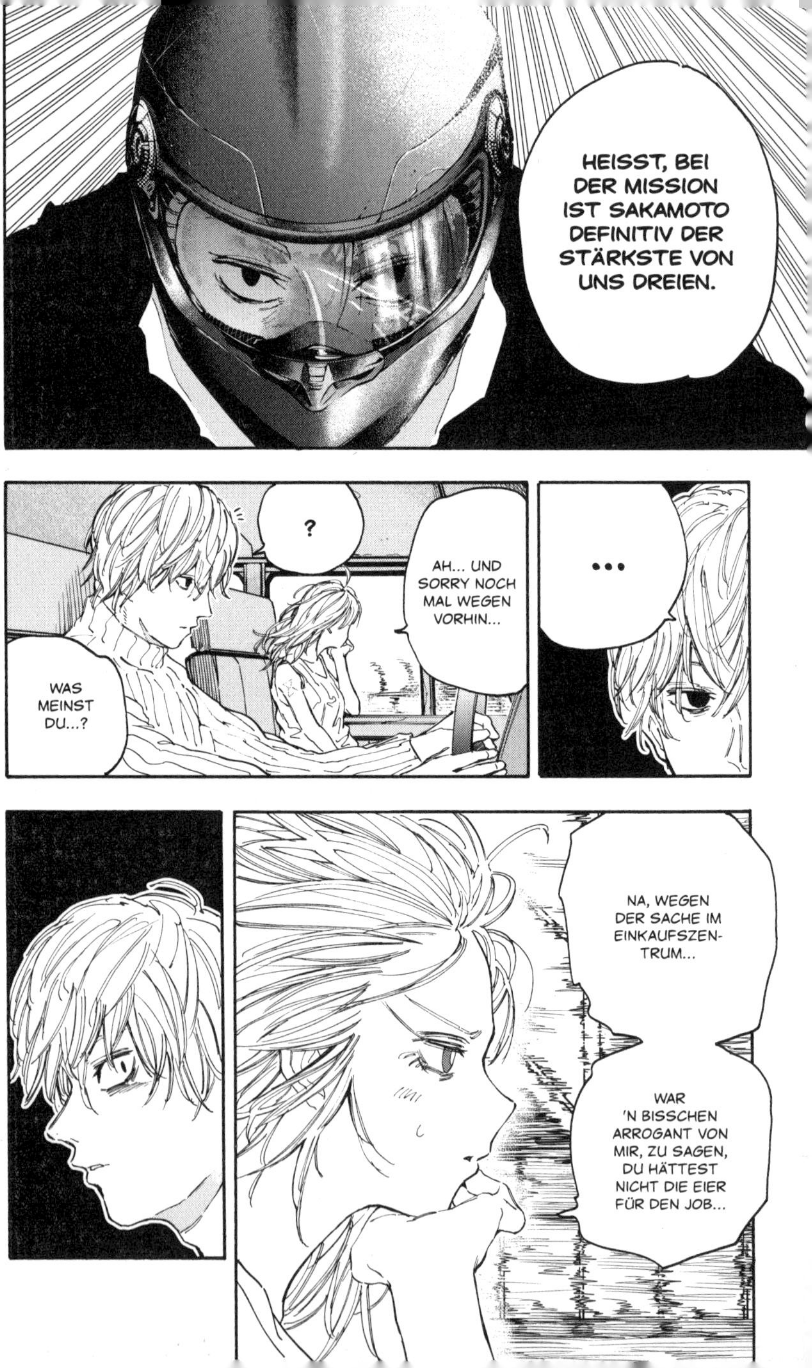
HEISST, BEI DER MISSION IST SAKAMOTO DEFINITIV DER STÄRKSTE VON UNS DREIEN.
...
AH... UND SORRY NOCH MAL WEGEN VORHIN...
?
WAS MEINST DU...?
NA, WEGEN DER SACHE IM EINKAUFSZEN-TRUM...
WAR 'N BISSCHEN ARROGANT VON MIR, ZU SAGEN, DU HÄTTEST NICHT DIE EIER FÜR DEN JOB...

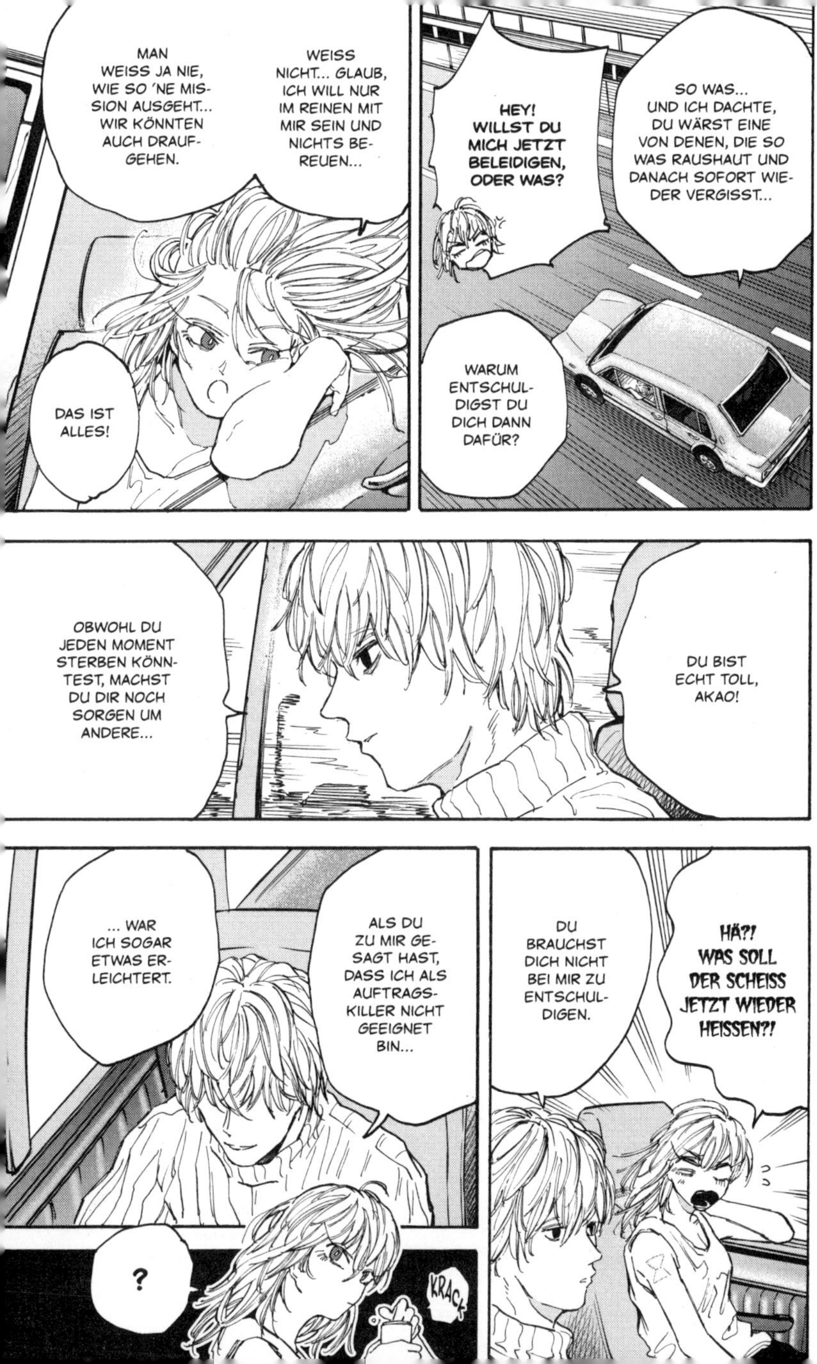
SO WAS... UND ICH DACHTE, DU WÄRST EINE VON DENEN, DIE SO WAS RAUSHAUT UND DANACH SOFORT WIEDER VERGISST...
HEY! WILLST DU MICH JETZT BELEIDIGEN, ODER WAS?
WARUM ENTSCHULDIGST DU DICH DANN DAFÜR?
WEISS NICHT... GLAUB, ICH WILL NUR IM REINEN MIT MIR SEIN UND NICHTS BEREUEN...
MAN WEISS JA NIE, WIE SO 'NE MISSION AUSGEHT... WIR KÖNNTEN AUCH DRAUFGEHEN.
DAS IST ALLES!
DU BIST ECHT TOLL, AKAO!
OBWOHL DU JEDEN MOMENT STERBEN KÖNNTEST, MACHST DU DIR NOCH SORGEN UM ANDERE...
HÄ?! WAS SOLL DER SCHEISS JETZT WIEDER HEISSEN?!
DU BRAUCHST DICH NICHT BEI MIR ZU ENTSCHULDIGEN.
ALS DU ZU MIR GESAGT HAST, DASS ICH ALS AUFTRAGSKILLER NICHT GEEIGNET BIN...
... WAR ICH SOGAR ETWAS ERLEICHTERT.
?
KRACK

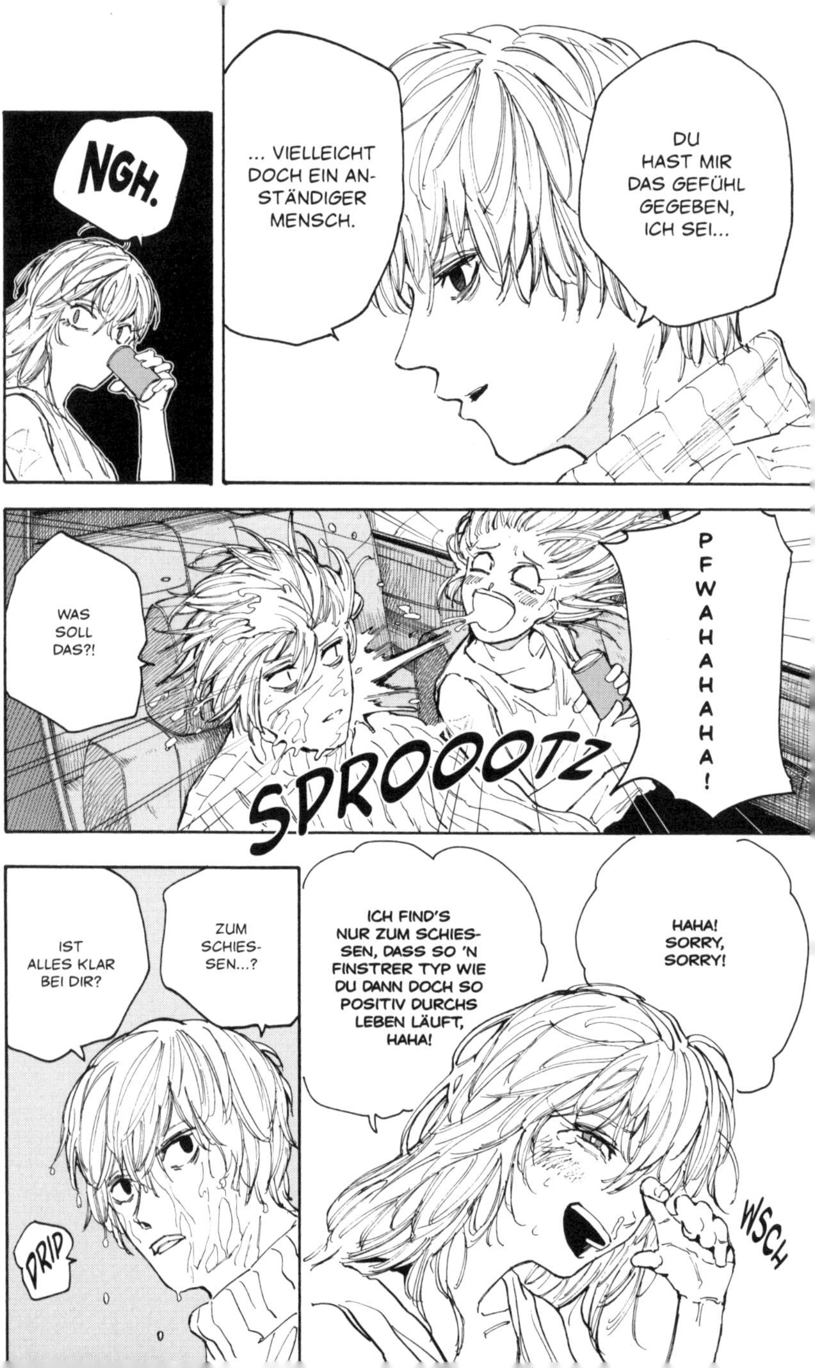

DU HAST MIR DAS GEFÜHL GEGEBEN, ICH SEI...
... VIELLEICHT DOCH EIN ANSTÄNDIGER MENSCH.
NGH.
PFWAHAHAHAHA!
SPROOOTZ
WAS SOLL DAS?!
HAHA! SORRY, SORRY!
ICH FIND'S NUR ZUM SCHIESSEN, DASS SO 'N FINSTRER TYP WIE DU DANN DOCH SO POSITIV DURCHS LEBEN LÄUFT, HAHA!
WSCH
ZUM SCHIESSEN...?
IST ALLES KLAR BEI DIR?
DRIP

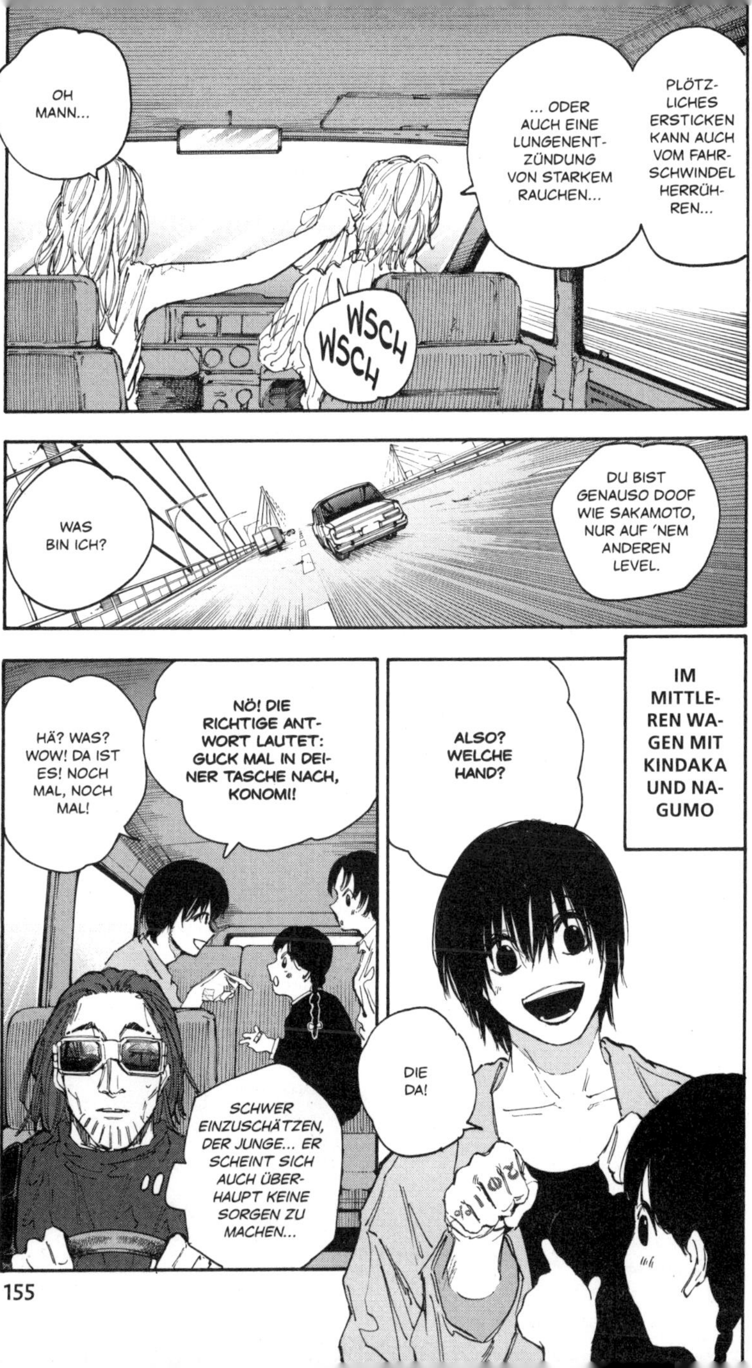
PLÖTZLICHES ERSTICKEN KANN AUCH VOM FAHRSCHWINDEL HERRÜHREN...
... ODER AUCH EINE LUNGENENTZÜNDUNG VON STARKEM RAUCHEN...
OH MANN...
WSCH WSCH
DU BIST GENAUSO DOOF WIE SAKAMOTO, NUR AUF 'NEM ANDEREN LEVEL.
WAS BIN ICH?
IM MITTLEREN WAGEN MIT KINDAKA UND NAGUMO
ALSO? WELCHE HAND?
DIE DA!
NÖ! DIE RICHTIGE ANTWORT LAUTET: GUCK MAL IN DEINER TASCHE NACH, KONOMI!
HÄ? WAS? WOW! DA IST ES! NOCH MAL, NOCH MAL!
SCHWER EINZUSCHÄTZEN, DER JUNGE... ER SCHEINT SICH AUCH ÜBERHAUPT KEINE SORGEN ZU MACHEN...

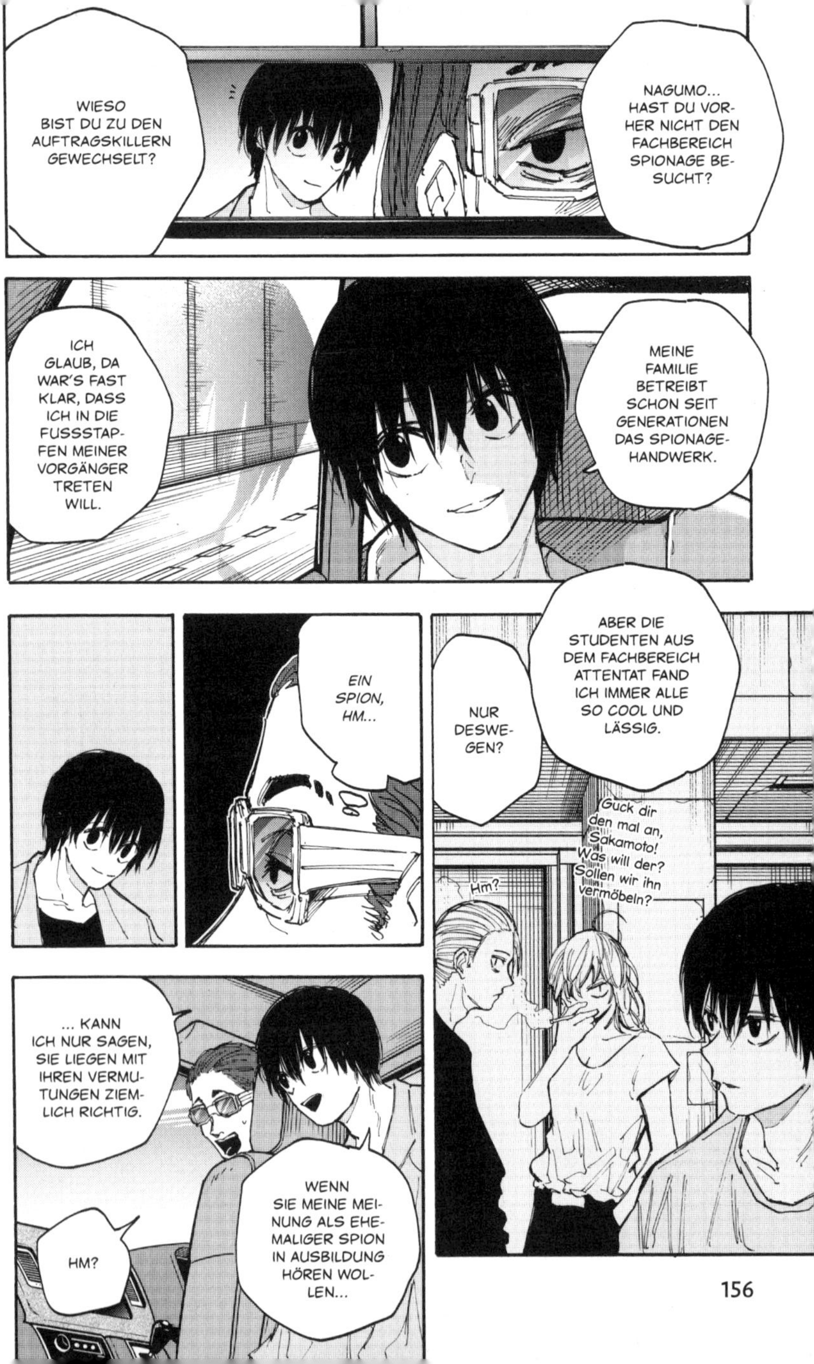
NAGUMO... HAST DU VORHER NICHT DEN FACHBEREICH SPIONAGE BESUCHT?
WIESO BIST DU ZU DEN AUFTRAGSKILLERN GEWECHSELT?
MEINE FAMILIE BETREIBT SCHON SEIT GENERATIONEN DAS SPIONAGE-HANDWERK.
ICH GLAUB, DA WAR'S FAST KLAR, DASS ICH IN DIE FUSSSTAPFEN MEINER VORGÄNGER TRETEN WILL.
ABER DIE STUDENTEN AUS DEM FACHBEREICH ATTENTAT FAND ICH IMMER ALLE SO COOL UND LÄSSIG.
NUR DESWEGEN?
Guck dir den mal an, Sakamoto! Was will der? Sollen wir ihn vermöbeln?
Hm?
EIN SPION, HM...
WENN SIE MEINE MEINUNG ALS EHEMALIGER SPION IN AUSBILDUNG HÖREN WOLLEN...
HM?
... KANN ICH NUR SAGEN, SIE LIEGEN MIT IHREN VERMUTUNGEN ZIEMLICH RICHTIG.

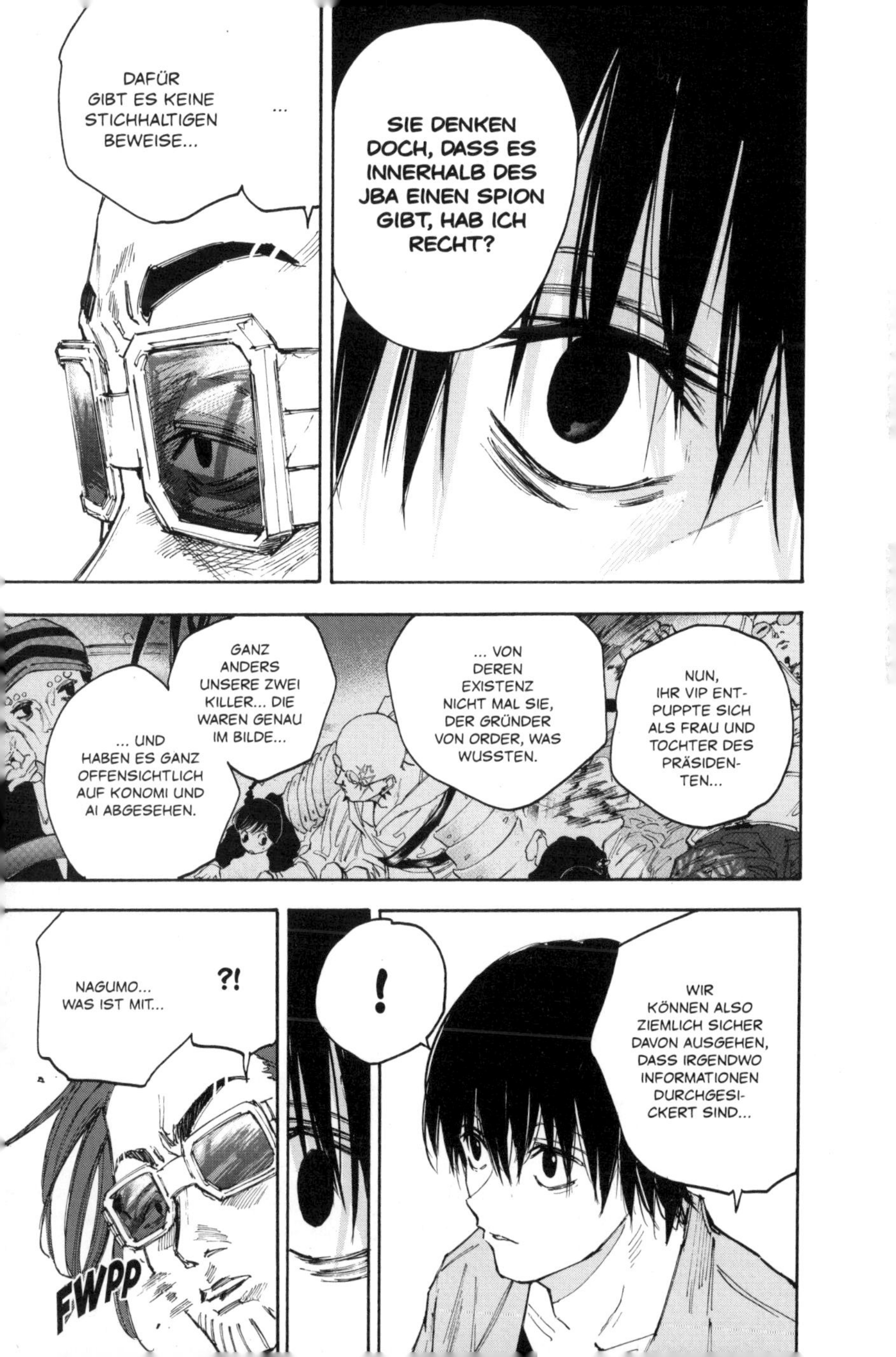
SIE DENKEN DOCH, DASS ES INNERHALB DES JBA EINEN SPION GIBT, HAB ICH RECHT?
...
DAFÜR GIBT ES KEINE STICHHALTIGEN BEWEISE...
NUN, IHR VIP ENTPUPPTE SICH ALS FRAU UND TOCHTER DES PRÄSIDENTEN...
... VON DEREN EXISTENZ NICHT MAL SIE, DER GRÜNDER VON ORDER, WAS WUSSTEN.
GANZ ANDERS UNSERE ZWEI KILLER... DIE WAREN GENAU IM BILDE...
... UND HABEN ES GANZ OFFENSICHTLICH AUF KONOMI UND AI ABGESEHEN.
WIR KÖNNEN ALSO ZIEMLICH SICHER DAVON AUSGEHEN, DASS IRGENDWO INFORMATIONEN DURCHGESICKERT SIND...
!
?!
NAGUMO... WAS IST MIT...
FWPP

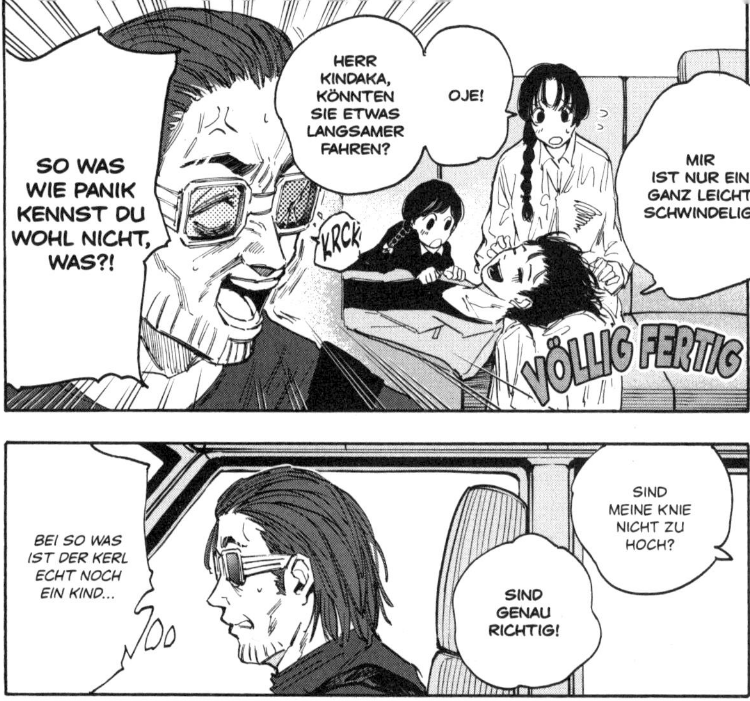

* JAP. WORTSPIEL FÜR MINDESTENS ZWEI PERSONEN

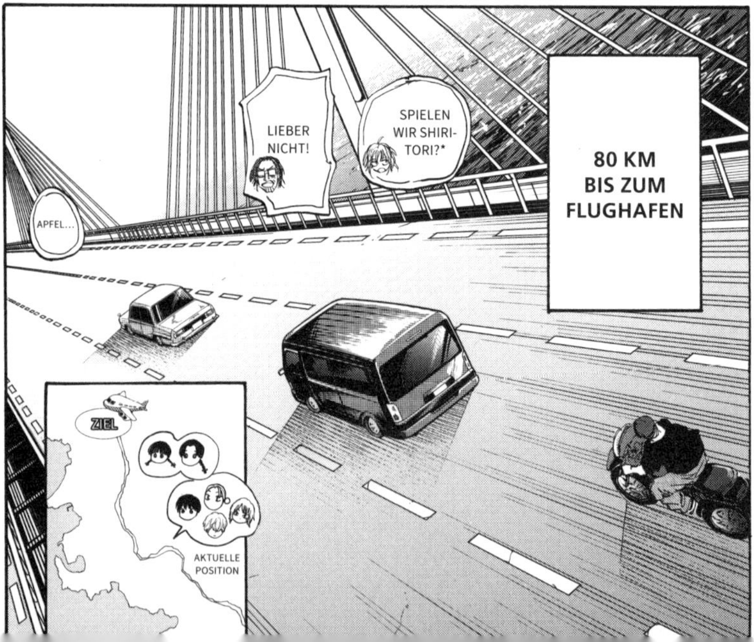

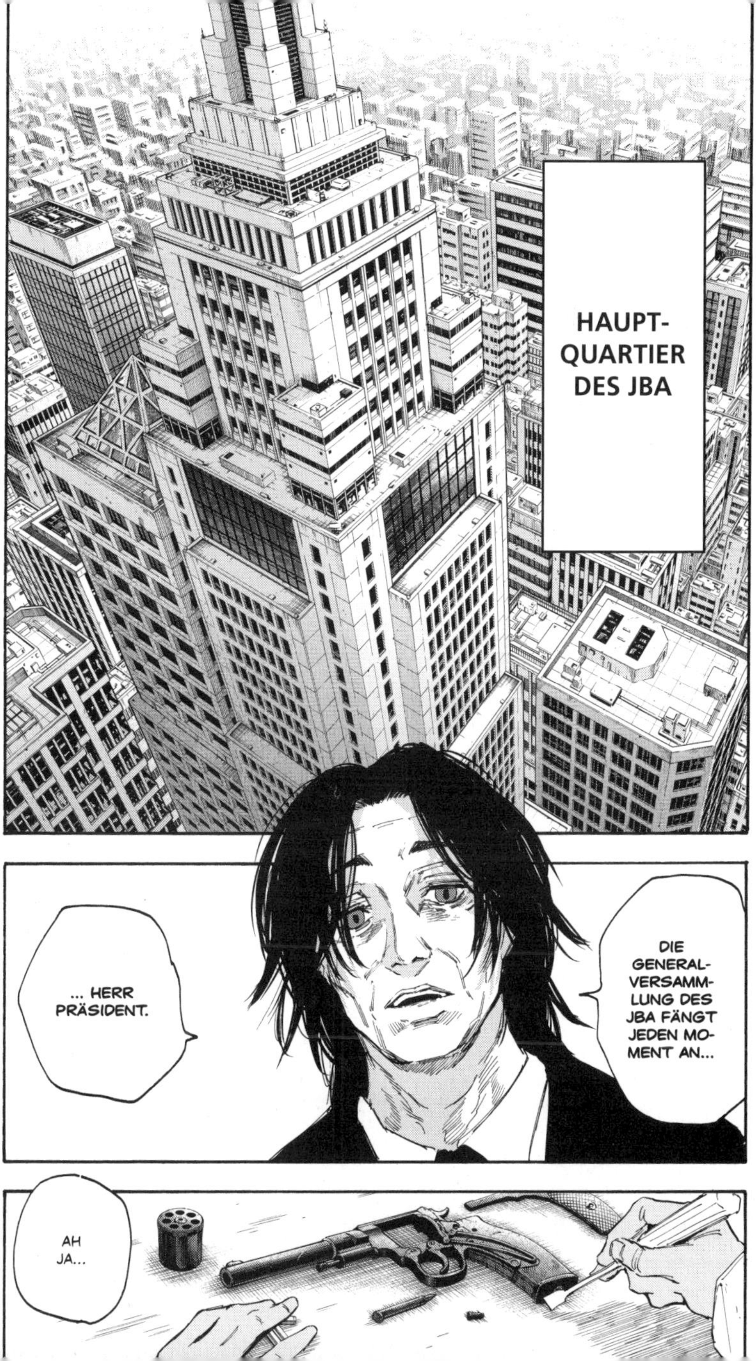
HAUPT-
QUARTIER
DES JBA
DIE GENERAL-VERSAMMLUNG DES JBA FÄNGT JEDEN MOMENT AN...
... HERR PRÄSIDENT.
AH JA...

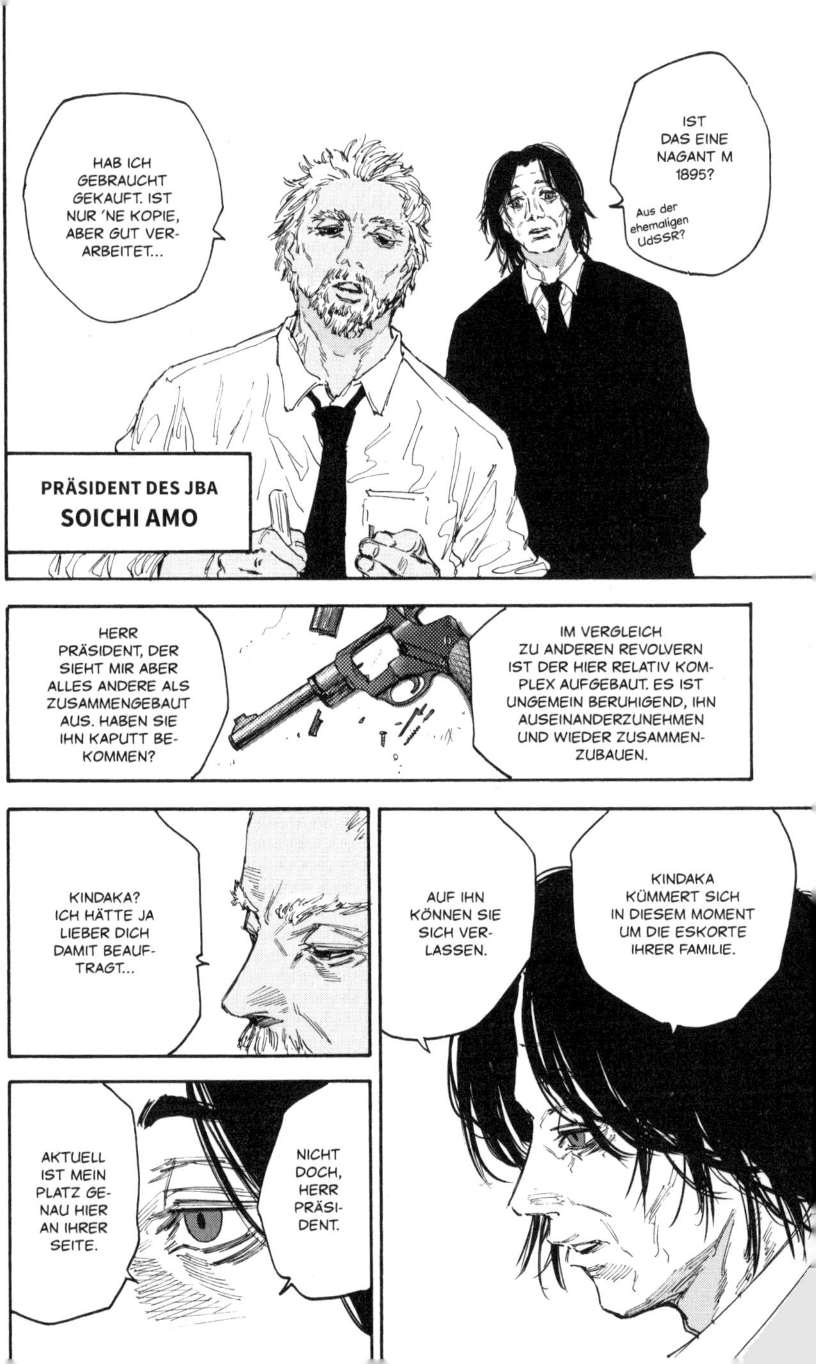
IST DAS EINE NAGANT M 1895?
Aus der ehemaligen UdSSR?
HAB ICH GEBRAUCHT GEKAUFT. IST NUR 'NE KOPIE, ABER GUT VERARBEITET…
PRÄSIDENT DES JBA
SOICHI AMO
IM VERGLEICH ZU ANDEREN REVOLVERN IST DER HIER RELATIV KOMPLEX AUFGEBAUT. ES IST UNGEMEIN BERUHIGEND, IHN AUSEINANDERZUNEHMEN UND WIEDER ZUSAMMENZUBAUEN.
HERR PRÄSIDENT, DER SIEHT MIR ABER ALLES ANDERE ALS ZUSAMMENGEBAUT AUS. HABEN SIE IHN KAPUTT BEKOMMEN?
KINDAKA KÜMMERT SICH IN DIESEM MOMENT UM DIE ESKORTE IHRER FAMILIE.
AUF IHN KÖNNEN SIE SICH VERLASSEN.
KINDAKA? ICH HÄTTE JA LIEBER DICH DAMIT BEAUFTRAGT…
NICHT DOCH, HERR PRÄSIDENT.
AKTUELL IST MEIN PLATZ GENAU HIER AN IHRER SEITE.

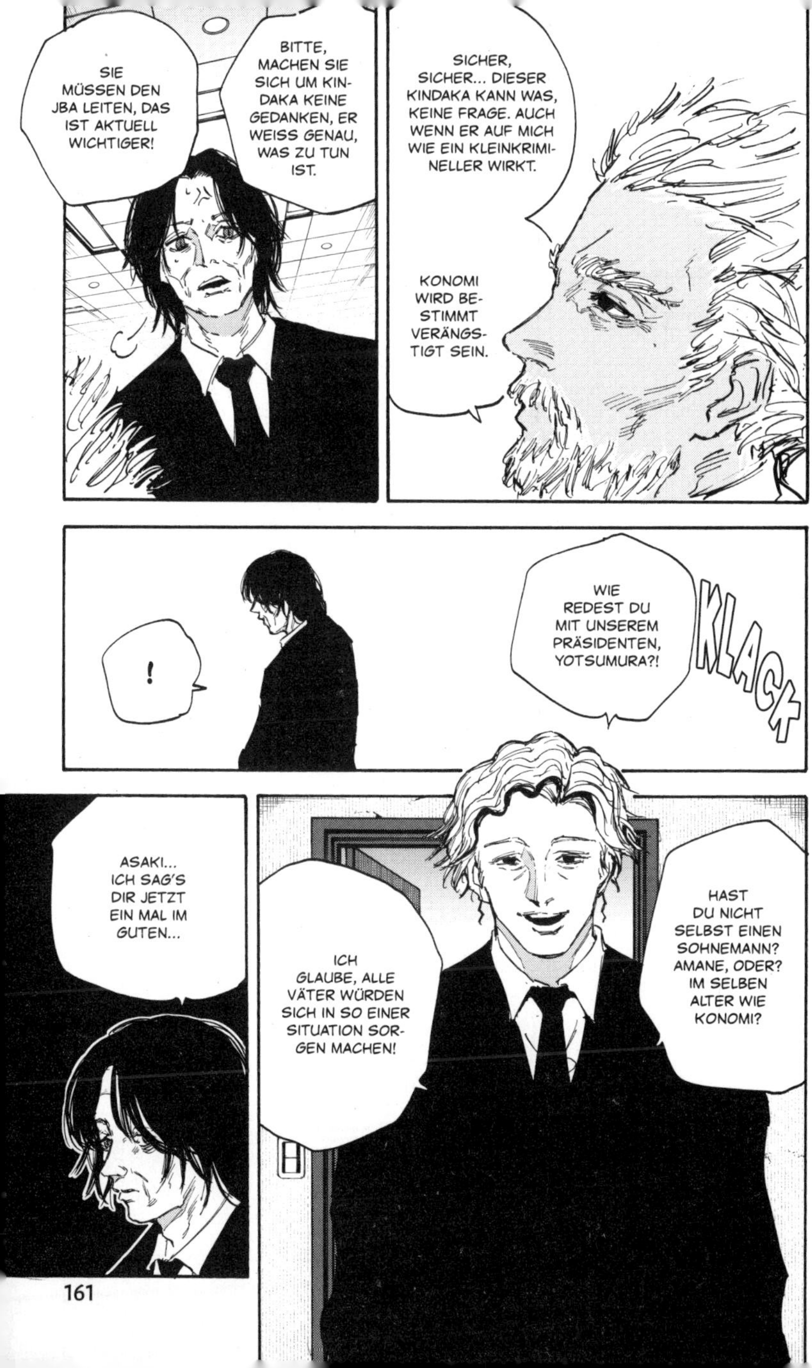
SIE MÜSSEN DEN JBA LEITEN, DAS IST AKTUELL WICHTIGER!
BITTE, MACHEN SIE SICH UM KINDAKA KEINE GEDANKEN, ER WEISS GENAU, WAS ZU TUN IST.
SICHER, SICHER... DIESER KINDAKA KANN WAS, KEINE FRAGE. AUCH WENN ER AUF MICH WIE EIN KLEINKRIMINELLER WIRKT.
KONOMI WIRD BESTIMMT VERÄNGSTIGT SEIN.
!
WIE REDEST DU MIT UNSEREM PRÄSIDENTEN, YOTSUMURA?!
KLACK
ASAKI... ICH SAG'S DIR JETZT EIN MAL IM GUTEN...
ICH GLAUBE, ALLE VÄTER WÜRDEN SICH IN SO EINER SITUATION SORGEN MACHEN!
HAST DU NICHT SELBST EINEN SOHNEMANN? AMANE, ODER? IM SELBEN ALTER WIE KONOMI?

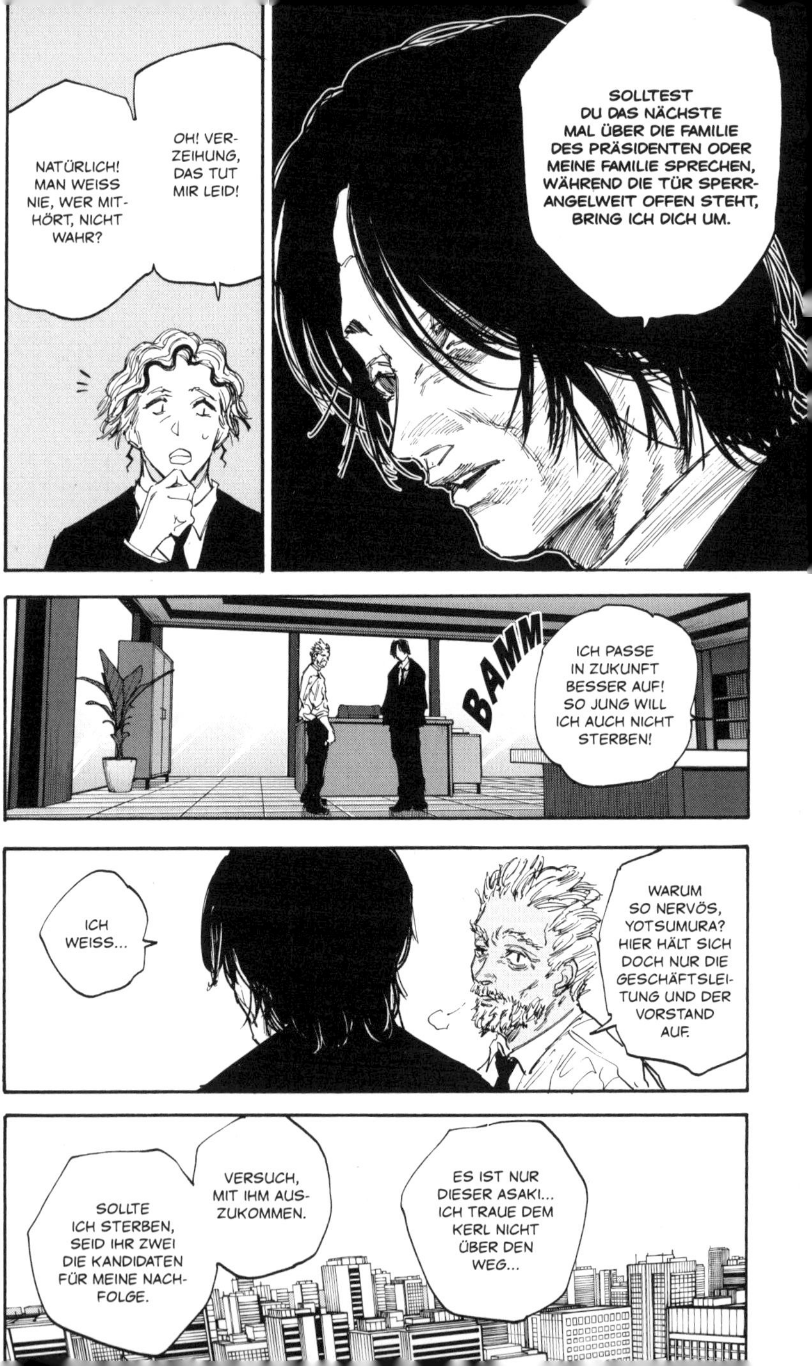
SOLLTEST DU DAS NÄCHSTE MAL ÜBER DIE FAMILIE DES PRÄSIDENTEN ODER MEINE FAMILIE SPRECHEN, WÄHREND DIE TÜR SPERR-ANGELWEIT OFFEN STEHT, BRING ICH DICH UM.
OH! VER-ZEIHUNG, DAS TUT MIR LEID!
NATÜRLICH! MAN WEISS NIE, WER MIT-HÖRT, NICHT WAHR?
BAMM
ICH PASSE IN ZUKUNFT BESSER AUF! SO JUNG WILL ICH AUCH NICHT STERBEN!
WARUM SO NERVÖS, YOTSUMURA? HIER HÄLT SICH DOCH NUR DIE GESCHÄFTSLEI-TUNG UND DER VORSTAND AUF.
ICH WEISS...
ES IST NUR DIESER ASAKI... ICH TRAUE DEM KERL NICHT ÜBER DEN WEG...
VERSUCH, MIT IHM AUS-ZUKOMMEN.
SOLLTE ICH STERBEN, SEID IHR ZWEI DIE KANDIDATEN FÜR MEINE NACH-FOLGE.

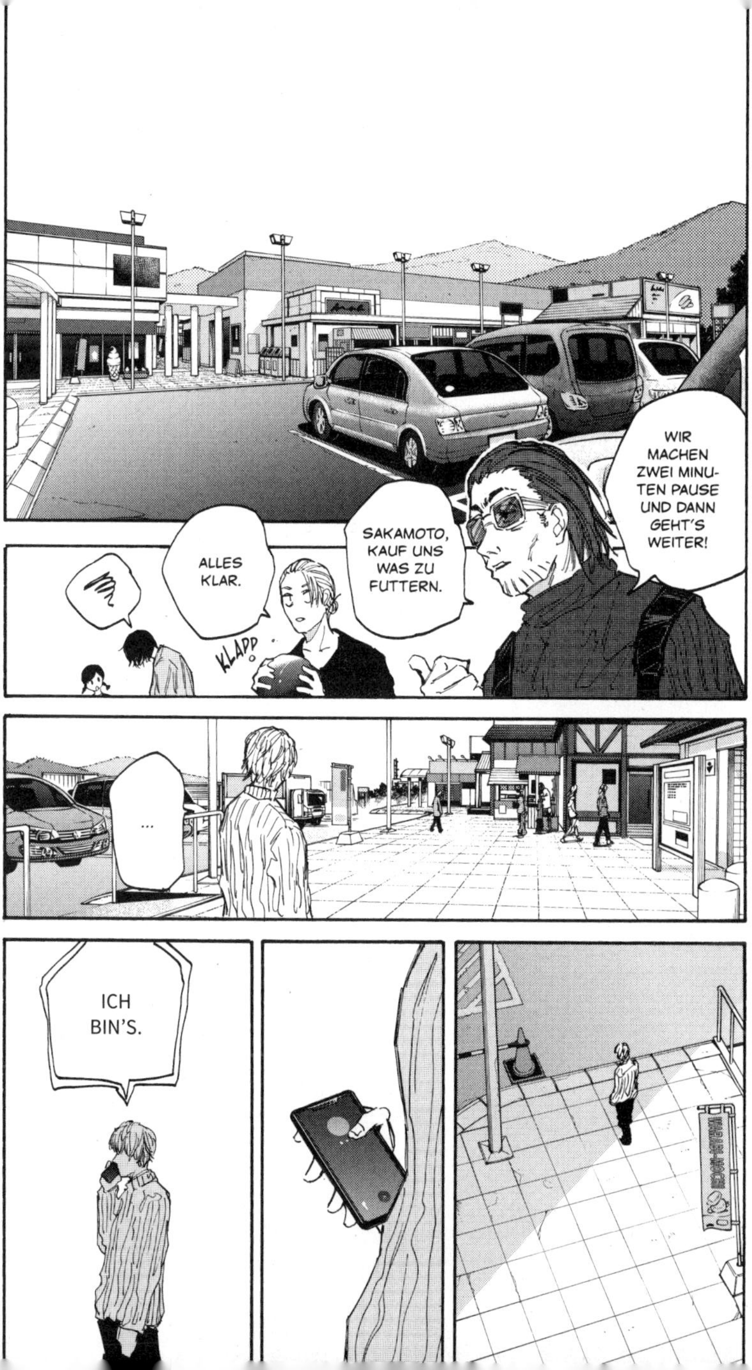
WIR MACHEN ZWEI MINU-TEN PAUSE UND DANN GEHT'S WEITER!
SAKAMOTO, KAUF UNS WAS ZU FUTTERN.
ALLES KLAR.
KLAPP
...
ICH BIN'S.

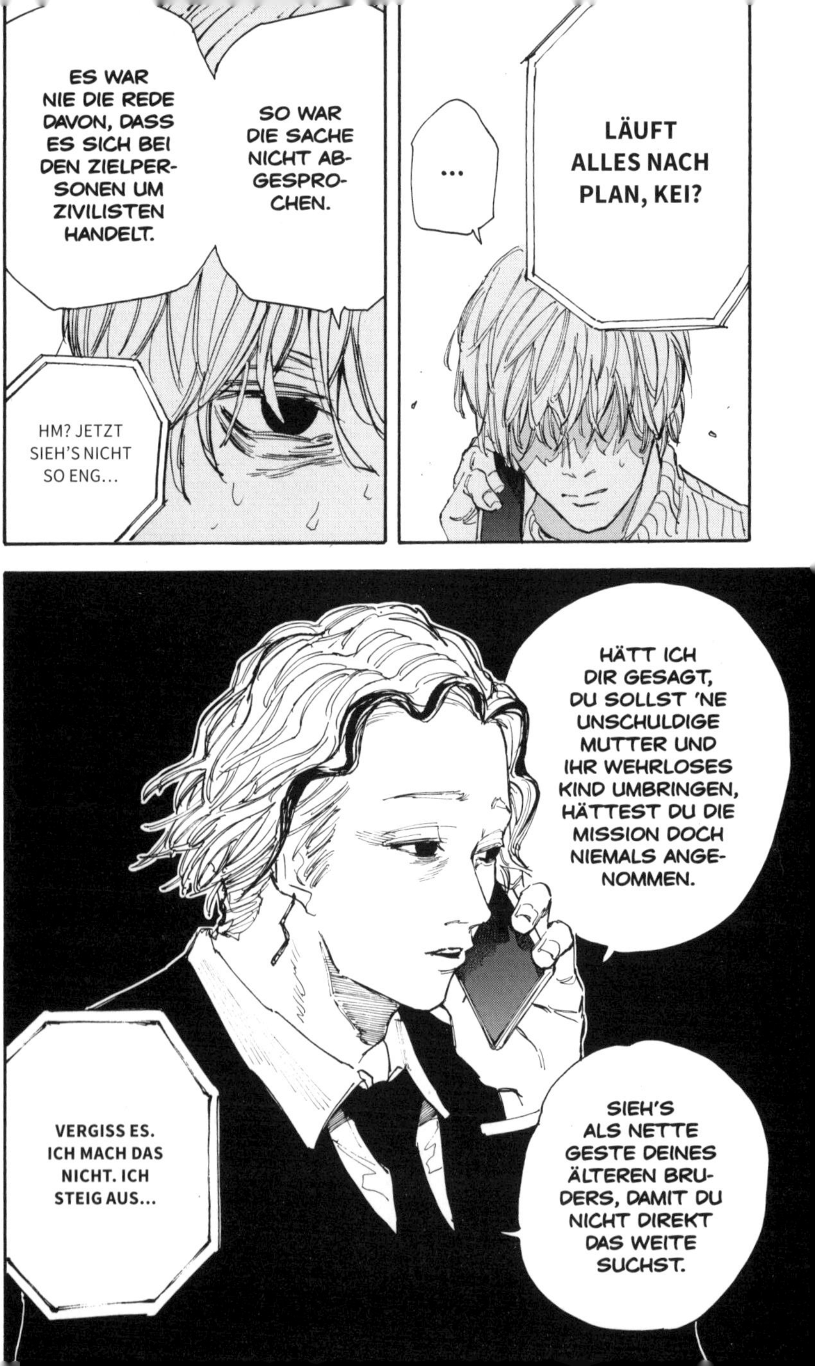
LÄUFT ALLES NACH PLAN, KEI?
...
SO WAR DIE SACHE NICHT ABGESPROCHEN.
ES WAR NIE DIE REDE DAVON, DASS ES SICH BEI DEN ZIELPERSONEN UM ZIVILISTEN HANDELT.
HM? JETZT SIEH'S NICHT SO ENG...
HÄTT ICH DIR GESAGT, DU SOLLST 'NE UNSCHULDIGE MUTTER UND IHR WEHRLOSES KIND UMBRINGEN, HÄTTEST DU DIE MISSION DOCH NIEMALS ANGENOMMEN.
VERGISS ES. ICH MACH DAS NICHT. ICH STEIG AUS...
SIEH'S ALS NETTE GESTE DEINES ÄLTEREN BRUDERS, DAMIT DU NICHT DIREKT DAS WEITE SUCHST.

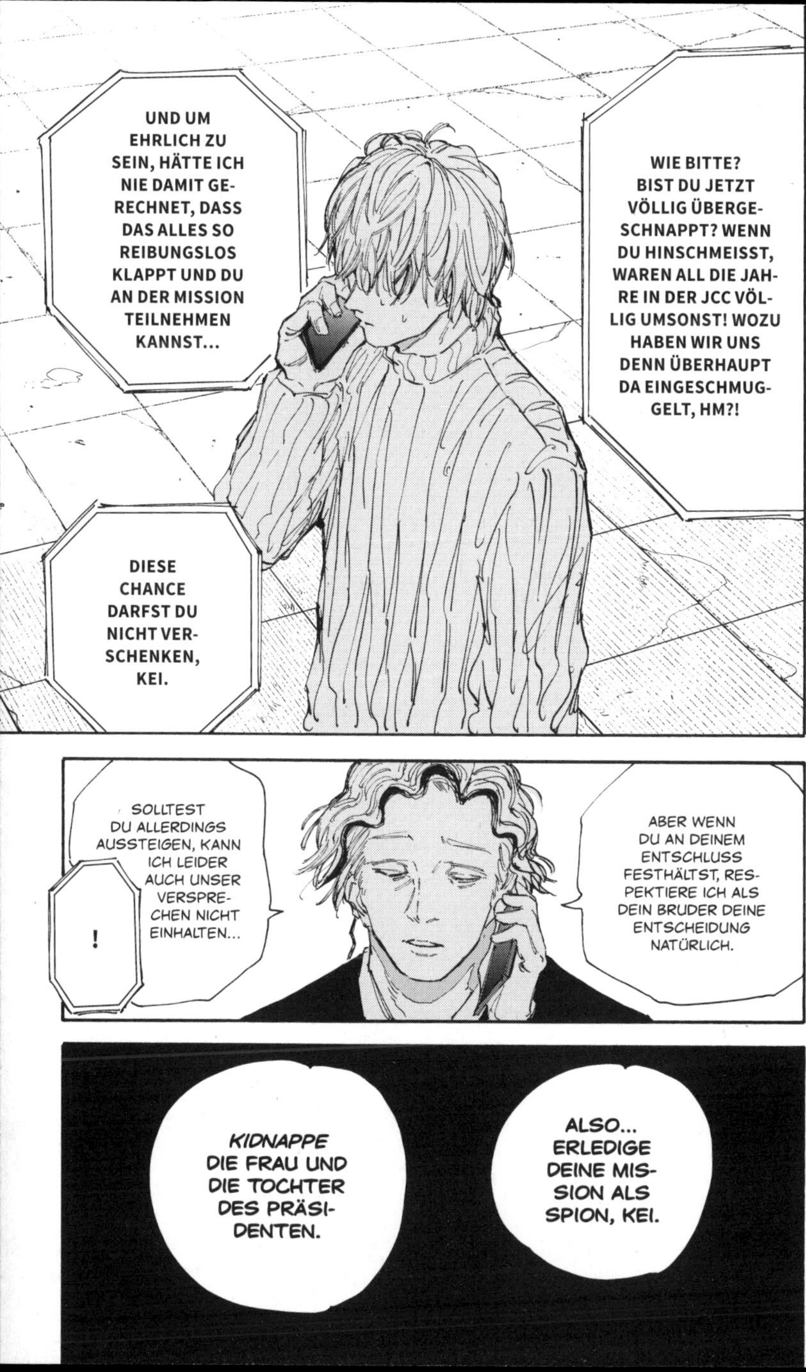
WIE BITTE? BIST DU JETZT VÖLLIG ÜBERGE-SCHNAPPT? WENN DU HINSCHMEISST, WAREN ALL DIE JAH-RE IN DER JCC VÖL-LIG UMSONST! WOZU HABEN WIR UNS DENN ÜBERHAUPT DA EINGESCHMUG-GELT, HM?!
UND UM EHRLICH ZU SEIN, HÄTTE ICH NIE DAMIT GE-RECHNET, DASS DAS ALLES SO REIBUNGSLOS KLAPPT UND DU AN DER MISSION TEILNEHMEN KANNST…
DIESE CHANCE DARFST DU NICHT VER-SCHENKEN, KEI.
ABER WENN DU AN DEINEM ENTSCHLUSS FESTHÄLTST, RES-PEKTIERE ICH ALS DEIN BRUDER DEINE ENTSCHEIDUNG NATÜRLICH.
SOLLTEST DU ALLERDINGS AUSSTEIGEN, KANN ICH LEIDER AUCH UNSER VERSPRE-CHEN NICHT EINHALTEN…
!
ALSO… ERLEDIGE DEINE MIS-SION ALS SPION, KEI.
KIDNAPPE DIE FRAU UND DIE TOCHTER DES PRÄSI-DENTEN.

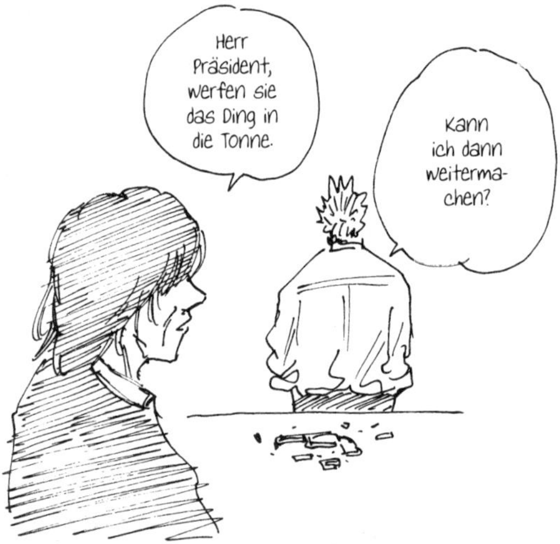
Kann ich dann weitermachen?
Herr Präsident, werfen sie das Ding in die Tonne.

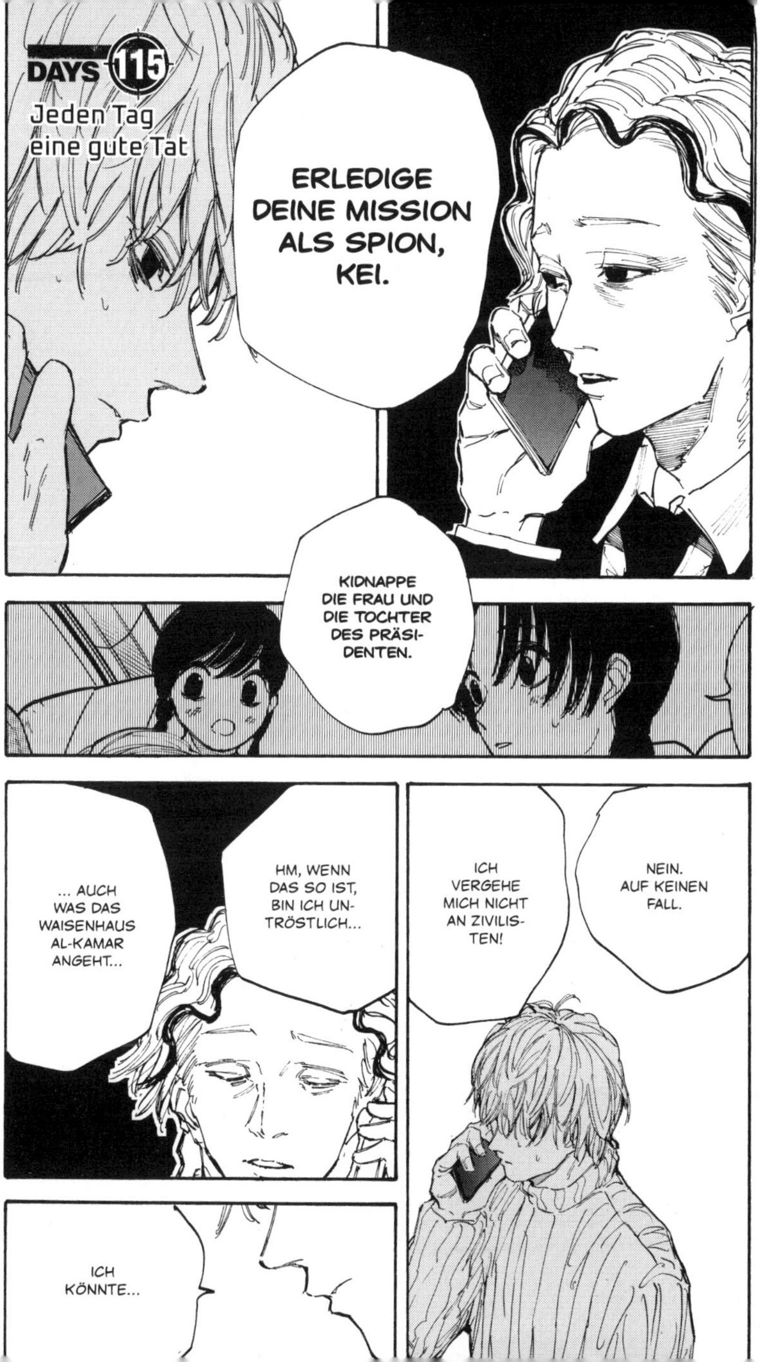
DAYS 115
Jeden Tag eine gute Tat
ERLEDIGE DEINE MISSION ALS SPION, KEI.
KIDNAPPE DIE FRAU UND DIE TOCHTER DES PRÄSIDENTEN.
NEIN. AUF KEINEN FALL.
ICH VERGEHE MICH NICHT AN ZIVILISTEN!
HM, WENN DAS SO IST, BIN ICH UNTRÖSTLICH…
… AUCH WAS DAS WAISENHAUS AL-KAMAR ANGEHT…
ICH KÖNNTE…

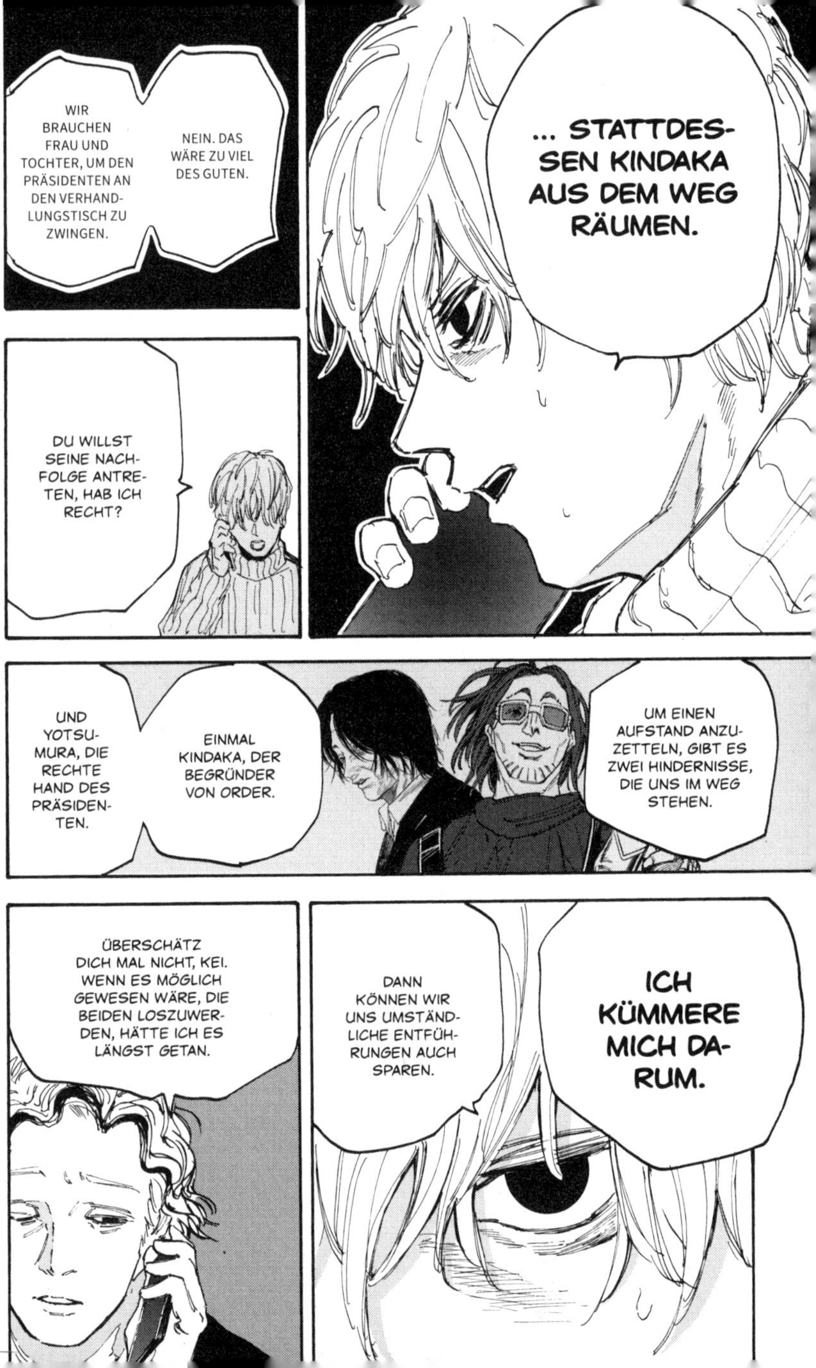
... STATTDESSEN KINDAKA AUS DEM WEG RÄUMEN.
NEIN. DAS WÄRE ZU VIEL DES GUTEN.
WIR BRAUCHEN FRAU UND TOCHTER, UM DEN PRÄSIDENTEN AN DEN VERHANDLUNGSTISCH ZU ZWINGEN.
DU WILLST SEINE NACHFOLGE ANTRETEN, HAB ICH RECHT?
UM EINEN AUFSTAND ANZUZETTELN, GIBT ES ZWEI HINDERNISSE, DIE UNS IM WEG STEHEN.
EINMAL KINDAKA, DER BEGRÜNDER VON ORDER.
UND YOTSUMURA, DIE RECHTE HAND DES PRÄSIDENTEN.
ICH KÜMMERE MICH DARUM.
DANN KÖNNEN WIR UNS UMSTÄNDLICHE ENTFÜHRUNGEN AUCH SPAREN.
ÜBERSCHÄTZ DICH MAL NICHT, KEI. WENN ES MÖGLICH GEWESEN WÄRE, DIE BEIDEN LOSZUWERDEN, HÄTTE ICH ES LÄNGST GETAN.

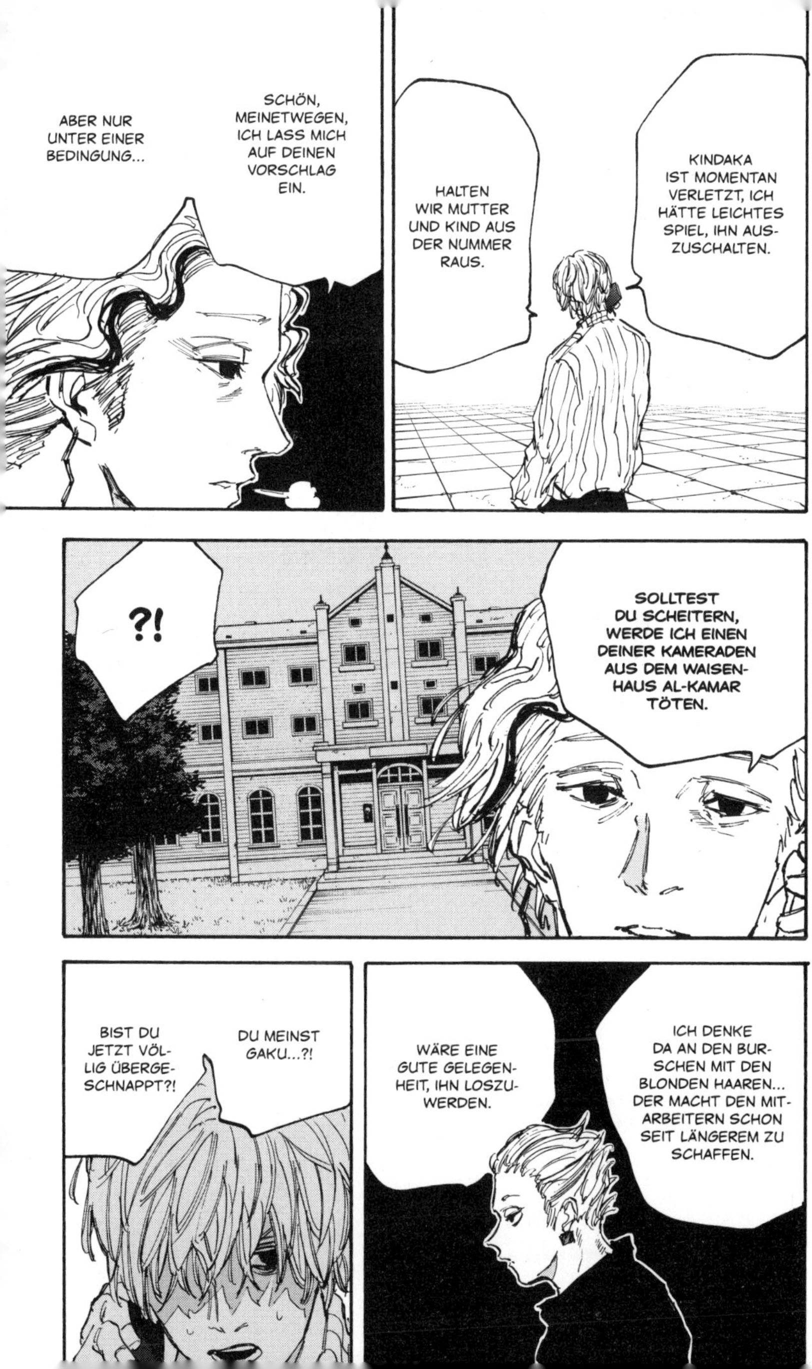
KINDAKA IST MOMENTAN VERLETZT, ICH HÄTTE LEICHTES SPIEL, IHN AUSZUSCHALTEN.
HALTEN WIR MUTTER UND KIND AUS DER NUMMER RAUS.
SCHÖN, MEINETWEGEN, ICH LASS MICH AUF DEINEN VORSCHLAG EIN.
ABER NUR UNTER EINER BEDINGUNG...
SOLLTEST DU SCHEITERN, WERDE ICH EINEN DEINER KAMERADEN AUS DEM WAISENHAUS AL-KAMAR TÖTEN.
?!
ICH DENKE DA AN DEN BURSCHEN MIT DEN BLONDEN HAAREN... DER MACHT DEN MITARBEITERN SCHON SEIT LÄNGEREM ZU SCHAFFEN.
WÄRE EINE GUTE GELEGENHEIT, IHN LOSZUWERDEN.
DU MEINST GAKU...?!
BIST DU JETZT VÖLLIG ÜBERGESCHNAPPT?!

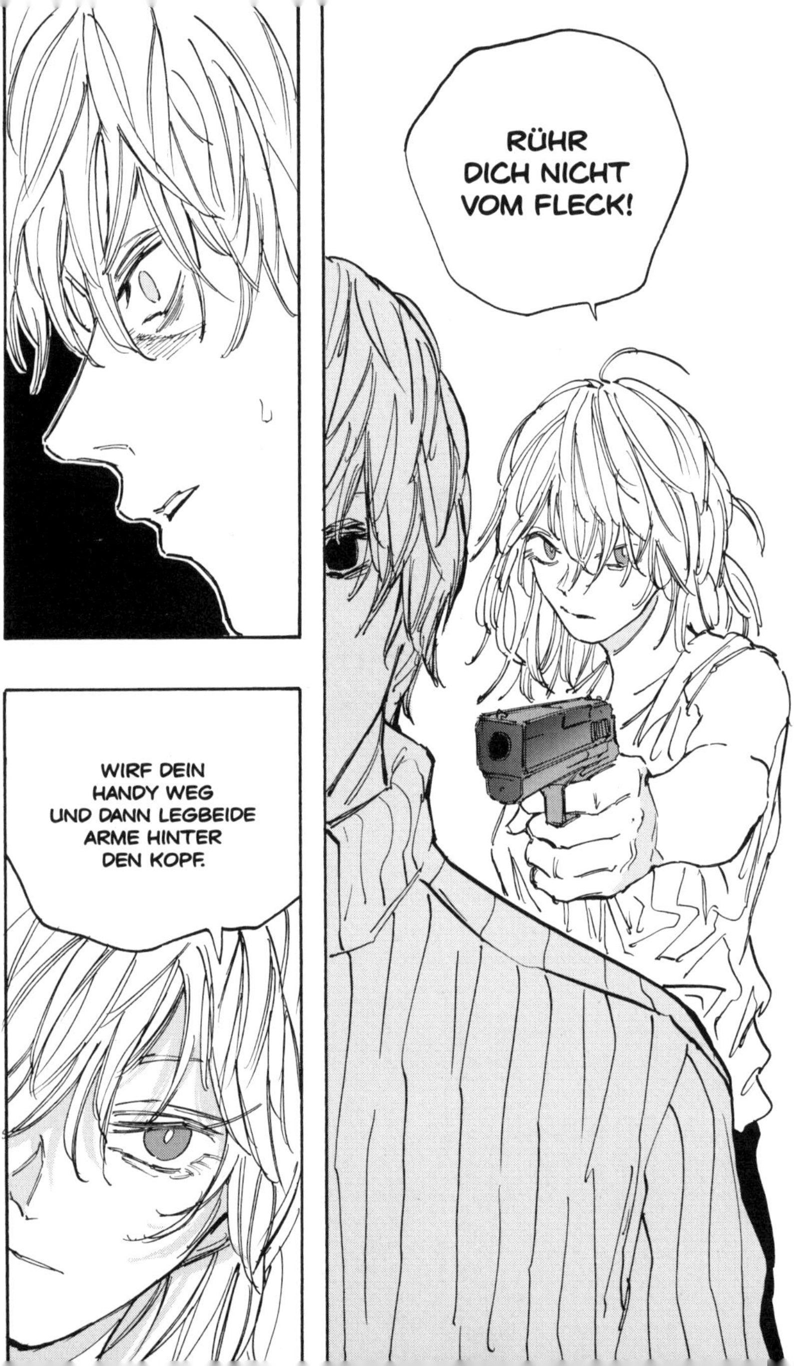
RÜHR DICH NICHT VOM FLECK!
WIRF DEIN HANDY WEG UND DANN LEGBEIDE ARME HINTER DEN KOPF.

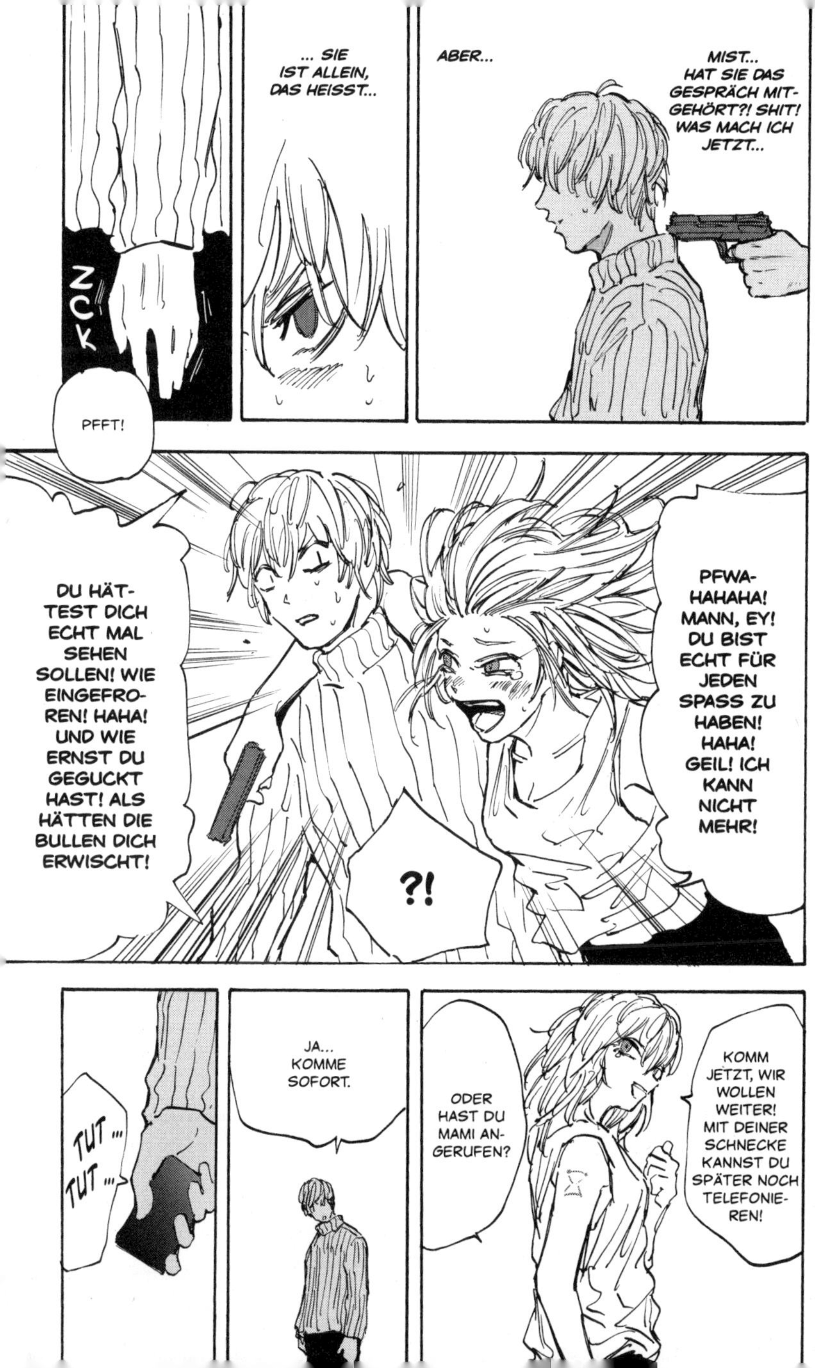
... SIE IST ALLEIN, DAS HEISST...
ABER...
MIST... HAT SIE DAS GESPRÄCH MIT-GEHÖRT?! SHIT! WAS MACH ICH JETZT...
ZCK
PFFT!
DU HÄT-TEST DICH ECHT MAL SEHEN SOLLEN! WIE EINGEFRO-REN! HAHA! UND WIE ERNST DU GEGUCKT HAST! ALS HÄTTEN DIE BULLEN DICH ERWISCHT!
PFWA-HAHAHA! MANN, EY! DU BIST ECHT FÜR JEDEN SPASS ZU HABEN! HAHA! GEIL! ICH KANN NICHT MEHR!
?!
TUT ... TUT ...
JA... KOMME SOFORT.
ODER HAST DU MAMI AN-GERUFEN?
KOMM JETZT, WIR WOLLEN WEITER! MIT DEINER SCHNECKE KANNST DU SPÄTER NOCH TELEFONIE-REN!

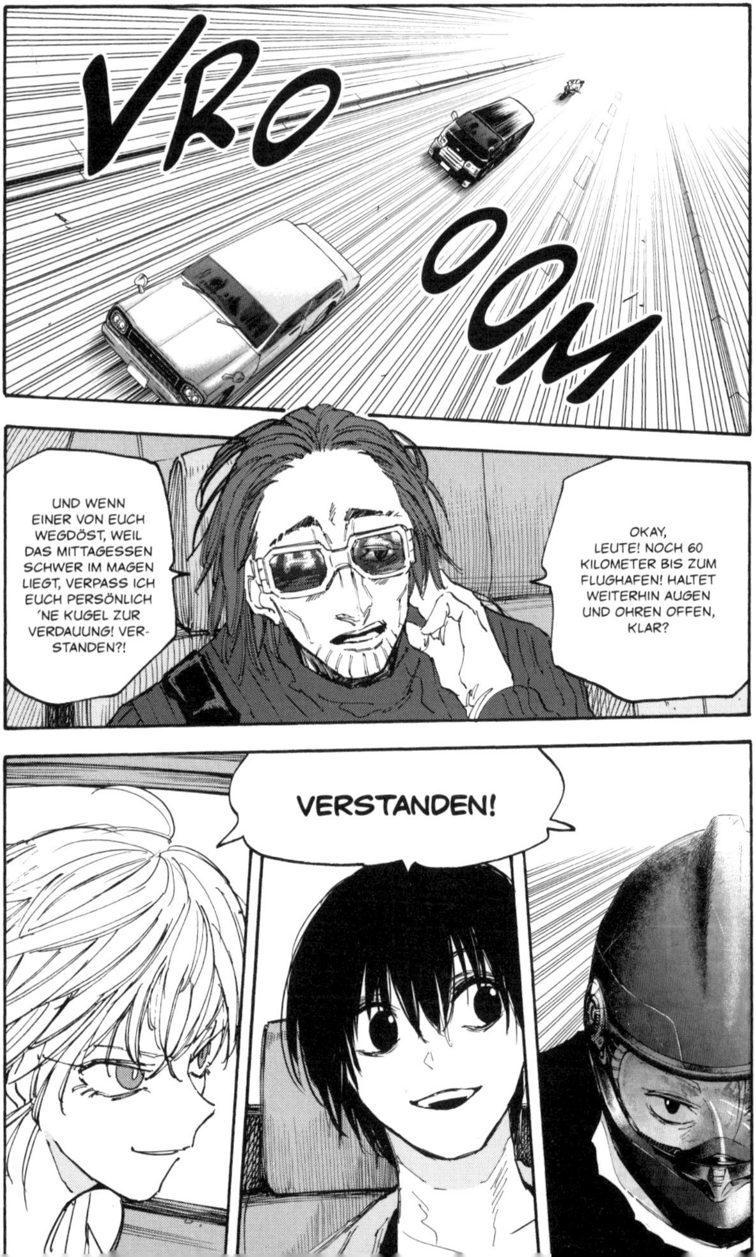
VROOOOM
OKAY, LEUTE! NOCH 60 KILOMETER BIS ZUM FLUGHAFEN! HALTET WEITERHIN AUGEN UND OHREN OFFEN, KLAR?
UND WENN EINER VON EUCH WEGDÖST, WEIL DAS MITTAGESSEN SCHWER IM MAGEN LIEGT, VERPASS ICH EUCH PERSÖNLICH 'NE KUGEL ZUR VERDAUUNG! VER-STANDEN?!
VERSTANDEN!

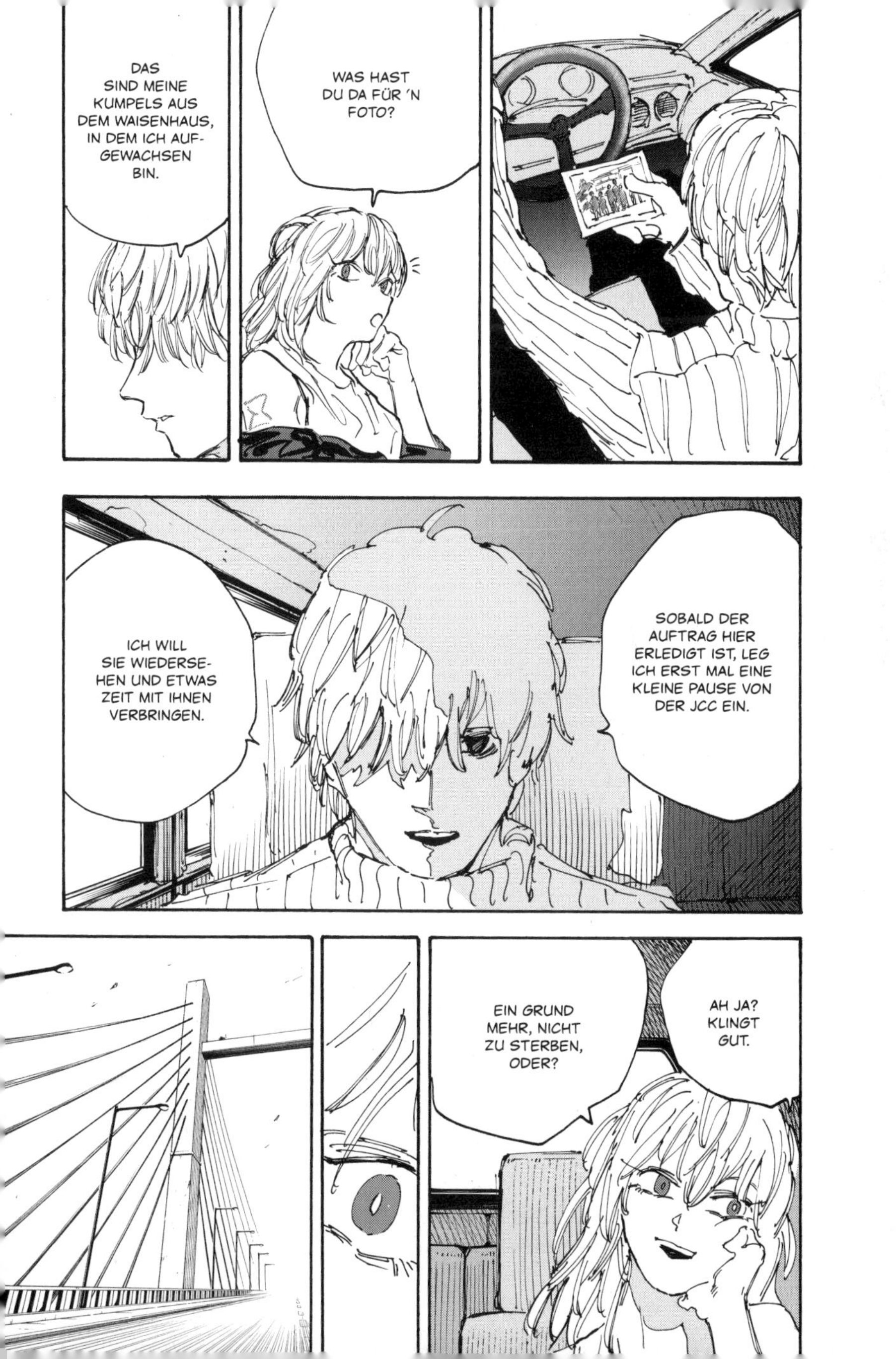
WAS HAST DU DA FÜR 'N FOTO?
DAS SIND MEINE KUMPELS AUS DEM WAISENHAUS, IN DEM ICH AUF-GEWACHSEN BIN.
SOBALD DER AUFTRAG HIER ERLEDIGT IST, LEG ICH ERST MAL EINE KLEINE PAUSE VON DER JCC EIN.
ICH WILL SIE WIEDERSE-HEN UND ETWAS ZEIT MIT IHNEN VERBRINGEN.
AH JA? KLINGT GUT.
EIN GRUND MEHR, NICHT ZU STERBEN, ODER?

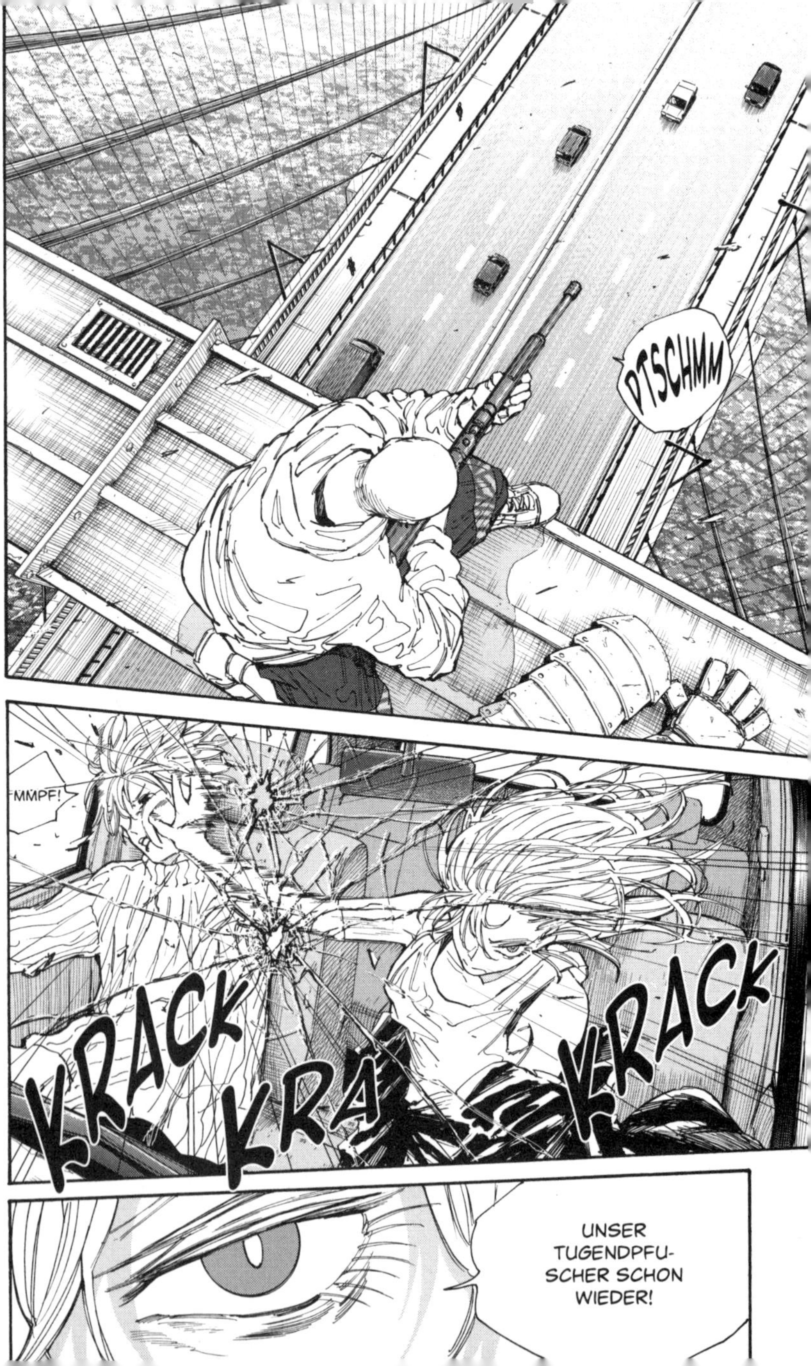
PTSCHMM
MMPF!
KRACK KRA KRACK
UNSER TUGENDPFU-SCHER SCHON WIEDER!

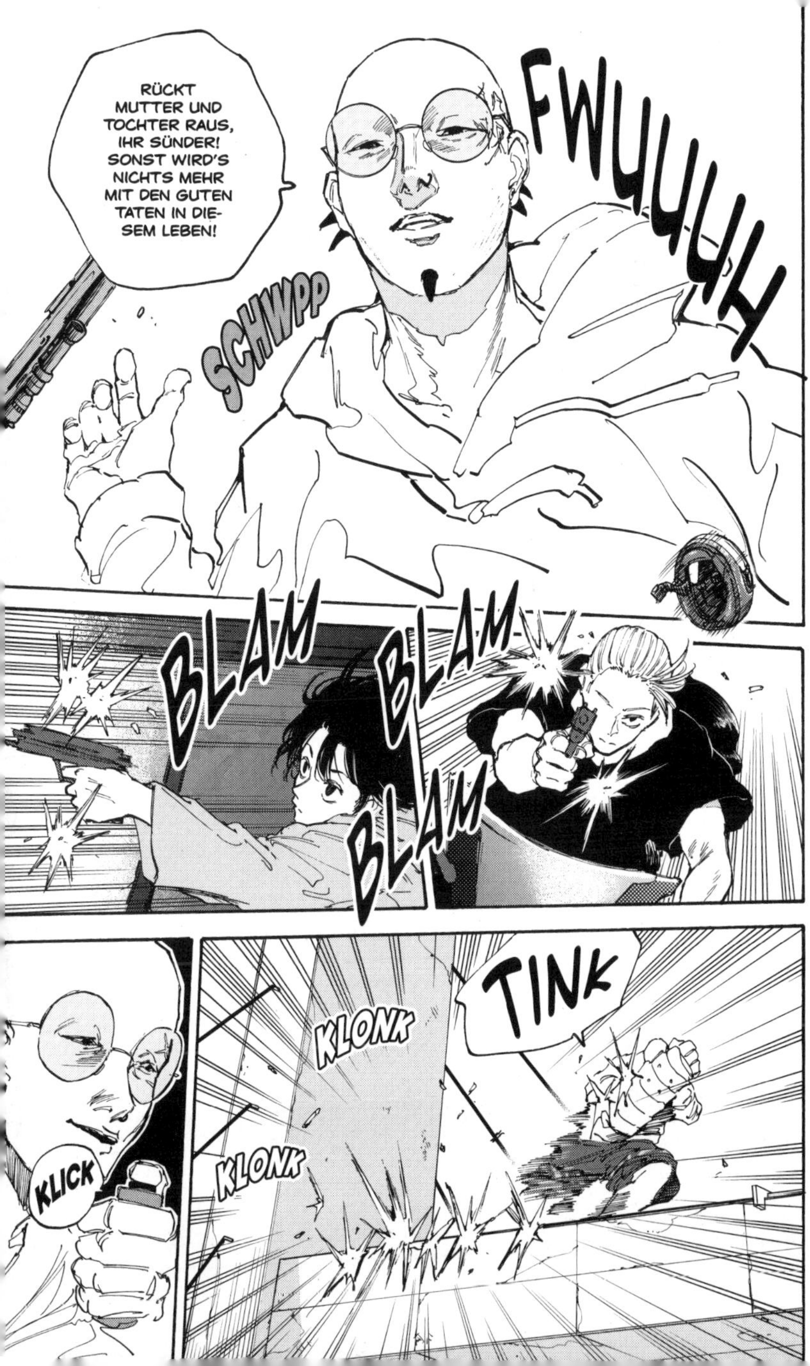
FWUUUUHH
RÜCKT MUTTER UND TOCHTER RAUS, IHR SÜNDER! SONST WIRD'S NICHTS MEHR MIT DEN GUTEN TATEN IN DIESEM LEBEN!
SCHWPP
BLAM
BLAM
BLAM
BLAM
TINK
KLONK
KLONK
KLICK

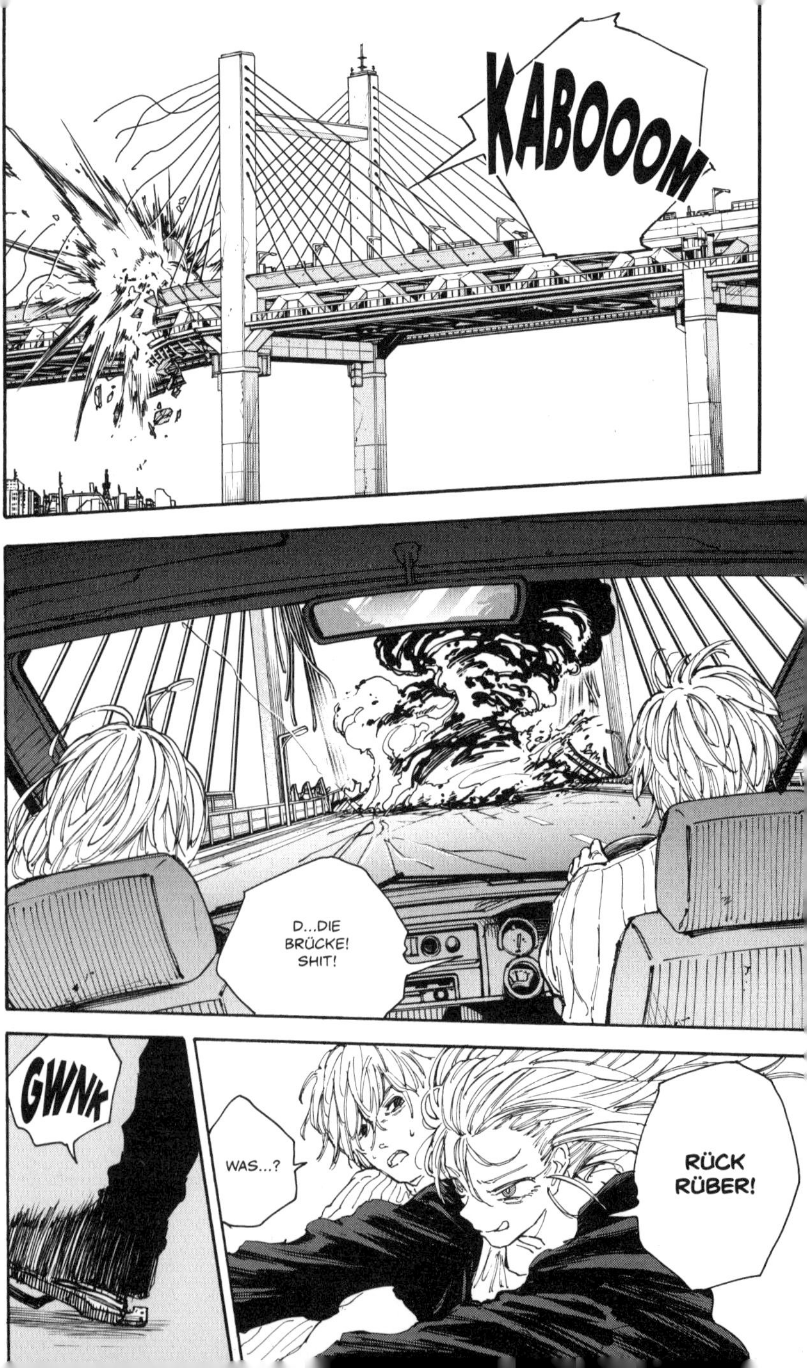
KABOOOM
D...DIE BRÜCKE! SHIT!
RÜCK RÜBER!
WAS...?
GWNK

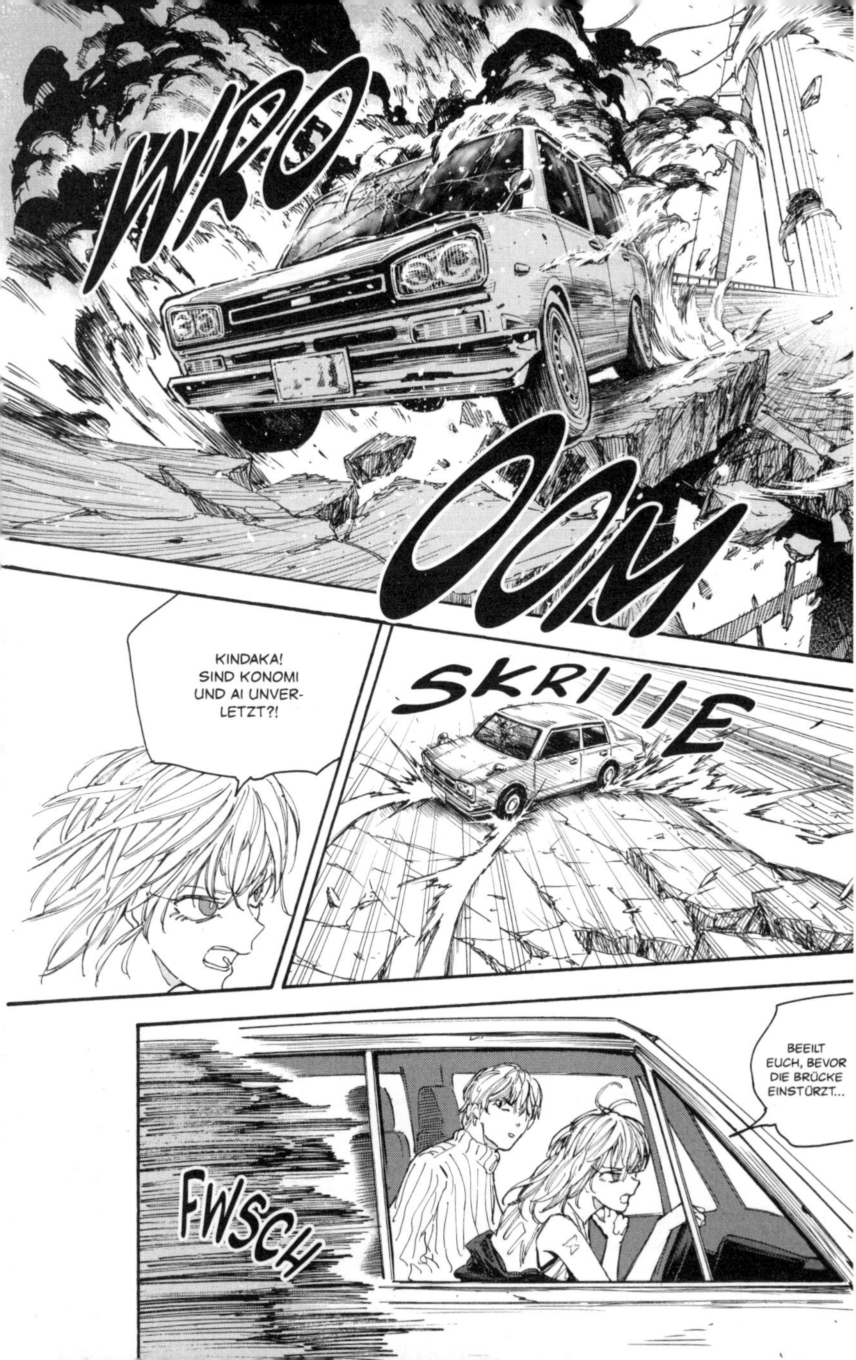
WROOOM
SKRIIIE
KINDAKA! SIND KONOMI UND AI UNVER-LETZT?!
BEEILT EUCH, BEVOR DIE BRÜCKE EINSTÜRZT...
FWSCH

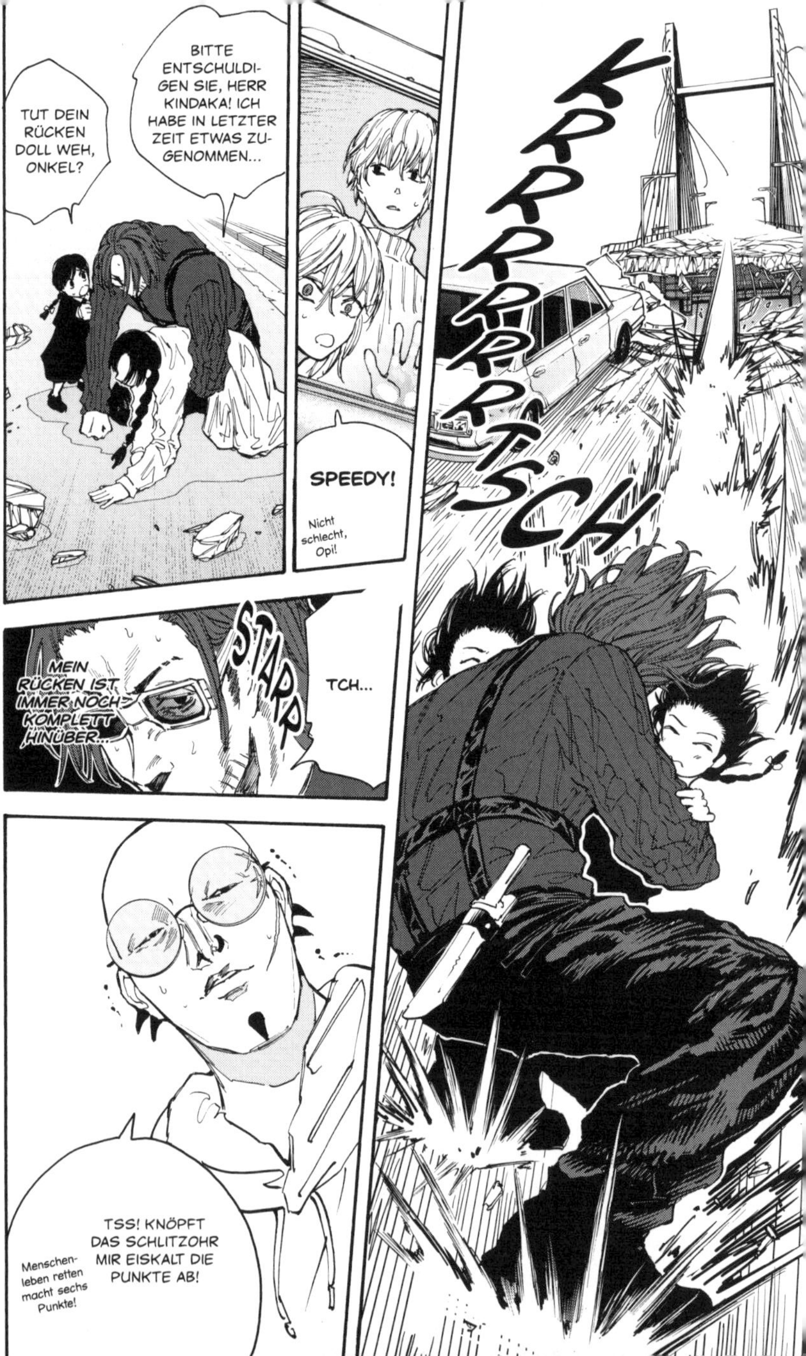
KRRRRRRTSCH
SPEEDY!
Nicht schlecht, Opi!
BITTE ENTSCHULDIGEN SIE, HERR KINDAKA! ICH HABE IN LETZTER ZEIT ETWAS ZUGENOMMEN...
TUT DEIN RÜCKEN DOLL WEH, ONKEL?
STARR
TCH...
MEIN RÜCKEN IST IMMER NOCH KOMPLETT HINÜBER...
TSS! KNÖPFT DAS SCHLITZOHR MIR EISKALT DIE PUNKTE AB!
Menschenleben retten macht sechs Punkte!

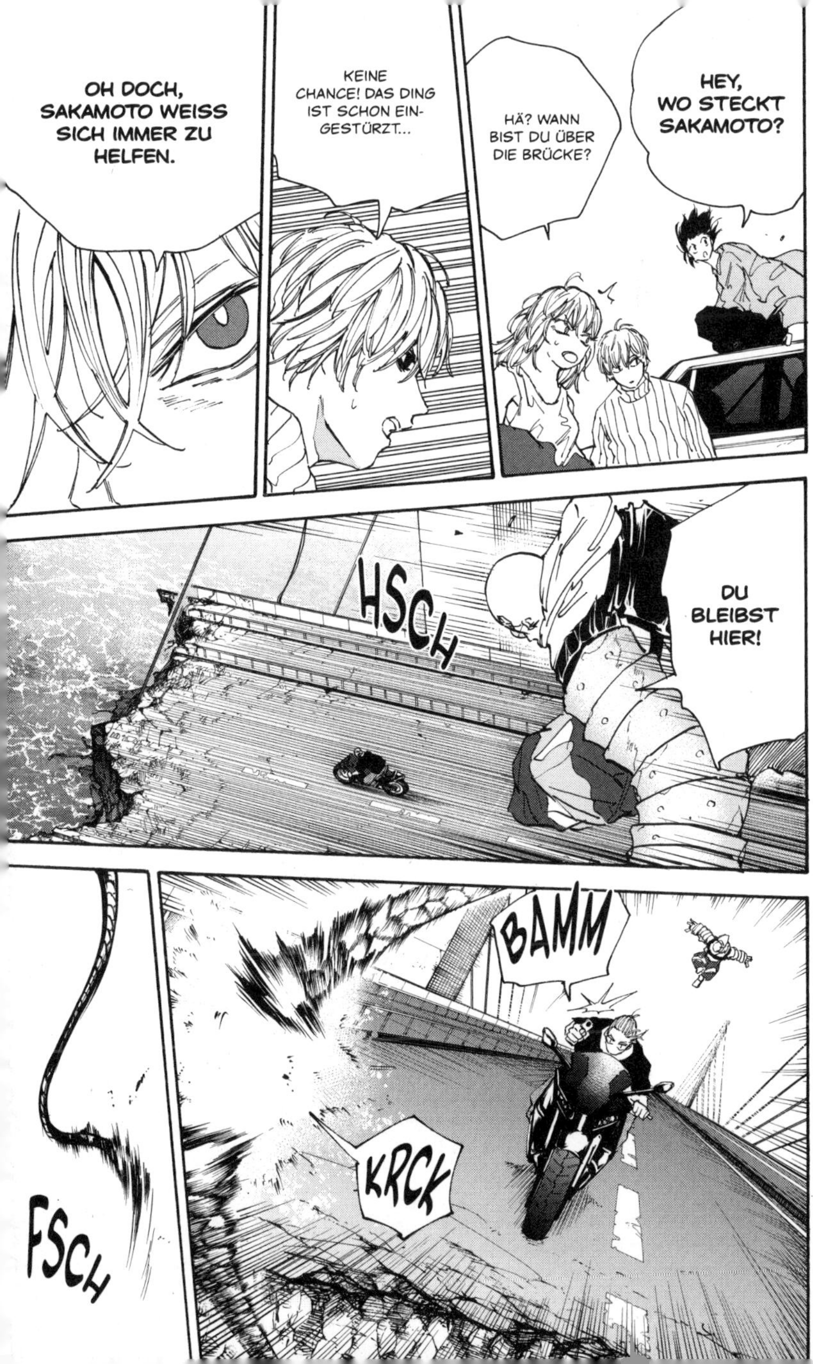
HEY, WO STECKT SAKAMOTO?
HÄ? WANN BIST DU ÜBER DIE BRÜCKE?
KEINE CHANCE! DAS DING IST SCHON EIN-GESTÜRZT...
OH DOCH, SAKAMOTO WEISS SICH IMMER ZU HELFEN.
DU BLEIBST HIER!
HSCH
BAMM
KRCK
FSCH

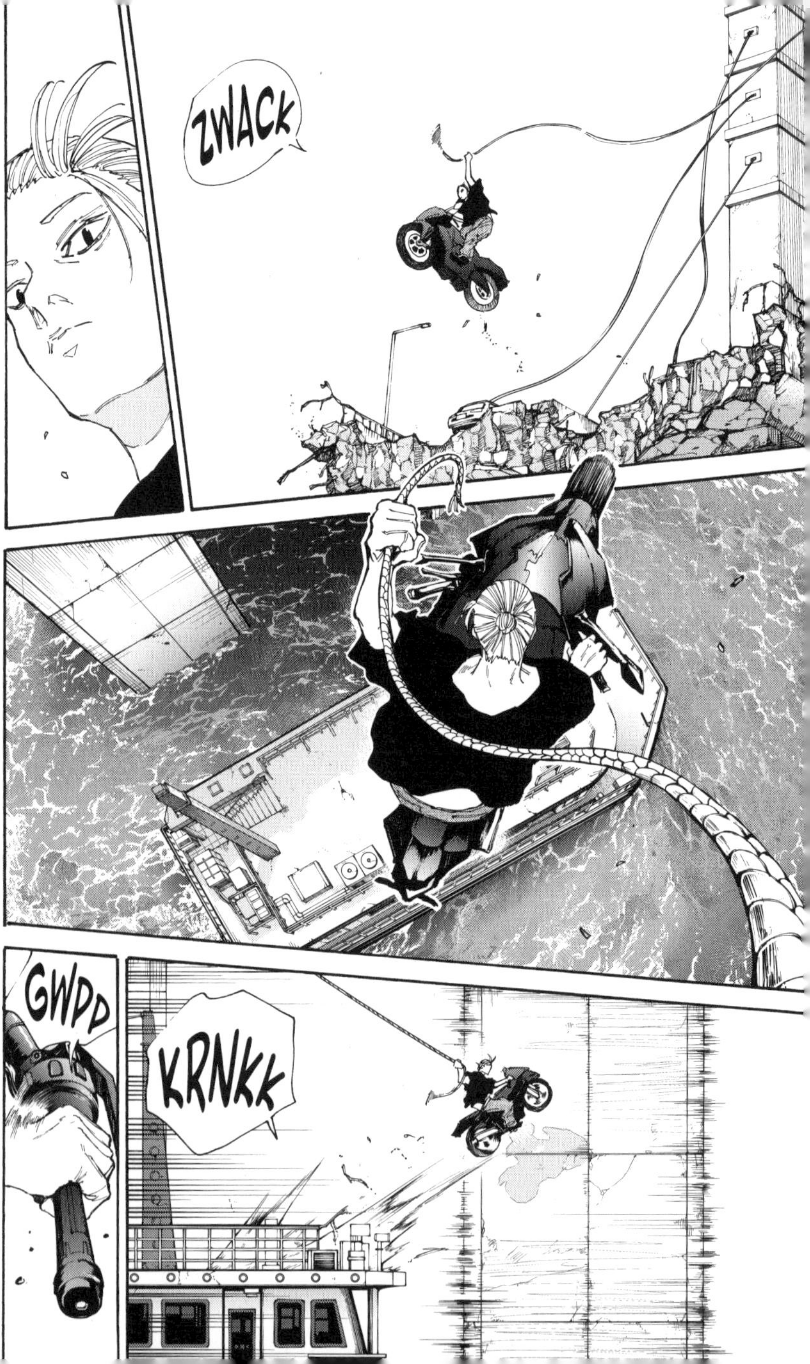
ZWACK
GWDD
KRNKK

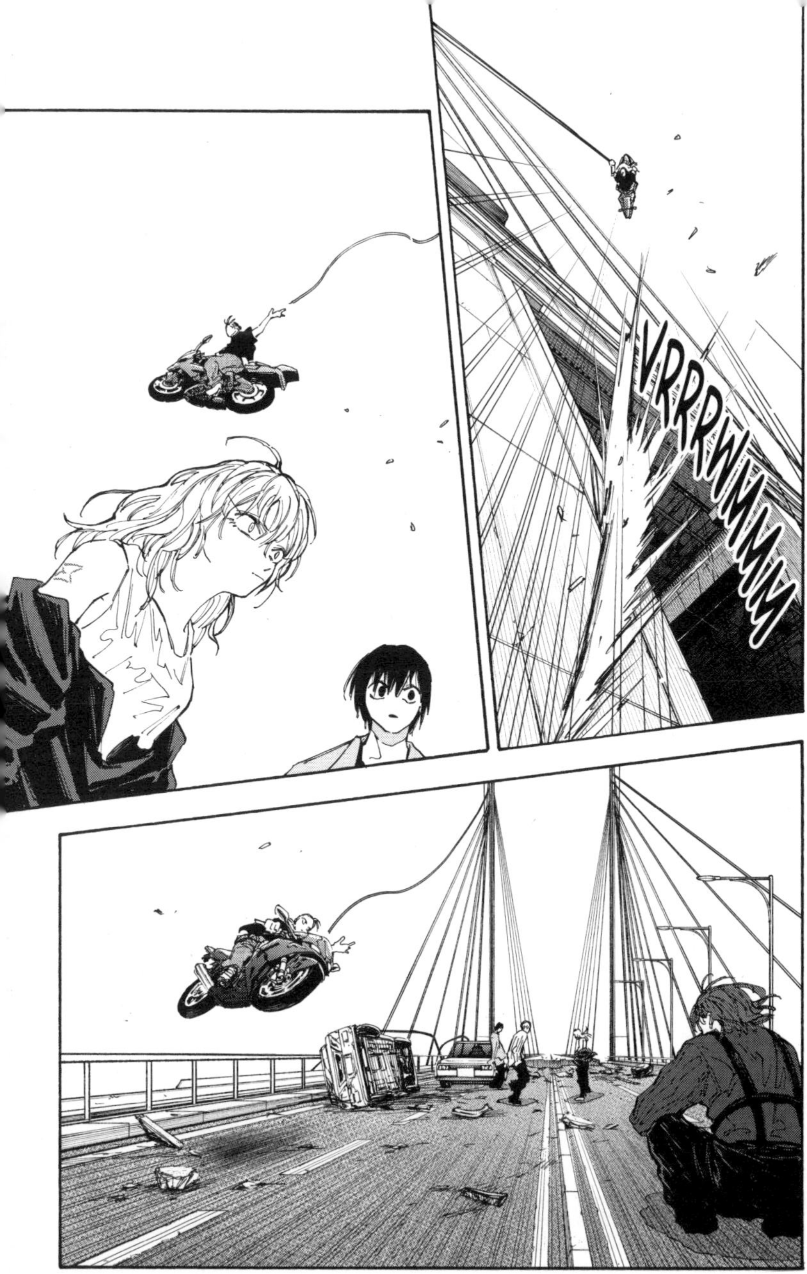
VRRRRWMMM

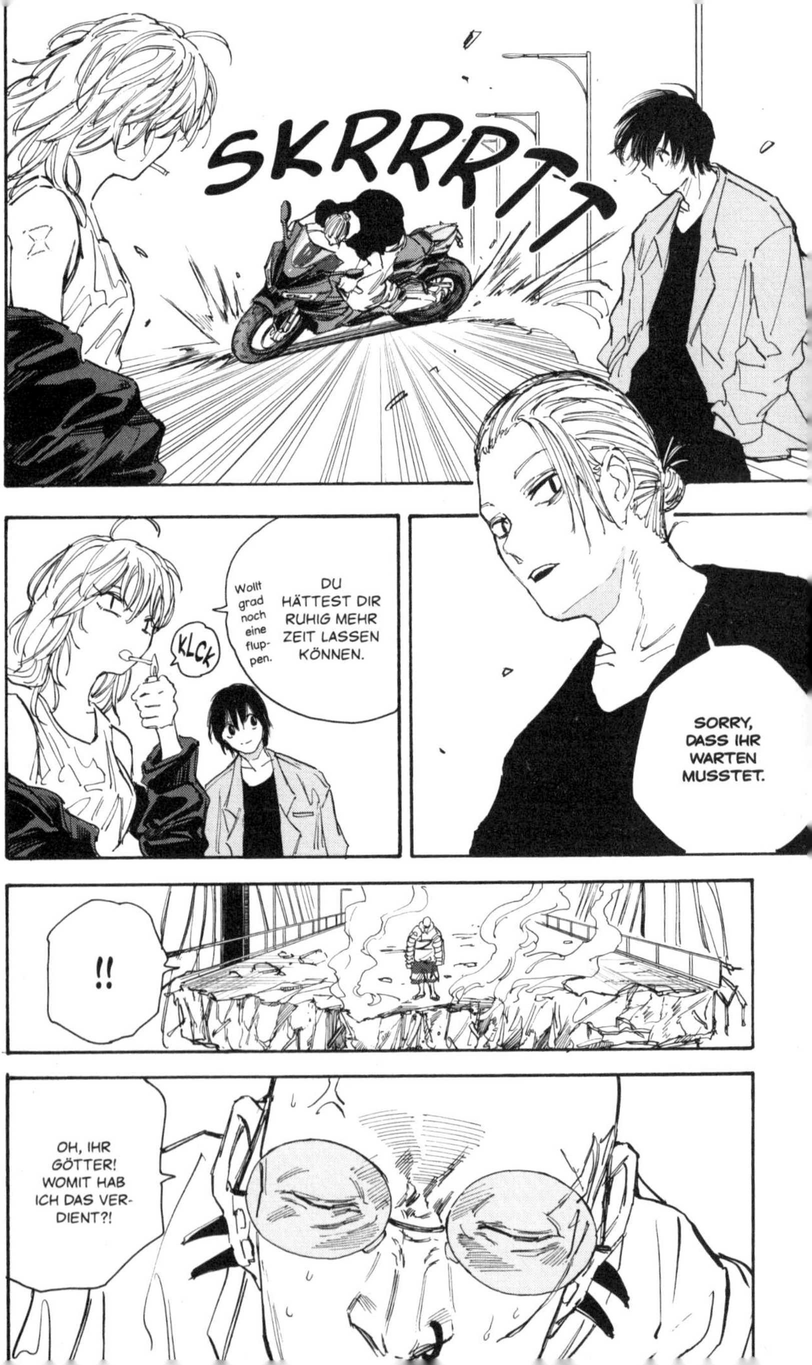
SKRRRTT
SORRY, DASS IHR WARTEN MUSSTET.
DU HÄTTEST DIR RUHIG MEHR ZEIT LASSEN KÖNNEN.
Wollt grad noch eine flup-pen.
KLCK
!!
OH, IHR GÖTTER! WOMIT HAB ICH DAS VER-DIENT?!

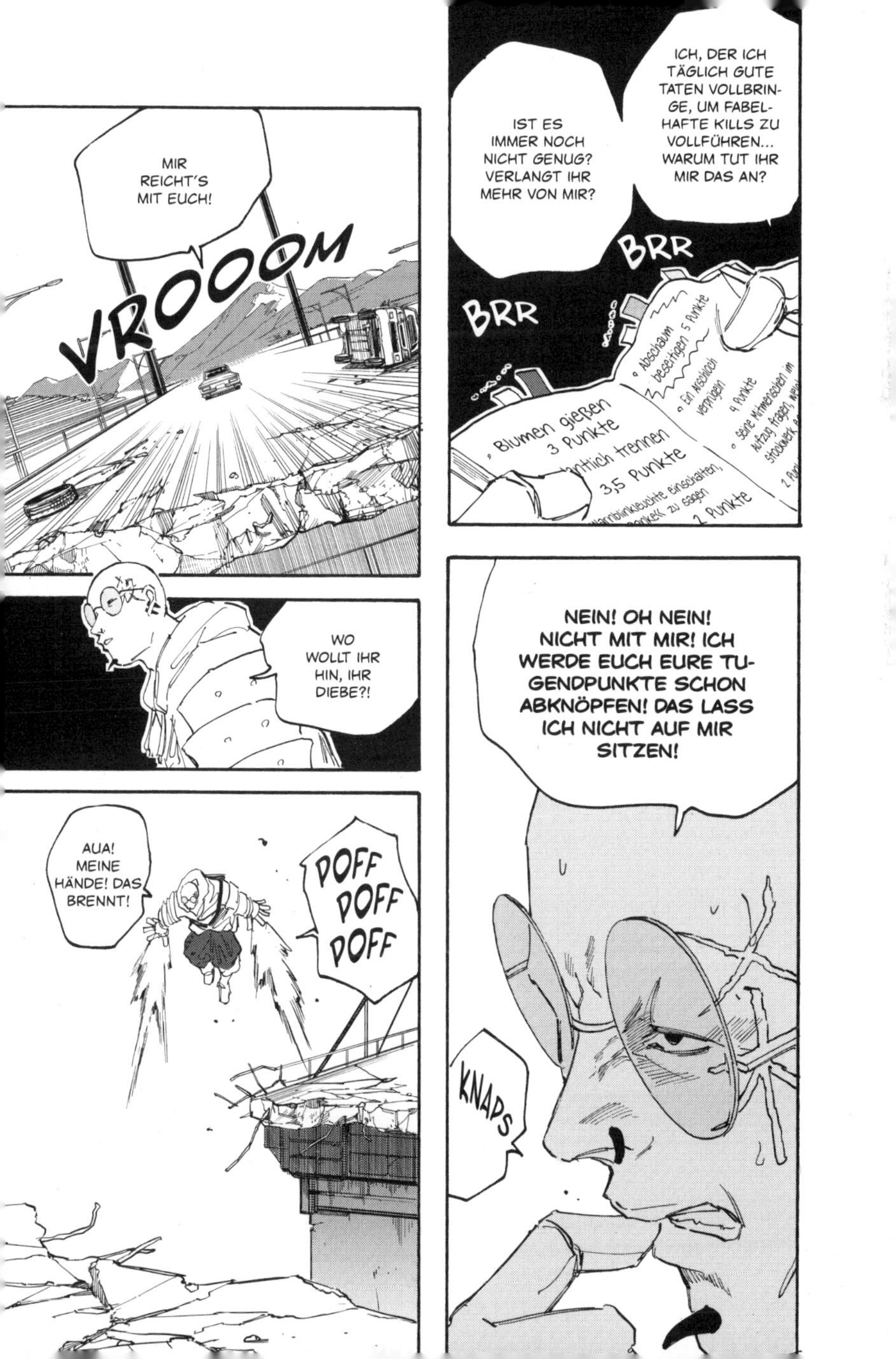
ICH, DER ICH TÄGLICH GUTE TATEN VOLLBRINGE, UM FABELHAFTE KILLS ZU VOLLFÜHREN… WARUM TUT IHR MIR DAS AN?
IST ES IMMER NOCH NICHT GENUG? VERLANGT IHR MEHR VON MIR?
BRR
BRR
Abschaum beseitigen 5 Punkte
Ein Arschloch verprügeln 4 Punkte
Blumen gießen 3 Punkte
3,5 Punkte
2 Punkte
MIR REICHT'S MIT EUCH!
VROOOM
NEIN! OH NEIN! NICHT MIT MIR! ICH WERDE EUCH EURE TUGENDPUNKTE SCHON ABKNÖPFEN! DAS LASS ICH NICHT AUF MIR SITZEN!
KNAPS
WO WOLLT IHR HIN, IHR DIEBE?!
AUA! MEINE HÄNDE! DAS BRENNT!
POFF POFF POFF

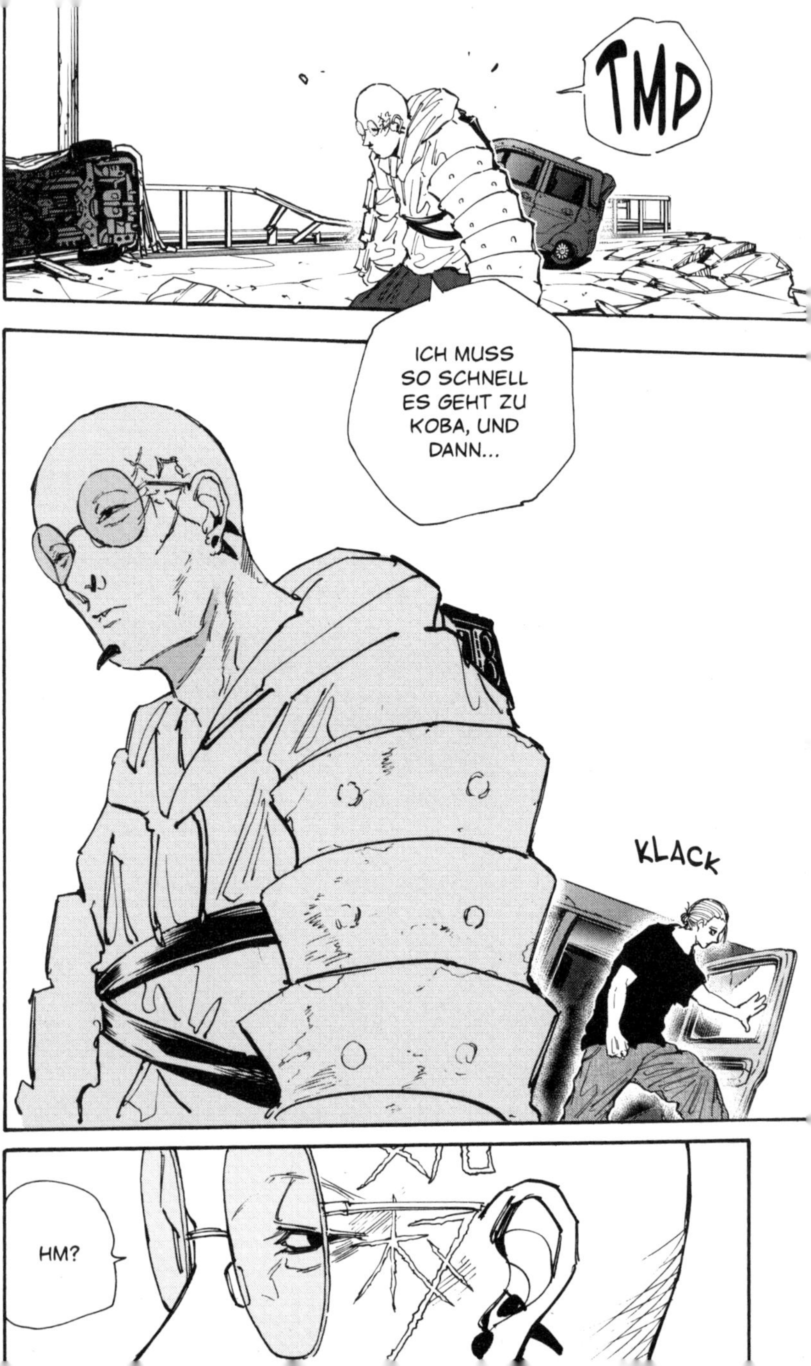
TMP
ICH MUSS SO SCHNELL ES GEHT ZU KOBA, UND DANN...
KLACK
HM?

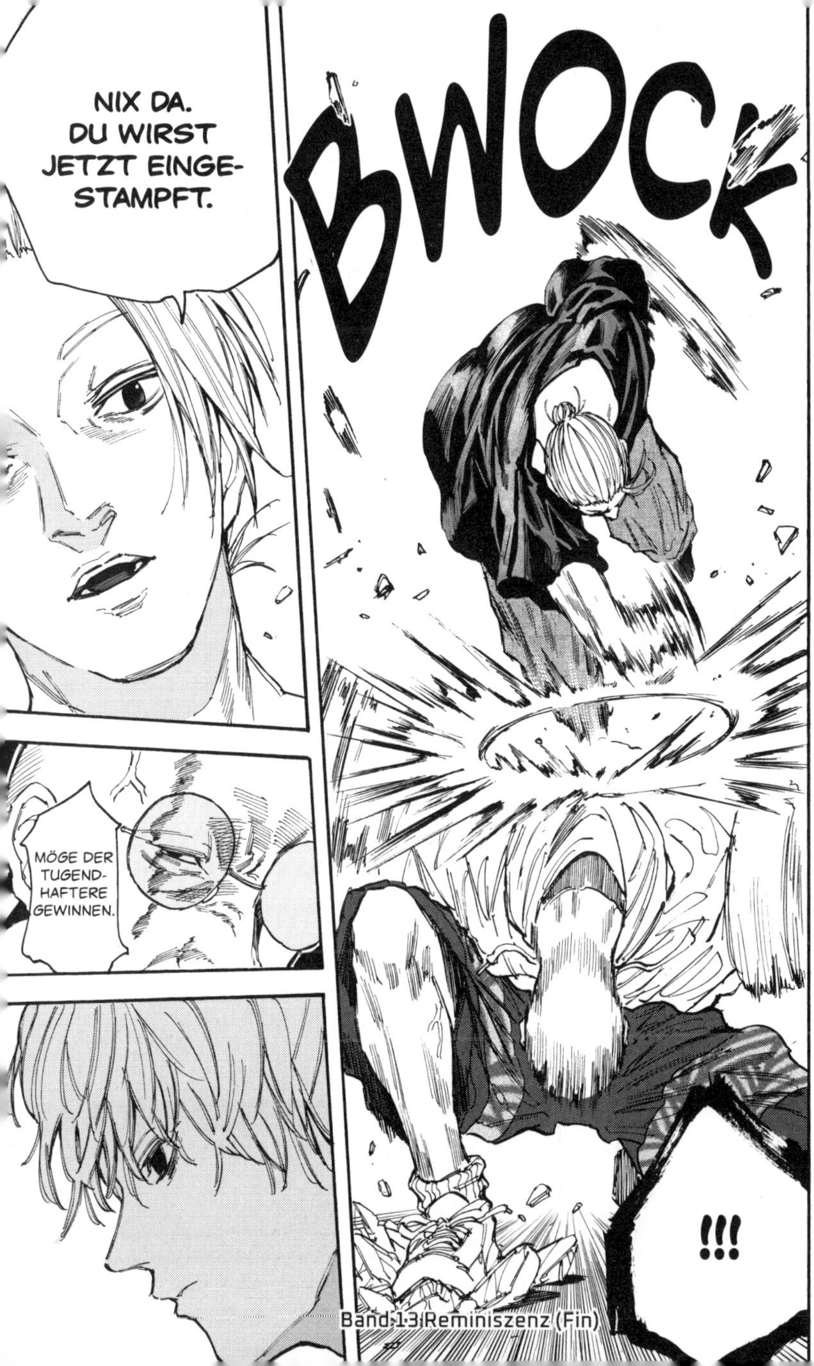
NIX DA. DU WIRST JETZT EINGE-STAMPFT.
MÖGE DER TUGEND-HAFTERE GEWINNEN.
BWOCK
!!!
Band 13 Reminiszenz (Fin)

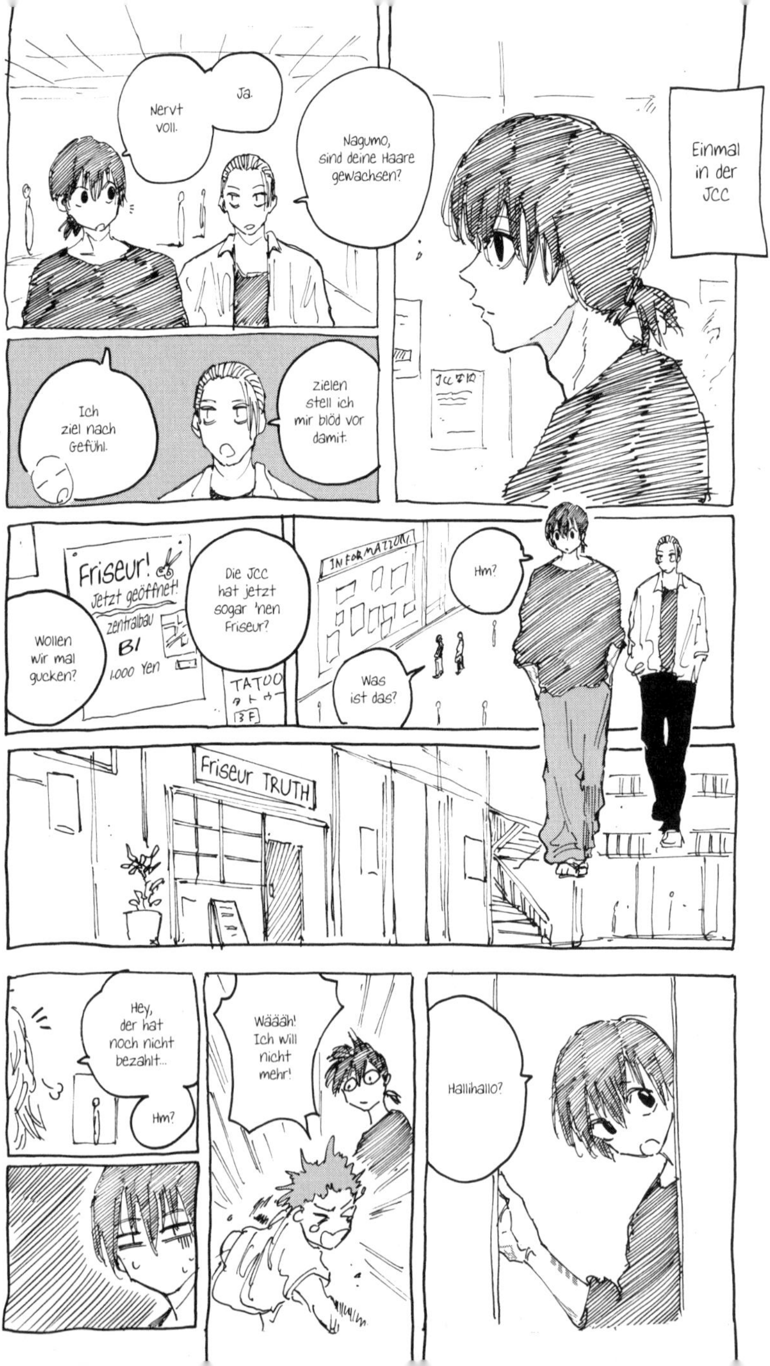
Einmal in der JCC
Nagumo, sind deine Haare gewachsen?
Ja.
Nervt voll.
Zielen stell ich mir blöd vor damit.
Ich ziel nach Gefühl.
INFORMATION
Hm?
Was ist das?
Die JCC hat jetzt sogar 'nen Friseur?
Friseur! Jetzt geöffnet! Zentralbau B1 1.000 Yen
TATOO タトゥー 3F
Wollen wir mal gucken?
Friseur TRUTH
Hallihallo?
Wäääh! Ich will nicht mehr!
Hey, der hat noch nicht bezahlt...
Hm?

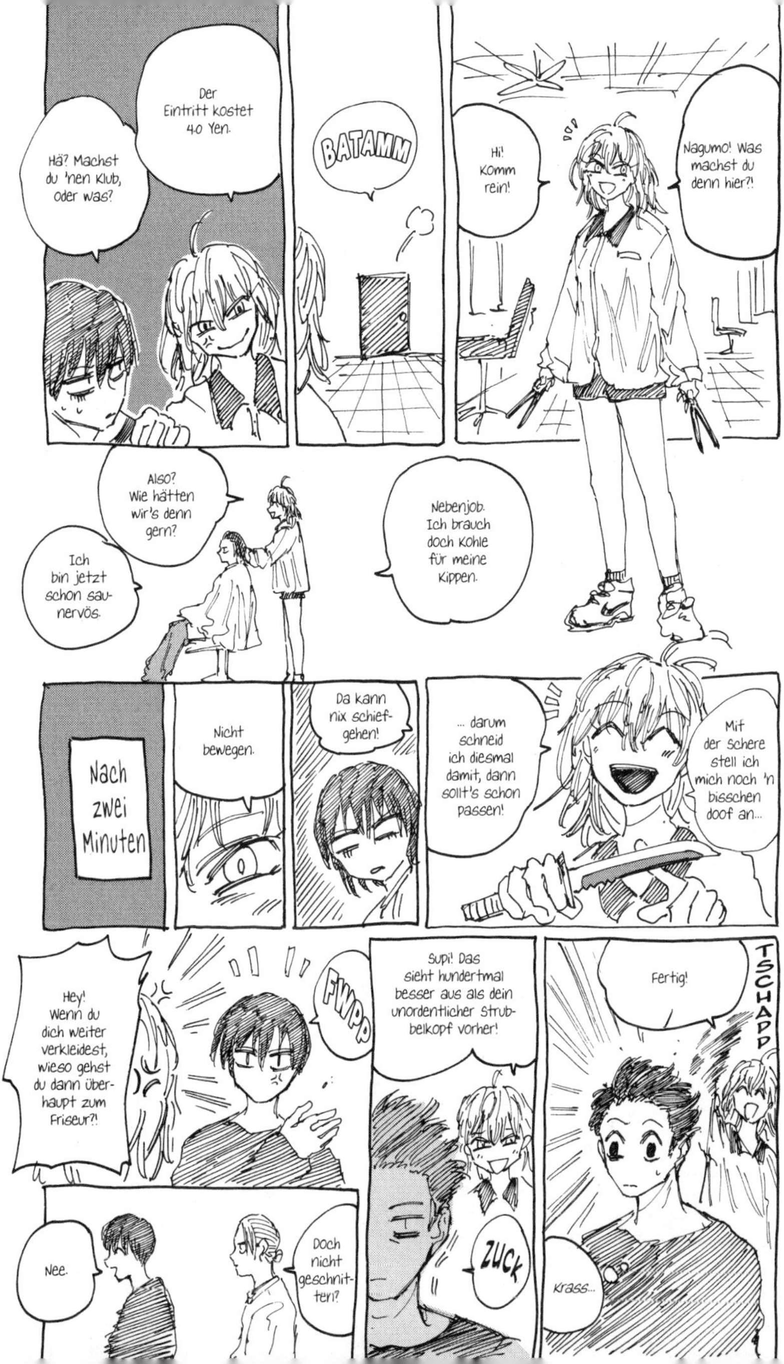

Der Eintritt kostet 40 Yen.
Hä? Machst du 'nen Klub, oder was?
BATAMM
Hi! Komm rein!
Nagumo! Was machst du denn hier?!
Nebenjob. Ich brauch doch Kohle für meine Kippen.
Also? Wie hätten wir's denn gern?
Ich bin jetzt schon saunervös.
Nach zwei Minuten
Nicht bewegen.
Da kann nix schiefgehen!
Mit der Schere stell ich mich noch 'n bisschen doof an...
... darum schneid ich diesmal damit, dann sollt's schon passen!
TSCHAPP
Fertig!
Krass...
Supi! Das sieht hundertmal besser aus als dein unordentlicher Strubbelkopf vorher!
ZUCK
FWPP
Hey! Wenn du dich weiter verkleidest, wieso gehst du dann überhaupt zum Friseur?!
Doch nicht geschnitten?
Nee.

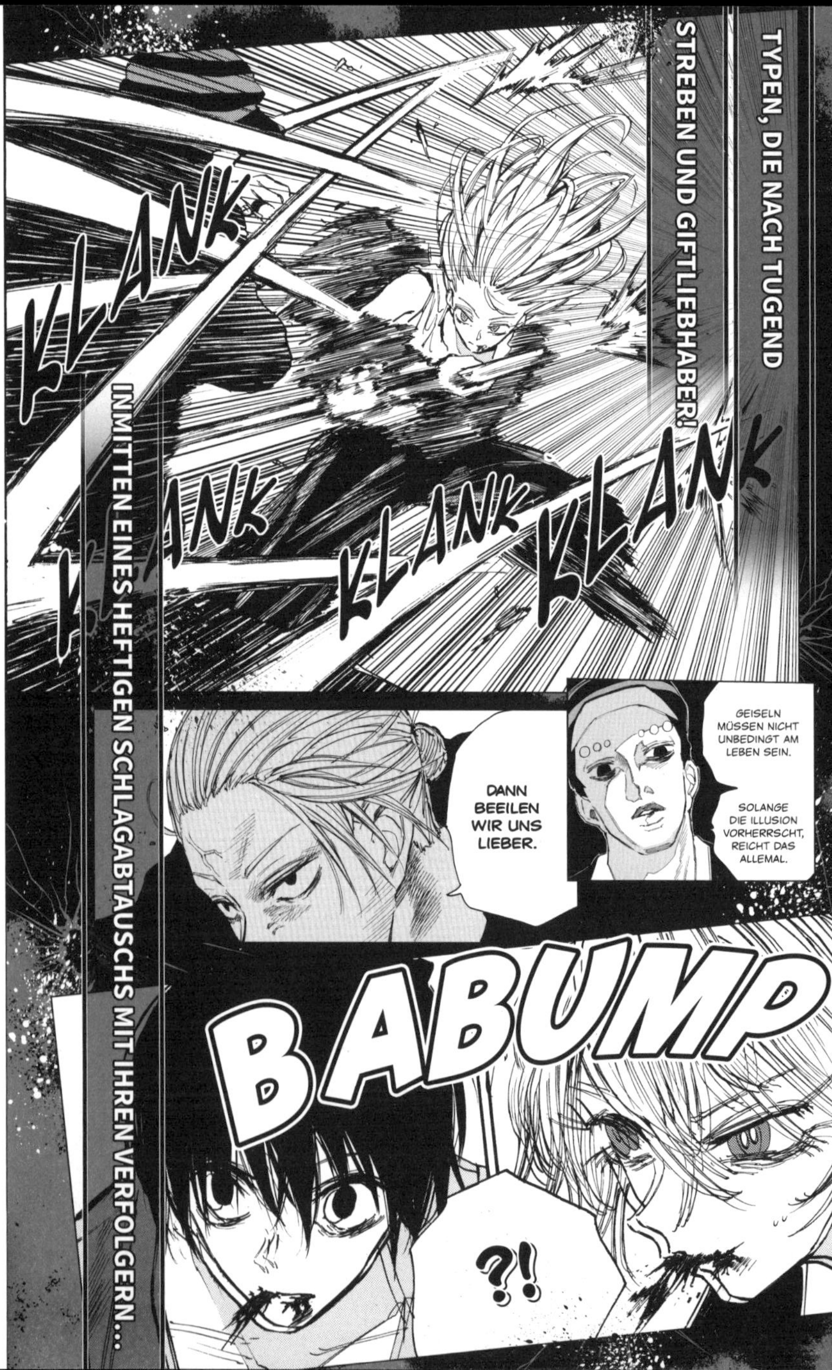
TYPEN, DIE NACH TUGEND
STREBEN UND GIFTLIEBHABER!
KLANK
KLANK
KLANK
KLANK
GEISELN MÜSSEN NICHT UNBEDINGT AM LEBEN SEIN.
SOLANGE DIE ILLUSION VORHERRSCHT, REICHT DAS ALLEMAL.
DANN BEEILEN WIR UNS LIEBER.
BABUMP
?!
INMITTEN EINES HEFTIGEN SCHLAGABTAUSCHS MIT IHREN VERFOLGERN…

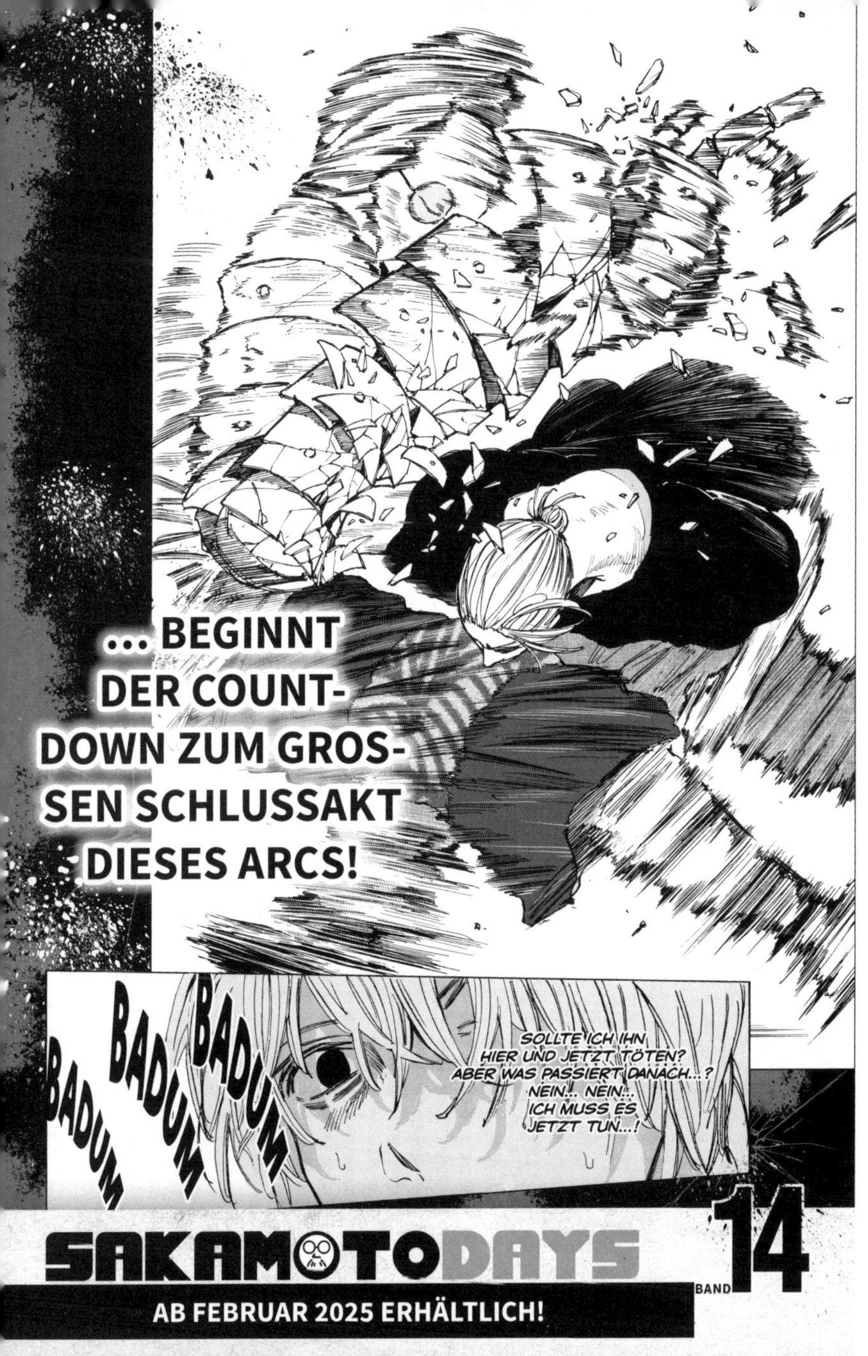
... BEGINNT DER COUNT-DOWN ZUM GROS-SEN SCHLUSSAKT DIESES ARCS!
BADUM
BADUM
BADUM
SOLLTE ICH IHN HIER UND JETZT TÖTEN? ABER WAS PASSIERT DANACH...? NEIN... NEIN... ICH MUSS ES JETZT TUN...!
SAKAMOTO DAYS
BAND 14
AB FEBRUAR 2025 ERHÄLTLICH!

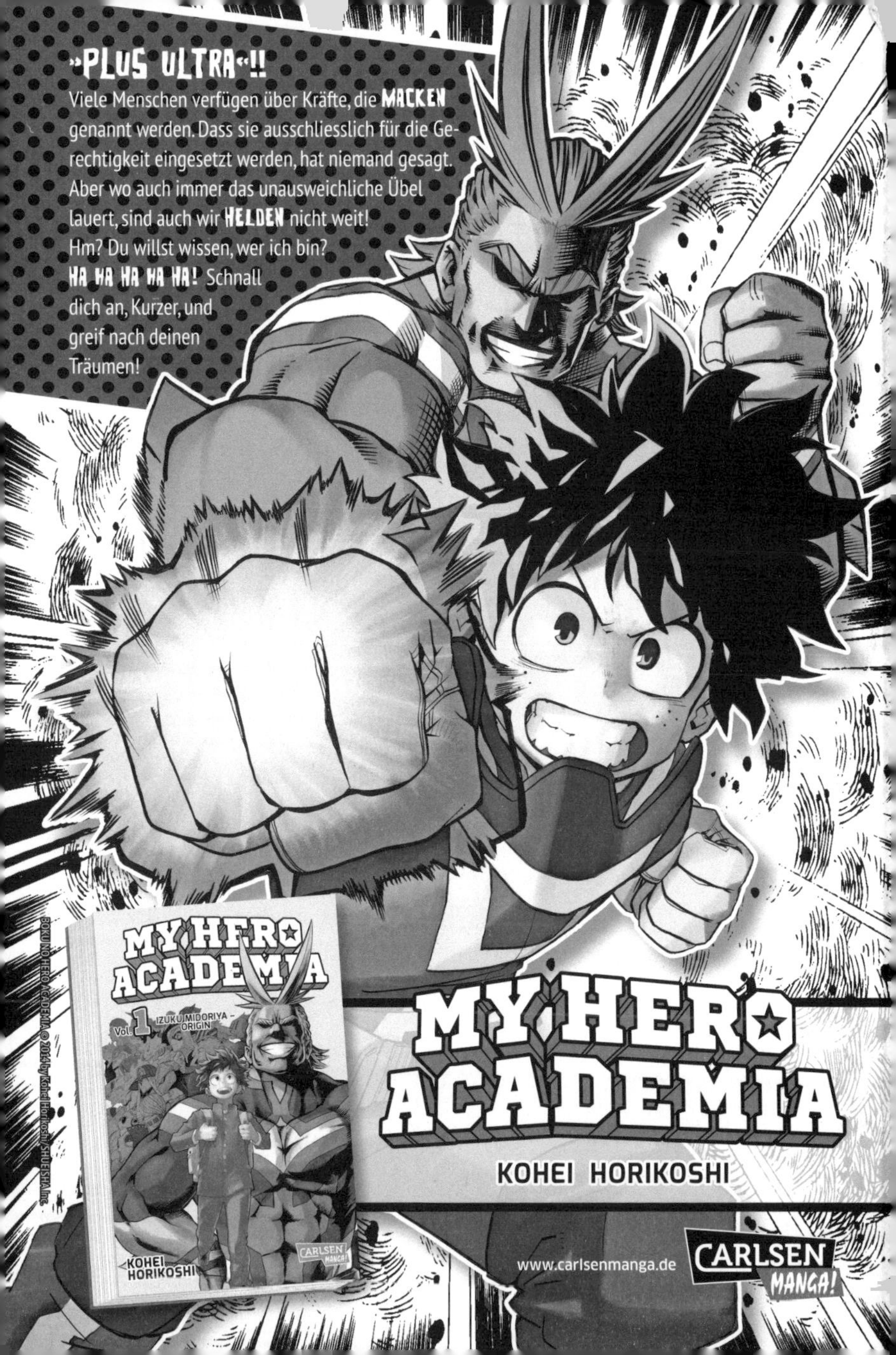
»PLUS ULTRA«!!
Viele Menschen verfügen über Kräfte, die MACKEN genannt werden. Dass sie ausschliesslich für die Gerechtigkeit eingesetzt werden, hat niemand gesagt. Aber wo auch immer das unausweichliche Übel lauert, sind auch wir HELDEN nicht weit! Hm? Du willst wissen, wer ich bin? HA HA HA HA HA! Schnall dich an, Kurzer, und greif nach deinen Träumen!
MY HERO ACADEMIA
Vol. 1 IZUKU MIDORIYA – ORIGIN
KOHEI HORIKOSHI
CARLSEN MANGA!
MY HERO ACADEMIA
KOHEI HORIKOSHI
www.carlsenmanga.de
CARLSEN MANGA!
BOKU NO HERO ACADEMIA © 2014 by Kohei Horikoshi/SHUEISHA Inc.

STOPP

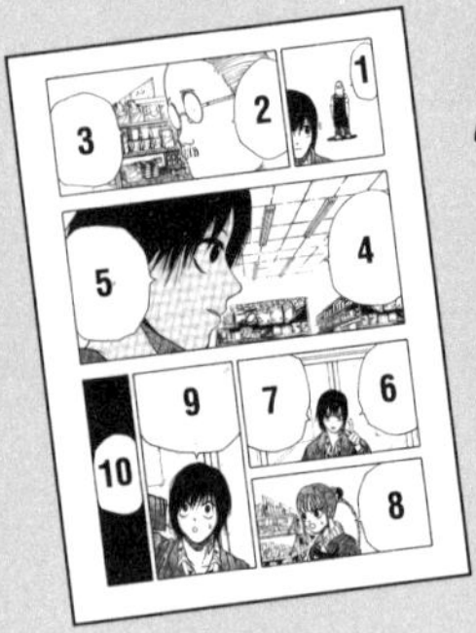

***SAKAMOTO DAYS** ist eine japanische Serie, die originalgetreu von »hinten« nach »vorne« und von rechts nach links gelesen wird. Man muss diesen Manga also »hinten« aufschlagen und Seite für Seite nach »vorn« weiterblättern. Auch die Bilder auf jeder Seite und die Sprechblasen innerhalb der Bilder werden von rechts oben nach links unten gelesen, so wie in der Grafik gezeigt.*

Ultimative Action mit dem besten Profikiller der Welt!

Carlsen Manga! News – jeden Monat neu per E-Mail!
www.carlsenmanga.de • www.carlsen.de
CARLSEN MANGA
Deutsche Ausgabe/German Edition

Völckersstr. 14–20 • 22765 Hamburg
Aus dem Japanischen von Martin Gericke

First published in Japan in 2020 by SHUEISHA Inc., Tokyo.
German translation rights in Germany, Austria, Luxembourg and German-speaking Switzerland arranged by SHUEISHA Inc. through VME PLB SAS, France.
Redaktion: Anne Berling • Textbearbeitung: Rebecca Richards

ISBN: 978-3-551-80172-2